中國歷代書目題跋叢書

〔清〕朱緒曾 撰
宋一明 整理
吴格 審定

開有益齋讀書志

圖書在版編目(CIP)數據

開有益齋讀書志 / (清) 朱緒曾撰; 宋一明整理; 吴格審定. —上海: 上海古籍出版社, 2020.3
(中國歷代書目題跋叢書)
ISBN 978-7-5325-9478-8

I. ①開… II. ①朱… ②宋… ③吴… III. ①讀書筆記—中國—清代 IV. ①G792

中國版本圖書館 CIP 數據核字(2020)第 021736 號

中國歷代書目題跋叢書
開有益齋讀書志
[清] 朱緒曾 撰
宋一明 整理
吴 格 審定
上海古籍出版社出版發行
(上海瑞金二路 272 號 郵政編碼 200020)
(1) 網址: www.guji.com.cn
(2) E-mail: guji1@guji.com.cn
(3) 易文網網址: www.ewen.co
蘇州越洋印刷有限公司印刷
開本 850×1168 1/32 印張 7.625 插頁 5 字數 200,000
2020 年 3 月第 1 版 2020 年 3 月第 1 次印刷
印數: 1—1,500
ISBN 978-7-5325-9478-8
K·2774 定價: 40.00 元

《中國歷代書目題跋叢書》出版説明

漢代劉向、劉歆父子編撰《别録》《七略》，目録之學自此濫觴，在傳統學術中發揮了重要作用。歷代典籍浩繁龐雜，官私藏書目録依類編次，繩貫珠聯，所謂「類例既分，學術自明」（《通志·校讎略》），學者自可「即類求書，因書究學」（《校讎通義·互著》），實爲讀書治學之門户。而我國典籍屢經流散之厄，許多圖書真容難睹，甚至天壤不存，書目題跋所録書名、撰者、卷數、版本、内容即爲訪書求古的重要綫索。至於藏書家於題跋中校訂版本異同、考述版本淵源、判定版本優劣、追述藏弆流傳，更是不乏真知灼見，足以津逮後學。

我社素重書目題跋著作的出版，早在二十世紀五十年代，我社就排印出版了歷代書目題跋著作二十二種，後彙編爲《中國歷代書目題跋叢書》第一輯。此後，我社又與學界通力合作，精選歷代有代表性和影響較大的書目題跋著作，約請專家學者點校整理。至二〇一五年，先後推出《中國歷代書目題跋叢書》第二至四輯，共收書目題跋著作四十六種，加上第一輯的二十二種，計六十八種，極大地普及了版本目録之學。面對廣大讀者的需求，我社將該叢書陸續重版，並訂正所發現的錯誤，以饗讀者。

上海古籍出版社

二〇一八年八月

整理説明

《開有益齋讀書志》六卷、《續志》一卷，清朱緒曾撰。緒曾字述之，上元（今江蘇南京）人。生於嘉慶十年（一八〇五），道光二年（一八二二）舉人，道光十五年（一八三五）大挑知縣，分發浙江，補孝豐知縣，署武義、秀水，遷嘉興，轉台州府同知，洊升知府。咸豐十年（一八六〇）卒於浙江山陰。著述甚富，有《論語義證》、《爾雅集釋》、《開有益齋經説》、《開有益齋金石文字記》、《續棠陰比事》、《金陵舊事》、《曹集考異》、《北山集》、《昌國典詠》等，經亂多有散佚。又輯《金陵詩徵》、《續梅里詩輯》等，以存其地方文獻。

朱氏肆力聚書，雅好金石，居秦淮水榭，藏書十數萬卷，官兩浙時又獲鈔文瀾閣、天一閣、拜經樓所藏秘笈。咸豐三年（一八五三），太平軍陷江寧，藏書俱毁於兵燹。時朱氏方官浙中，有慨收藏之灰燼，因取行篋所存藏書，掇其大旨，詳加考證，撰爲解題，合以序跋等，成《開有益齋集》而不分卷。朱氏殁後，該集散佚，僅存者約當原書三分之一。其子桂模自别處鈔録，略事增輯，敦請儀徵劉壽曾編次，而成《開有益齋讀書志》六卷，《金石文字記》一卷附後，書成，而未及刊刻。朱氏所撰《研漁筆記》，引書多加按語，晚清江寧藏書家甘元焕復從中輯得三十篇，編爲《開有益齋讀書續志》一卷，用附書末。於光緒六年

（一八八〇），由金陵翁氏茹古閣刊刻行世。

朱氏以研經博物聞名東南，所作序跋不涉虚語，甚爲精核，自謂：「吾集序跋最夥，與《甘泉鄉人稿》相類，無空言也。」解題仿《郡齋讀書志》之體，劉壽曾稱「其敘録宗旨以表微扶佚爲先，大者在經訓儒術、典章法制，次者亦多識前言往行，爲徵文考獻之資。旁涉校讎，亦多精審。方駕晁、陳，殆有過之，誠有得於目録家之原者」。七卷所録凡一百七十餘種，遍及四部，眼界闊大，既存四庫未收秘笈，又多金陵鄉邦文獻；博考朝鮮、越南漢籍、古今婦女著作，非有卓識，難臻此境。集部諸書解題，尤著意補《宋詩紀事》之未備，糾《明詩綜》之誤考。解題兼述朱氏與錢泰吉、蔣光煦、勞格、錢培名諸人往來情形，藉之可詳藏書、刻書故實。

本書傳本，僅見清光緒間金陵翁氏茹古閣刻本，即此次整理之底本。北京大學圖書館藏稿本一種，殘存卷一、卷二，限於時日，未能取作校本。《金石文字記》一卷，因與書目題跋關涉較小，不予闌入。書中引文極繁，爰據所引略爲檢核，明顯抄録、版刻訛誤及衍文，以（）標出，改正處標以［］，兩可之處，不作改動。形近而訛，均予徑改，避諱字亦予以回改。古人引書，與今不同，點校所加引號，僅表出處，非謂原書字句皆同。底本闕字及墨丁等，均以□標識，不據他書妄補，以存原貌。癸巳初夏，宋一明識。

目録

《中國歷代書目題跋叢書》出版説明……一
整理説明……一
開有益齋讀書志序……汪士鐸　一

開有益齋讀書志卷一……一
厚齋易學……一
周易象義……二
易考……四
尚書考……四
毛詩類釋……六

韓氏三禮圖説……七
錢氏冬官補亡……八
春秋經左氏傳句解……九
春秋紀愚……九
左傳博議拾遺……一〇
穀梁傳明辨録……一一
管氏讀經筆記　續筆記……一二
四書叢説……一三
四書解細論……一三
論語竢質……一四
四書拾義……一六
元平水曹氏爾雅注……一八
助字辨略……二〇

開有益齋讀書志卷二……二一

班馬字類補遺……二一

三國志補注 …… 一二
建康實録 …… 一二
陸宣公奏議注 …… 一三
曲臺奏議 …… 一四
趙格庵奏議 …… 一五
祖庭廣記 …… 一六
袁忠臣傳 …… 一七
韓柳類譜 …… 一七
温公年譜　荆公年譜 …… 一八
將鑑論斷 …… 一九
元延祐甲寅元年江西鄉試第二場石鼓賦卷 …… 二〇
建文元年京闈小録 …… 二一
明御史姚承庵試卷 …… 二二
帝里明代人文略 …… 二三
甘州成仁録 …… 二四

十九史略通考……三五
南唐書注……三六
歲時廣記……三七

開有益齋讀書志卷三……三八

輿地紀勝……三八
嚴州圖經……三九
乾道四明圖經……四〇
淳祐臨安志……四〇
景定建康志……四一
咸淳毘陵志……四三
至(元)[正]四明續志……四四
大德昌國志……四五
金陵新志……四六
洪武京城圖志……四七
昌國典詠……四八

潮賾……四八
祠山事要……四九
海昌勝覽……五〇
靈谷寺志……五〇
金陵六朝記……五一
六朝事迹編類……五二
金陵待徵録……六四
游志續編……六五
紀古滇説集……六六
安南志略……六六
南雍志……六七
中興禮書　續中興禮書……六九
壇廟祀典……七〇
千頃堂書目……七二
拜經樓藏書題跋記……七二

隋書經籍志考證……七三
玄牘記……七四

開有益齋讀書志卷四……七六

疑獄集……七六
重刊宋本棠陰比事……七七
養生必用方……八〇
南陽活人書……八一
素庵醫要……八三
醫經正本書……八三
精選百一方……八四
七政推步……八五
緯略……八六
秕言……八六
臺閣名言……八七
分門古今類事……八八

六帖補……八九
至正直記……八九
櫟翁稗説……九二
梅仙觀記……九二

開有益齋讀書志卷五……九四
曹子建集考異……九四
昭明太子集……九六
韓文公集……九七
杜樊川集……九九
釣磯文集……一〇一
胡曾詠史詩　周曇詠史詩……一〇一
桂苑筆耕……一〇二
王黄州小畜外集……一〇四
潏水集……一〇五
劉左史給諫文集……一〇六

藏海居士集……一〇七
張章簡華陽集……一一〇
海陵集……一一一
知稼翁集……一一三
陳子高詩集……一一四
高東谿先生集……一一四
緣督集……一一五
平庵悔稿……一一六
雙峯猥稿……一一六
自鳴集……一一七
平齋文集……一一八
平塘集……一一九
金陵雜興……一二〇
金陵百詠……一二〇
自堂存稿……一二一

剡源集逸稿……一二三
桐江集……一二四
張子淵詩集……一二五
檜亭集……一二五
木訥齋文集……一二六
書林外集……一二六
蛾術詩詞……一二七
東行稿……一二八
積齋集……一二九
全歸集……一三〇
小小齋詩集……一三一
鄧伯言玉笥集……一三二
益齋亂稿……一三三
佩玉齋類稿……一三四
溪園集……一三六

臨安集……一三六
育齋詩集……一三七
清風亭稿……一三八
正氣録……一三九
荷谷詩鈔……一四一
石洲集……一四一
挹翠軒遺稿……一四二
厚岡文集……一四二
青溪文集續編……一四三
德風亭初集……一四三
高春卿投濁集……一四四

開有益齋讀書志卷六……一四七

玉臺新詠與文選考異……一四七
宛陵羣英集……一五一
敦交集……一五二

唐氏三先生集……一五二
皇華集……一五四
顧東橋鞠讌倡和詩……一五五
越南詩選……一五六
洛如詩鈔……一五八
梅里詩輯……一五八
續梅里詩輯……一六〇
朱氏家集……一六一
艇齋詩話……一七四
蔡寬夫詩話……一七五
劉壽曾跋……一七六
朱桂模跋一……一七八
朱桂模跋二……一七九
開有益齋讀書續志……一八〇
同文尚書　詩切……一八〇

春秋屬辭辨例編……一八二
經典釋文……一八四
九經古義……一八五
羣經補義……一八五
三國志……一八六
唐書……一八六
徽州府志……一八六
溪蠻叢笑……一八八
唐律疏義……一八八
桓譚新論……一八八
仕學規範……一八九
甕牖閒評……一九〇
雲麓漫鈔……一九〇
李義山集……一九一
歐陽文忠集……一九二

晁説之景迂生集……一九三
程俱北山集……一九四
連南夫知泉州表……一九五
韋齋集……一九六
趙昌父稿……一九七
攻媿集……一九九
絜齋集……二〇〇
絜齋集……二〇三
蒙齋集……二〇五
許有壬至正集……二〇六
汪文毅慈谿守城議……二〇六
趙坦保甓齋集……二一〇
東林寺題名……二一一
宋仁宗賜吕夷簡璽書石刻……二一二
飛來峯韓蘄王題名……二一三

甘元焕跋……二一四
朱桂模跋……二一五
書名索引……1

開有益齋讀書志序

曩與新化鄒尗績漢勳館魏默深所，同病書之繁複及小說家言。鄒時耑談音學，旁及字母，余喜輿地，嘗取所叚魏君書而各摘録其所者。其冬尗績偕余歸金陵，爲魏刊所著《海國圖志》也。有二三少年來訪鄒君，蓋其同鄉王夫之先生後裔也。載書兩大舫，並夫之遺書，云湘中寇警，故來江東。謂余曰：「比得鄉人書，傳寇志在金陵，恐此方亦非福地也。」遲三日，往訪之，則已揚帆去。因與尗績步回，行咸不能正履，益以書不忍舍爲病。夫古人書不多，又竹簡，故老屋壞墻可藏皮。今書紙印，何從祕之，惟提要爲最佳爾。賊氛急，鄒怱怱別去。余竟爲書累，陷賊中，雖尋行遁，而一字不能攜。益思書之必有所擇，如采山者取其玉，餘雖杞梓亦不顧；泛海者期得驪珠，其它蜃蠃葭葦，何足細羅哉。光緒六年，朱君崇嶧以其尊甫述之書索序於余，讀劉君恭甫叙，知寓目録於跋尾，蓋與余所云擇録者名異而寔同。因念道光中無冬夏，日與述之晤於文廟書攤及石渠閣諸處。彼時殊不念亂，若有先知，必相約爲學人闢此精微法門，則余與君書雖亡其糟粕，而精華固不泯也。余與述之同爲歸安姚文僖所識拔，居又相近，耆好相同，故交爲契合焉。時光緒庚辰夏仲，同里愚弟汪士鐸序。

開有益齋讀書志卷一

上元朱緒曾述之

厚齋易學

《厚齋易説》五十卷、《附録》二卷，宋都昌馮椅撰。《宋・馮去非傳》云：「父椅，著《易》、《書》、《詩》、《語》、《孟輯説》。」此《易説》輯自《永樂大典》。《輯經》四卷，專解《彖》、《象》；《輯傳》二十卷，以《彖》、《象》爲經，「十翼」爲傳；《外傳》十八卷，以「十翼」爲經，附先儒之説，斷以己意。惟改《彖》曰《象》，曰《易贊》，又改《繫辭傳》上下爲《説卦》上下，從吴仁傑之説，不盡可從。至其廣徵博引，實爲説《易》家之淵藪。蜀人房審衡《周易義海》爲李衡所删，言《易》家精博無踰是書矣。《坤》「黄裳」作「常」，云：「常文從巾，下服也，俗從衣作裳。」《蒙》「再三黷，黷則不告」，「『黷』聲『讀』」，煩教溷亂之意，王作『瀆』」。《屯》「般桓」，「般，步干反，今磐、槃皆轉注。般桓，回旋之貌」；「邅如」作「亶」，「亶，張連反，回也，俗作邅」。《師》「貞大人」，「象在貞中以至正大公行師，乃得吉而免咎。子夏、崔憬、李鼎祚同，揚雄以下作『丈』，一經無稱丈人者，此必誤」。《夬》「其次次且」，「『次且』今作『趑趄』，『次』或作

『趑』、『跌』,『且』或作『趄』、『跙』,皆後人轉加」。《旅》「喪其齊斧」,「『喪』舊作『得』,緣『童僕得喪』字相混,故以『喪』爲『得』,於下文意不相蒙。王莽遣王尋屯洛陽,將發,亡其黄鉞,其士房揚曰:『此經所謂喪其齊斧者也。』以此爲證。『齊』,應劭云:『利也。』舊作『資』,亦沿六二『懷其資』相亂。子夏諸家並作『齊』,今從之」。皆援據古義。《履》、《否》、《同人》諸卦,謂舊脱卦名,補;《姤(象)[彖]》「勿用取」下衍「女」字。自序謂受《易》於伯父黼,此則黼之説也。《大典》所輯《易》類,多闕《豫》、《隨》、《无妄》、《大壯》、《晉》、《睽》、《蹇》、《中孚》八卦,獨此書不盡闕。《輯傳》每卦分《卦序》、《卦義》、《彖義》、《象占》諸目,至爲精密。其所采,如馮當可、李子思、吴斗南、李季辨、蘭惠卿、林慎微、李仲永、王逢、郭立之、毛伯玉、吕與叔、王介甫、李仁父、陸農師、張舜文、石守道、李去非、劉長民、王景孟、耿晞道、程可久、閭丘昕、盧氏、趙氏、鄭舜舉、劉氏、鄭少梅、胡翼之、陸希聲、薛氏、李仲遠、袁氏、房氏之類,原書多佚,賴此以傳。其附録二卷,專載先儒著述,自古經、《周易緯》、子夏《傳》、田何《易》以下,皆洞悉源流。引《崇文總目》、《中興書目》多今所未見,其《崇文總目》多可補閣本之闕。全謝山《鮚埼亭集》云:「《易甘棠正義》,梁任正一撰。」以爲六朝之書,在孔氏《正義》前。今此書引《崇文總目》「《周易甘棠正義》三十卷,五代梁任正一撰。據孔穎達《正義》而申演其説。正一爲陝州大都督」。可以糾全氏之謬矣。

周易象義

丁易東《周易象義》,《永樂大典》本十六卷,闕《豫》、《隨》、《无妄》、《大壯》、《睽》、《蹇》、《中孚》七卦，及《乾》、《晉》後四爻。張氏愛日精盧有殘本，自《豐》至《未濟》二卷。余閲錢塘汪氏《振綺堂書目》有此書，因假以校之。汪氏本首行標「《易》上經第一之一」，次行「武陵丁易東象義」，各卷仿此，乃宋本舊式也。其書分《易》上經第一之一、一之二，下經二之一、二之二，《彖》上傳一、上傳二、下傳一、下傳二，《象》上傳一、上傳二、下傳一、下傳二，《文言》五，《繫辭》上傳六、下傳七，《説卦》八，《序卦》九，《雜卦》十，凡爲十八卷。丁氏云：「朱子《本義》《文言傳》在《繫辭傳》之後，今以《繫辭》雜引諸卦爻辭，而《文言》專論乾、坤彖、象，恐不合在《繫辭》後，故從馮氏本繼於《象傳》下。」蓋朱子用吕伯恭所編，丁氏依馮厚齋之序。至馮氏依吴斗南以《小象》分上下爲《繫辭》，以今《繫辭》合《説卦》爲《説卦》三篇，丁氏謂：「改《繫辭》爲《説卦》尚有可疑，定《文言》於《繫辭》前則不可易。今從其序，而《繫辭傳》之名仍依《本義》。」馮氏名椅，有《厚齋易學》，《永樂大典》輯出爲五十二卷，余亦有其書。宋人説《易》，馮氏最爲詳博，丁氏尤能擇善而從也。丁氏後序云：「六十四卦皆《乾》一卦之變，三百八十四爻皆《乾》『初九』之變。變卦其流，而卦變其源也，變卦其支，而卦變其本也。有卦變然後有變卦。既以變卦而論，其爻必參卦變以原其畫。此全書之大指也。」汪氏上經一之一、一之二闕《泰》、《否》、《同人》、《大有》、《謙》、《豫》、《隨》、《蠱》、《臨》、《觀》、《噬嗑》、《賁》、《剥》、《復》、《无妄》、《大畜》、《頤》、《大過》、《坎》、《離》，凡二十卦爻，其《彖》、《象》皆無所闕，以《永樂大典》本互爲補足，僅闕《豫》、《隨》、《无妄》三卦爻耳。

易考

《易考》二卷、《續考》二卷、《周易篇第》，萬載李榮陛撰。首列《定位圖》，《序卦平較》、《相錯》、《相合》、《右旋》四圖，《雜卦歸乾圖》。據《乾鑿度》，宓羲作《易》，周文增通八八之節，轉序三百八十四爻，以繫王命之瑞。且《史記》司馬季主：文王演三百八十四爻，定爻辭文王作，非周公。《雜卦》末章八卦皆不對。虞翻謂《大過》死象而兩體《夬》、《姤》，故次《姤》終《夬》，言君子之決小人也。更取項安世《玩辭》以證之。「莧陸」取吴草廬：《説文》莧，山羊之義；陸，即道也。《孟子》言蹄跡之道。更取金幼孜《北征記》「野馬、黄羊有道，其寬其直過於人爲」以證之。於西河《易小帖》、《仲氏易》時闢其謬。《續考》乃未定之草，不取先天、後天，依經名之，爲《定位圖》、《出震圖》。《篇第》參取依費直本，但逐卦先經後傳，爲小異。

尚書考

《尚書考》六卷、《尚書篇第》二卷，萬載李榮陛撰。大抵攻《古文尚書》之僞，謂爲王肅所造。據《魏志》「王肅云：堯順考古道而行之」，「僞孔」亦云「能順考古道而行之」。六宗、四時、寒暑、日月、水旱，如此之類，「僞孔」皆與王肅同。辨毛西河《古文尚書冤詞・湯誥》襲《周語》單襄引「先王之令曰天道賞善而罰淫」句，《漢・律曆志》引《伊訓》有「誕資有牧方明」句，確爲古文所遺。單襄公所稱「先王」即文、武，非夏、殷。《漢志》引《伊訓》雜「誕資」句，史官據經作志。《伊訓》引賈誼文，改「嗚條」。賈誼改《孟子》「天誅造攻自牧宮」爲「鳴條」。《世紀》前條陳留平丘縣鳴條亭，是；後條蒲州安邑縣鳴條陌，非。此好事者借稱，非安邑本名也。《太甲元年子月乙丑考》辨僞《書傳》「湯崩逾月，太甲即位、改元」之謬。據《竹書紀年》：小乙六年，命世子武丁居於河，學於甘盤。武丁即位，命卿士甘盤。辨僞《書》「遁于荒野」、「僞孔」「既學而中廢業，遁居田野」之非。祖甲「不義惟王」，謂鄭康成謂「祖甲不義，弟先兄立而逃」，可備《史記》所未備。《旅獒》，據馬融謂「酋豪」，鄭康成「獒讀爲豪，國人遺其酋豪之長來獻於周」。《洪範》「皇極」訓爲「大中」。皆能推衍古義。《世俘解徐氏天元曆伐殷年月考》、《竹書書序史記伐殷年月考》、《周公稱王辨》四篇、《正陸象山主僞書傳疑聖》各條，俱詳核可據。又謂《君陳君雅篇名解》謂：「《君奭》之文可例，陳、雅，名也；君者，同官之相稱，《禮記》述君陳之云：『爾有嘉謨嘉猷，入告爾后於內，女乃順之於外，曰：此謀此猷，惟我君之德。於乎，是惟良顯哉。』斯道也，臣子之引誠，允矣，自君出之，幾乎忌克。僞《書》不詳名篇之義，綴之而乖其類，誣矣哉。」說亦有理致。「陽鳥攸居」，申林栗之義，栗云：「古地名取諸鳥獸，如虎牢、犬丘。《左傳·昭二十年》：『公如死鳥。』鄭有鳴雁，漢北邊有雁門，皆以雁名。」申之云：「《寰宇記》：『奉新縣東三十里陽鳥橋，連縣五橋相續，橫截川渚。村館俱以陽鳥名。』奉新正值彭蠡之西。」是雖未必，然其佐證亦博矣。《篇第》上卷則以伏生今文爲正，其下卷以東晉晚出古文，謂之補《尚書·洛誥》錯簡，不廢宋儒之說。

毛詩類釋

《毛詩類釋》二十一卷、《續編》三卷，國子監祭酒顧棟高撰。稱「臣謹按」者，乃其進呈之本也。蓋作於《春秋大事表》之後，時已以經學授職，故每卷結官銜稱「臣謹按」。《類釋》分天文、地理、山、水、時令、祭禮、官職、禮器、樂器、兵器、農器、宮室、衣服、草、木、鳥、獸、蟲、魚、車、馬，凡二十一類，每類爲一卷。於毛、鄭、陸璣、孔《疏》、朱《傳》無所偏主，兼采鄭樵、陸佃、陳祥道、嚴粲、楊復、許謙、馬端臨、張以寧、馮應京、何楷、吴鼎、程大昌，及近人顧炎武、閻若璩、胡渭、秦蕙田、張玉書、陳啟源、姜兆錫、楊椿、楊銘敦各家之説。解《王風》「招我由房」云：「北堂下另有北階，與寢之阼階相接，由房入寢，蓋在此處。《楚茨》詩『樂具入奏』，蓋於廟祭畢，燕諸父兄弟於内寢，樂隨以入。賢者不得志而仕於伶官所作，朱子以爲婦人所作，恐非。」此條申《詩序》乃顧氏自抒其見，最爲精確，其餘考證，詳略互見。於王質《詩總聞》、蔡卞《名物疏》未及徵引，蓋偶未見耳。《續編》則專取《爾雅·釋詁》、《釋言》、《釋訓》與《詩》相證，然如「(悌)[愷]悌，發也」、「髦士，官也」、「畯，農夫也」之類頗多遺漏。此進呈之本，録入《四庫》，余於文瀾閣傳鈔得之。《衛風》「出宿于干，飲餞于言」，毛、鄭俱不詳其地。王伯厚《詩考》云「泲，同濟。《禹貢》『東流爲泲』」，東郡臨邑有泲廟。『禰』，《韓詩》作『坭』」。《寰宇記》：大禰溝在曹州冤句縣。《隋志》：邢州内丘縣有干言山。李公緒曰：柏人縣有干山、言山。柏人，邢州堯山縣。」(□)[陸]奎勳謂此衛女嫁邢者所作。棟高謂邢、衛同姓，衛女無嫁邢理。另有《訂詁》一書，今未見。至謂毛、鄭不詳處，所不必强爲之説。

韓氏三禮圖説

《三禮圖説》二卷，元寧德韓信同伯循撰。首有延祐四年霍林陳尚德序，云：「伯循注『三禮』竣事，又取先儒圖説考訂異同。」今其注「三禮」不傳。此書爲圖七十有七，爲説四十有七，自《周九服》、《王畿方千里》至《鄉飲酒》二十九圖爲上卷，自《天子三朝》、《周太學》至《紞瑱》四十六圖爲下卷。盧抱經、錢辛楣《補元藝文志》皆不及此書。乾隆庚子蒼璧齋主人何善述跋云：「爲高固齋兆所藏，末識乙丑，迄今九十七年，國初人所得明人鈔本也。」福鼎王遐春校梓，有陳壽祺、趙在翰序，王學貞書後，其考證此書得失詳矣。《三禮圖》有鄭康成撰，及阮諶、夏侯朗、張鎰、梁正、開皇官撰六家，原書皆不傳，惟聶崇義《集注》二十卷爲近古。宋陳祥道《禮書》、陸佃《禮象》，毅然不用舊説。楊甲《六經圖》、林希逸《考工記解》、楊復《儀禮圖》各自成家，明劉績《三禮圖》則多用陳、陸，視聶《圖》爲土苴矣。韓氏此《圖》，如「制國不過千乘」引鄭《注》「古者方十里，其中六十四井出兵車一乘，爲兵賦之法。成國之賦千乘」，及《周禮·小司徒》注引《司馬灋》以駁包氏、陳用之「百里出車千乘」之非。辨封域，宗《典命》注「公之城方九里，伯七里，子、男五里」之説，謂公九章，同王之冕，《周禮》「匠人營國，方九里」，謂天子城也，不從陳用之主「天子城十二里」之説。皆精確可據。謂《書大傳》「十三入小學」，即師保所掌虎門外學，「二十入太學」，即庶子所掌，尚非憑空臆造。謂泮宫、辟雍不以圓半爲名，則與鄭《箋》「辟雍者，築土雝水，水之外圓如璧。泮之言半也，半水者，東西門以南通水，北無水」顯相違異。韓氏既駮鄭義，辟雍、泮水舍圓半，竟不能圖其形，此其陋也。大抵説有利鈍，瑕瑜不掩，在覽者善擇之。聶《圖》之後、劉《圖》之前，備一家焉。張彦遠《歷代名畫記》：《三禮圖》十卷，阮諶等撰。又十二卷，隋文帝開皇二十年敕有司撰，左武侯執旗侍官夏侯朗畫。

錢氏冬官補亡

余於竹垞裔孫朱君聲遠家見錢㮮《冬官補亡》三卷，曝書亭藏本。《明詩綜》詩人小傳亦載其説，以爲在俞廷椿《冬官補亡》之上，□强補《冬官》。錢氏據《尚書》，大、小《戴記》，《春秋》内外傳，余取□之，未敢以錢氏爲然。其本諸《國語》者，如司空，則《周官》□借他書以補。惟□工人匠師及《月令》工師、舟牧，《左氏》工正、圬人，其事尚與《冬官》相類，至《國語》后稷、農正、司商、舟虞、甸人、水師，當屬地官，火師當屬夏官。《周語》「舌人」韋昭注「象胥之官」。《王制》寄、象、狄鞮、譯，則秋官。象胥，鄭注《周官》已有其名，豈錢氏未見耶。況后稷爲周郜室之始祖，《詩》稱「思文后稷，克配彼天」，周既有天下，斷不以此官名爲冬官司空之屬。竹垞以不襲前人，可謂温故知新，殊爲溢美。《周禮》諸官名不必盡見他書，而《國語》、《王制》、《月令》更不必盡本《周禮》。若《冬官》既亡，後儒無從補闕。俞氏欲補《冬官》，遂令五官俱不完，然猶取其相類者，若錢氏拉雜不倫，更無足取。

春秋經左氏傳句解

《春秋經左氏傳句解》七十卷，宋林堯叟唐翁解。首列杜預序，爲之注，次《括例始末綱目》六條。宋紹興辛巳孟夏穀旦，龍圖閣直學士左朝奉大夫知軍州事魯人耿延禧書。百順堂藏版。此宋刻也。《經義考》云：明杭人王道焜始爲《杜林合注》。道焜字昭平，天啟辛酉舉人，官兵部主事，殉乙酉之難。崇禎中書肆翻刻，削去道焜名，以道焜編書凡例改題堯叟，致有《春秋提要》「依《大全》録之」之語，極爲紕繆。然竹垞僅云《句解》四十卷，亦未見七十卷足本也。唐翁本隱四年經「庚戌衛州吁殺其君完」作「戊申」，僖九年經「晉侯詭諸卒」作「佹諸」，僖十八年傳「而從師于訾婁」作「而後」，與唐石經合。山井鼎《七經考文》稱爲林直解，屢引其文。唐翁詮解字句，頗爲博洽，多足補正杜義。王昭平《合注》傳世亦希，坊肆本删削不完，且任意竄改割裂，甚至以杜爲林，以林爲杜，兩家皆失其真。好學者如取堯叟原書重刊行世，亦斯文之未墜也。

春秋紀愚

《春秋紀愚》十卷，明金賢士希撰。賢登弘治十五年進士，授仁和知縣，入爲兵科給事中，出知大名府，改延平府，致仕，進亞中大夫，卒於家。顧東橋爲作《東園先生傳》，稱其少學《易》於吴公彦華。於時晉江蔡氏著《易説》行海内，乃與董生林輩推衍傳授，盡其精微，乃歎曰：「聖人精藴盡於《易》，妙用見諸行事，則在《春秋》。」遂取「三傳」及諸家説，研究異同，發所未發，著《紀愚》。自序云：「有功或不録，有罪或見原。齊桓違王志而令世子，反或許之；晉文承王命而背首止，乃致譏焉。晉厲弒於臣而書國，蔡昭弒於臣而書殺。晉昭徵會，欲示威也，而或取其功；吴師從蔡，欲謀楚也，而或進其爵。桓公無王，定公無正。權衡獨裁於聖心，是非不徇於衆見。」今觀其書詳於書法，褒貶毅然，立論亦尚無苛刻不情之弊。東橋又稱其「達於政事，恒以王道『爲心』，不徇俗矜張，以希近譽」。爲給事，抗劉瑾，勘淮安獄，正知府某事，明周給事之冤。都御史有治軍無狀、濫殺無辜者，並見奏黜。能以經術爲政事也。金陵明代多博識之儒，以治經傳者頗罕。此書尤宜寶貴之，不徒與啖、趙諸人争短長也。

左傳博議拾遺

伯曾祖諱元英，字師晦，一字荔衣，自號虹城子。康熙己丑會試出安溪李文貞公門，二甲第一名進士，官編修。力學砥行，以朱子爲宗，所著《牧民通考》、《治平新語》、《治河要略》皆散佚，惟此《左傳博議拾遺》二卷僅存。乾隆間采輯遺書，獲入《四庫全書存目》，然進本脱「博議」二字，僅稱《左傳拾遺》，非原本也。緒曾搜訪先世遺書，得公弟子戴太史瀚藏本，闕末數葉。後又得程徵君廷祚手録，與戴本頗有異同，即自序中字句亦有異。戴、程俱云《左傳博議拾遺》，合兩本校之，則程爲勝矣。外間别有一本，多圈點評語。聞先兄魯門太常卿諱紹曾。云，爲王孝廉孚所增加，不足據。此書根柢政事，以史證經，訓詁辨正，必有根據。季札觀樂，爲之歌《小雅》，曰：「美哉，思而不貳，怨而不言，其周德之衰乎。」解「衰」字云：「差也，次也。《九章算法》謂差分爲衰分。晉伯音之對王亦曰『遲速衰序於是乎在』，抑季子所云其周德之次乎。《小雅》爲周德之次，猶《大雅》爲周德之廣也。《小雅》者，或天子以饗元侯，或朝廷以燕嘉賓，季子安得衰之？」此「衰」字不作「盛衰」解，驟見之似爲創論。緒曾按：杜元凱注「思而不貳」：「思文王之德，無貳叛之心」；「怨而不言」：「有哀音」；「衰，小也」。據杜注以衰爲小，即差次之義。疏引服虔，此歎變《小雅》，以爲周德之衰微。劉光伯是服而非杜。然傳但云《小雅》，不云變《小雅》，若《鹿鳴》、《天保》、《彤弓》、《采薇》諸篇，安得云周室衰微？近餘姚邵氏瑛，云「衰」與「𤺋」同。《説文》：「𤺋，減也。」物漸微而漸少，故訓爲小。《爾雅·釋木》舍人注：「小，少也。」《論語·八佾》皇侃疏：「小者，不大也。」以證杜氏訓小之義。孔沖遠謂「魯爲季札歌《詩》，不應揚先王之惡以示遠夷」，以專主變雅爲非。然杜元凱謂有殷王餘俗，故未大衰，説亦迂曲，不若此謂「《大雅》爲周德之廣，《小雅》爲周德之次」，最爲直截明顯，可以補杜注之義，助孔疏之説也。伯曾祖爲安溪所重，嘗稱其大綱衆理，經經緯緯，靡不品酌於古今言事之度，絶意以文采見長，而宏中發外，光氣之實未嘗稍掩抑。此書以史證《傳》，不爲無用之言，同時如湯西厓、趙恒夫、惠周惕、方望溪、張彝歎，咸服其學識。咸豐二年，以稿本寄金山錢賓之培，刻於小萬卷樓。

穀梁傳明辨録

《穀梁傳明辨録》，秀水沈青厓艮思撰。取《穀梁》語以辨之，無所偏主。上卷二十九條，下卷四十二條。《穀梁》云：「莒人入向。入者，内弗受也。向，我邑也。」艮思謂：隱公時，向自爲國，莒人滅之，地入於莒，故宣四年魯伐莒，取向。據後時疆土而言，以《左》糾《穀》之失。《公》、《穀》叙事，得諸傳聞，與《左氏》違忤者多，舉此可類推。「用致夫人」，《穀梁》以爲立妾，孫復謂僖公欲尊其母，因秋禘致於太廟。艮思辨之曰：祭禮，主婦皆妻，無母。所謂「舅没則姑老」，而婦代姑行事。聲姜之與祭久矣，一旦更成風與祭，是子主祭而母亞獻，有是理乎。然則「致夫人」者，《左氏》「哀姜祔姑」之説是也。如此之類，極爲明確。尹氏卒，《公》、《穀》謂「王朝大夫」，《左氏》謂「君氏聲子」。艮思謂：隱公狐壤之戰，爲鄭止，賂尹氏，禱於鍾巫，歸列尹氏於大夫之列，故書卒。按《春秋》，大夫不皆書卒。尹氏列爲大夫，即或有之，但非世卿執政，何必書其卒乎。此則新説之未可從也。然統觀其書，辨别異同，具有心得，亦説《春秋》者所不廢矣。

管氏讀經筆記　續筆記

《讀經筆記》三十六卷、《續筆記》二十卷，海昌管鳳苞撰。鳳苞字翔高，號桐南。康熙己丑進士，高陽知縣，罷歸，晚號長耐老人，卒年八十六。惠氏棟序，稱其學以四子爲綱領，以諸經爲條目，凡禮樂、朝會、祭祀、冠裳等制，大要以《儀禮經傳通解》爲主，參以諸經及宋元諸儒之説。如辯裼、襲之衣，詮乘、車之數，釋鄉、遂、都、鄙之制，考之詳，論之篤。蓋定宇之父半農士奇與翔高同登己丑進士，相切磋。半農有《禮説》，翔高筆記編纂「三禮」亦獨多也。陳氏世倌序舉其辨北辰之星、夏時不冠周月、三門三朝、康爲圻内國名、政逮四世爲文武平桓、薛君非奚仲後、曹交非振鐸裔、匏瓜爲星、羊棗爲柿，今觀其書，辯證有據，惠、陳二家猶不盡舉也。翔高之父宏淳，字右民，晚號讀易老人，康熙辛酉舉人，秀水教諭。著有《秋林讀易》六册。管氏世居路仲里，茂才庭芬能藏其稿，篤學士也。

四書叢説

《四書叢説》八卷，元許謙撰。《大學》一卷、《論語》三卷、《中庸》二卷、《孟子》二卷，《四庫全書》所收，《中庸》佚其半，《論語》全佚。此本八卷，有《中庸》、《論語》，與《揅經室外集》所説同。首有吴師道序，不言其卷數，惟黄溍所作墓誌與本傳皆云二十，卷數不同。明《南雍志》：「《大學叢説》一卷，好版二十六面，壞版二塊，餘皆闕。《中庸叢説》一卷，好版六十四面，失十八面。許謙有《四書叢説》二十卷，今《語》、《孟》不存。」此本爲元人刊本，首尾完具，中有圖有説，似非删節之本，豈後人有所合并歟。許白雲師事金仁山，仁山有《論孟集注考證》，故《叢説》尤詳典禮、制度、名物，「千乘之國」、「三正」、「三分天下」、「南牖」、「紺緅」，其訓詁多存古義。「厭然」，引鄭氏讀爲「黶」。陸氏有「烏斬」、「烏簟」兩音，《説文》「歐減反」，釋曰「中黑也」，正是暗晦意，宜讀「烏斬」。「温故」，温尋也。《左傳》：「盟可尋也，亦可寒也。」鄭注《中庸》「讀如『燖温』之『温』」，則尋是温尋舊熟食也。「温」字正訓「尋」字。吴師道云：欲通《四書》之旨，必讀朱子之書，欲讀朱子之書，必由許君之説。良不誣也。

四書解細論

辛廷芝，字秀圃，號畹堂。乾隆甲子舉人，金谿教諭。爲《書解》，以《大學》、《中庸》俱子思作，因去

「四」字，直作《書解》。李榮陛謂：《大學》「曾子曰」，如謂篇首不顯曾子，列之篇中爲可疑，《繫辭》、《文言》皆孔子所作，其「子曰」皆布篇中，莊周、《史記》各篇中亦特出「莊子曰」、「太史公曰」，可以旁參。鄭曉引虞松表賈逵之言，孔伋「作《大學》以經之，《中庸》以緯之」，乃豐坊僞造，不可信。榮陛因作是書，名曰《四書解細論》。其説兼取義理、名物，於程、朱亦不相悖，惟多駁毛西河《賸言》之非。

論語竢質

《論語竢質》三卷、《六書論》一卷，元和江聲艮庭撰。以《説文》之字改今本《論語》之字。如「能渴其力」，引《説文》「渴，盡也」，辨以「渴」爲「飢㵣」字，而以「竭」代「渴」之非。「子贛」，《樂記》：「子贛見師乙。」引《説文》「貢，獻功也」，「贛，賜也」，端木名賜，必是子贛。「𣡕遲」，𣡕从𠬞棥，棥亦聲，今易𠬞爲大，訛也。「子夏」，引《説文》「从夊、頁，从臼。臼，兩手；夊，兩足也」。「先生籑」，鄭本作「餕」，《説文》不收「餕」字，以籑足該「餕」。「人焉挍哉」，引《説文》有「挍」無「廋」。「八溢舞于庭」，引《説文》無人旁㑥不可用，《漢書・禮樂志》「千僮羅舞成八溢」，古者叚溢爲之。「𢧵𢧵乎文哉」，引《説文》「𢧵，有文章也」，「彣，𢧵也」。「胡槤也」，引《説文・木部》「槤，胡槤也」，不當从王。「淜河」，引《説文》「淜，無舟渡河也」。「愼而無禮則諰」，引《説文》「諰，思之意」，愼而無禮，則臨事不知所措，必籌箸思之，反覆不已，猶恐有失，若所謂季文子三思也。三思與懼意相近。「我𧥢其兩耑而渴焉」，云：「𧥢，扣也。讀如《公羊》『吾爲子𧥢隱』之𧥢。兩耑，始末也。世俗以銖兩爲參兩而兩字廢，以端正爲耑倪而耑字僅見於

《考工》。」「未成一匱」，「雖覆一匱」，引《漢書·王莽傳》「成在一匱」。「私償」，《説文》：「償，見也。」「狐貈」，引《説文》「貈，似狐，善睡獸」，貉乃北方豸種之國。「不使勝食既」，《説文》：「既，小食也。」「子哭之恒」，陳仲魚云：「漢《景君碑》『悲恒傷懷』，《武榮碑》、《郭仲奇碑》、《李翊夫人碑》皆作『恒』。」《説文》：「恒，遲也。」古借爲悲恒字，後人妄加力，非也。「夫子攷之」，「夫子何攷由也」，《説文》：「笑不壞顔曰攷。」「斗筲之人」，《説文》：「筲，飯筥也。」又「陳留謂飯帚曰筲」，今从竹肖，文未全也。「羿善躲」，《説文》：「羿，帝嚳善射官也。」「必也狂猥乎」，《孟子》引此文，「猥」字如此。「公伯寮」，《説文》：「寮，穿也。」《論語》有公伯寮。「何臾」，《説文》「臾，古文蕢，象形」，「草器也」。「硻哉硜硜」，《説文》：「磬，樂石也。殸，籀文省。硻，古文，从巠。」案：「后」，古文「石」；「巠」，古文「巠」。古文作「硻」，則篆文作「硜」，隸變亦然。《論語》「硻哉硜硜」，古文磬也。陸德明以「苦耕」反「硜」，誤矣。「小人窮斯嗌矣」，《説文》：「嗌，過差也。」引《論語》云云。「且在邑域之中矣」，「而謀動干戈於邑内」，二「邑」字皆古「封」字也。「夫子莧爾而笑」，《易·夬》九五「莧陸夬夬」，虞翻作「莧」，云：莧，説也。「莧」讀如「夫子莧爾而笑」之莧。《説文》「莧，山羊」，本義也，借爲喜説義。「昔者朳也」，《説文》：「朳」，「讀若偃。古人名朳，字子游。」今作偃，得其音，失其義。「簙弈」，《説文》：「簙，局戲也。」「弈，圍棊也。」「以杖何莜」，《説文》：「莜，艸田器。」「植其杖而耘」，《説文》：「耘，除苗間薉也。」「焉可憮也」，馬融作「誣」，非。《漢書·薛宣傳》：「焉可憮也。」蘇林曰：「憮，同也，兼也。」艮庭嘗治《尚書》，及爲畢秋帆寫《釋名疏證》，俱準《説文》小篆以繩隸書之體，謹守家法，但未能去泰去甚，學者難以盡從。有著其説而不改字者，如「其爲仁之本與」，云「仁當讀爲人，人、仁通，『井有仁焉』，明有證焉」。「不可以作巫醫」，云《緇衣》引「不可以爲卜筮」。其餘解經文，如：「周比」，《説文》：「比，密也。二人爲从，反从爲比。」然則从者公正，比者偏私，義甚明晰。至「宰予晝寢」，晝，非日中也。《説文》：「晝，日之所出入，與夜爲界。」古人雞鳴必起，宰我蓋天明而後起，方其未起之時，早已晝矣，故曰晝寢，必非既起而日中復卧也。「或乞醯焉」，鄭氏《膳夫》注：「醬謂醯醢也。」醯乃醬之酸者，非酢也。「自牖執其手」，切其脈也，既切脈，而知其疾不治。「雖少必作」，當時世卿之子襲父位者也。「自經於溝瀆」，魯地句瀆也，謂召忽從子糾死於句瀆。皆自立一説，不爲苟同者也。《六書論》「轉注」云：「立老字以爲部首，所謂『建類一首』。《説文》凡分五百四十部，其分部即『建類』也。其始一終亥，五百四十部之首即所謂『一首』也。下云『凡某之屬皆从某』，即『同意相受』也。」錢坫《記》云轉注之説古無定解，得此足以破其的云。

四書拾義

胡竹村户部培翬序其族弟紹勳《四書拾義》二卷以行。余覽之，其説之精確者，如「非其鬼」，鄭注：「人神曰鬼，非其祖考而祭之者，是諂求神。」據《禮記・祭法》，王及諸侯、大夫、適士去墠爲鬼，官師去王考爲鬼，士、庶人死曰鬼。鄭注：「凡鬼者薦而不祭。」此特對文則然，若散文，則薦通祭，祖考亦通鬼。「鄹人」，據《左傳・襄十年》疏：「公邑大夫皆以邑名冠之，呼爲某人。」衛「新築人仲叔于奚」，注：「守新築大夫。」宋「廚人濮」，注：「廚邑大夫。」「卞人以告」，注：「魯卞邑大夫。」「南面」，據《大戴禮・子張問入官》篇「君子南面臨官」，「可使南面」當指卿大夫之位，不必如包注言「任諸侯治」。「堯舜其猶病諸」，據《廣雅・釋詁》：「病，難也。」謂堯、舜其猶難也，此即「惟帝其難」之義。「執柯以伐柯」，據《考工記》「攻木之工」，必用斧，斧柄謂之柯，柯長三尺，可以量物。「車人爲車，柯長三尺，博三寸，厚一寸有半，五分其長，以其一爲之首。轂長半柯，其圍一柯有半。輻長一柯有半，渠三柯者三。」此造車以柯爲則，況以柯伐柯者乎。「潛雖伏矣」，據《周頌》「潛有多魚」，《韓詩》「潛」作「涔」，訓爲魚池。《爾雅》郭注：「聚積柴木於水中，魚得寒入其裏藏隱。」《小爾雅》：「魚之所息謂之潛。」「徹彼桑土」，趙注：「桑根也。」土爲杜之省文借字，《方言》：「荄，杜根也。東齊謂根曰杜。」郭注引《詩》亦作「桑杜」。「拂士」，趙注：「輔弼之士。」「拂」爲「弼」之借字。《管子・四稱》篇：「近君爲拂，遠君爲輔。」《荀子・臣道》篇：「功伐足以成國之大利，謂之拂。」注云：「拂讀爲弼。」如此之類，皆足補《集注》之義。「與之粟九百」，孔注：「九百斗。」朱注：「九百，其量不可考。」此謂九百，當爲九百斛。孔子爲魯小司寇，即下大夫，其家宰可用上士爲之。孟子上士，倍中士，當得四百畝之粟。卿以下必有圭田，圭田五十畝，明士亦有五十畝。圭田以五十畝合四百畝，爲四百五十畝，收百五十石，合得二百斛。四百畝爲八百斛，加圭田五十畝，爲一百斛，共得九百斛。「宗廟之事」，據宗廟之事，祭祀在其中，獨此經不指祭祀，宜主朝聘。

下言會同不在廟而在壇，舉宗廟不言朝聘，舉會同不言壇坫，皆互文見義。玄端爲朝服之衣，擯介入廟相禮，其服必降於賓與主君，今主君與賓服皮弁，明相禮者服玄端也。若在宗廟助祭，《雜記》云：「大夫冕而祭於公，弁而祭於己；士弁而祭於公，冠而祭於己。」士得服爵弁，助君祭，亦爲相，當服冕。言端可該朝服，不可該爵弁。「微服過宋」，據《説文》「微，隱行也」，此微服亦訓行。《盤庚》「先王有服」，《左傳》「服讒蒐慝」，注亦云：「服，行也。」孔子知桓魋害己，故微行而過之。陳奐云：《詩》「遵彼微行」，《傳》：「微行，牆下徑也。」孔子從徑路過宋，不由大道也。「服堯之服」，謂非先王之法服不敢服，堯服法服，桀服皆非法，恐未必然。服當依《爾雅》訓「事」，服桀之服，事桀之事也。「比及三年慢其經界」，據《廣雅》訓「比」爲「近」，訓「慢」爲「敗」。如此之類，説亦有據。陳碩甫奂亟稱其書，因以新刻贈余。

元平水曹氏爾雅注

《爾雅》單注，余見陳與郊本、顧澗濱刊吴元恭本、陳雪峰刊馬京兆本、臧鏞堂刊雪窗本。陳、吴、馬皆明刻。雪窗不著姓名，亦不詳時代，然郭注單行，論者謂皆出自宋刻，故足貴也。余得元刻巾箱本《爾雅注》，每葉十六行，每行十五字，卷上《釋詁》、《釋言》、《釋訓》、《釋親》，卷下《釋草》、《釋木》、《釋蟲》、《釋魚》、《釋鳥》、《釋獸》、《釋畜》，皆附音釋，惟中卷自《釋天》至《釋水》八篇乃鈔配成書。序後有木記六行，云：「一物不知，儒者所恥。聞患乎寡，不患乎多也。《爾雅》之書，漢初嘗立博士矣，其所載，精粗巨細畢備，是以博物君子有取焉。今得郭景純集注善本，精加訂正，殆無毫髮訛舛，用鋟諸梓，與四方學者共之。大德己亥平水曹氏進德齋謹誌。」余幼受業於孫佩鸞先生，諱鈴，上元增生，爲胡高望、彭芸楣兩學使所賞識，盧抱經山長亦深重之。孫先生年七十餘，清晨起輒朗誦經書數千言，然後課徒。《爾雅》有手校本，朱墨爛然。先生殁，其書歸其婿樊氏，樊亦殁，不可問矣。緒曾祖父雲浦公年八十，手寫《爾雅》數十部，以爲娛老清課，故緒曾七歲即熟誦此經。嘗於秋日先父攜至東園苑家橋，蟬嘒嘒鳴高樹，命誦《釋蟲》篇蜩屬，索解不已。適林雪晴明經倚樹下，聞而異之。今忽忽四十餘年，學殖荒落，負師訓矣。邢《疏》掎摭孔沖遠、賈公彦之説，罕有條貫，邵二雲《正義》既詳且博，迥出其上不可以道里計。郝蘭皋復爲古音義疏，詳於字借聲轉，其原稿，余假鈔於汪君鐵蕉。士驤。邵、郝兩家各有所長，不可偏廢也，必欲軒郝輊邵，似非通論。汪鐵蕉云：「郝疏原稿經王懷祖增改，較世刊本多十分之三。陳碩甫因陸立夫尚書欲從《皇清經解》本，故不用原稿，殊可惜也。」歸安嚴久能有《爾雅匡名》二十卷，專以《説文》正體糾《爾雅》流傳之俗字，仁和勞涇原刊之。周松靄有《爾雅廣疏》三十卷。錢衎石侍御嘗以《爾雅》十九篇之次寫《説文》五百四十部之文，爲《説文雅厭》，以條例授長子子萬成之。周、錢書俱未見。翟晴江《爾雅補郭》、孫志祖《爾雅考異校注》、錢辛楣《爾雅答問》，皆有可采。余嘗兼采諸説，先列臧鏞堂《爾雅漢注》，次以郭注、陸氏《釋文》，邵、郝、嚴三家，附以管見，爲《爾雅集釋》，願以質當世之言小學者。鄭樵義少發揮，陸佃穿鑿新義，罕有取焉。

助字辨略

《助字辨略》五卷，濟寧劉淇武仲撰。淇一字龍田，號南泉。此書原本古書，徵引貫穿，自序云：「爲類三十，曰重言，曰省文，曰助語，曰斷辭，曰疑辭，曰詠歎辭，曰急辭，曰緩辭，曰發語辭，曰語已辭，曰設辭，曰別異之辭，曰繼事之辭，曰或然之辭，曰原起之辭，曰終竟之辭，曰頓挫之辭，曰承上，曰轉下，曰語聲，曰通用，曰專辭，曰僅辭，曰歎辭，曰幾辭，曰極辭，曰總括之辭，曰方言，曰倒文，曰實字虚用。釋訓之例凡六：曰正訓，曰反訓，曰通訓，曰借訓，曰互訓，曰轉訓。班諸四聲，因以爲卷。」海城盧承炎爲之序，康熙五十年刊，傳本甚稀。錢警石學博得之，以爲小學家不可少之書。余牧海昌，借鈔此帙。其書雖未盡溯原叔重以求音訓之本，間引宋元詩詞，稍嫌泛濫，然於經史子，實能曲證旁通，遠在黄生《字詁》之上。諸城劉燕庭方伯歎賞曰：「王文簡公《經傳釋詞》爲創見之書，不意有先爲之者。」欲重鐫以廣其傳，會方伯去任不果。余送方伯於嘉禾舟次，方伯曰：「《六藝綱目》未得盧抱經校本，《寶刻類編》未補其闕卷，《助字辨略》未刊，三憾事也。」武仲仍有《堂邑志》、《衛園集》。

開有益齋讀書志卷二

上元朱緒曾述之

班馬字類補遺

宋參政婁機彦發，嘉興人，著《班馬字類》二卷。有馬氏玲瓏山館小字每字分行本，有仿宋大字不分行本。其間「令」作「令」，「刃」作「刃」，翁覃溪《兩漢金石記》附記正其訛。然婁氏自序云：「違舛尚多，更俟增易。或已見於經子者，疏於下。」覃懷李曾伯長孺與蜀之老儒王揆補其遺闕，亦婁公之志也。原本有其字而補其注者，如「空桐」，《史記·五帝本紀》「西至於空桐」，補云：《漢書·郊祀志》「登空桐」；《趙世家》「娶空同氏」，補云：《漢書》、《五帝紀》「登空同」之類，凡五百六十三條，即補於每字之下。其原無而補其字者，如「空侯」，與《封禪書》、《漢·郊祀志》「空侯瑟」同；《史·西南夷傳》「同師」，《漢》傳作「桐師」；《史·武帝紀》「柏梁桐柱」，《漢·郊祀志》作「銅」之類，共一千二百三十九字，别爲補遺於各韻之後。合兩書以觀之，則班、馬假借古字，粲然可睹。然彦發所云已見於經子者，尚未疏於下也，是待後人更有能踵其志者矣。曾伯，河内人，移居嘉興，任邊帥，以才幹稱，官至觀文殿學士，歿於家，贈少保。《至元嘉禾志》：「李曾伯，字長孺，號可齋。本懷州人，丞相邦彦之孫，寓居於此。天才卓絶，爲一代偉人。」海昌蔣光煦生沐以其家藏《班馬字類補遺》爲《四庫》未録之本，刊以公諸世。長孺仍有《可齋雜稿》三十四卷、《續稿》八卷、《續稿後》十二卷，余皆有其書。

三國志補注

杭大宗《三國志補注》六卷，掎摭叢殘，以補裴注之闕。裴世期載陳壽所不取者，往往加以辨論，如郭沖上諸葛事之類，明其不實。杭氏於陳《志》裴注無所考證，所引書不盡可據，陳思王葬魚山，乃《名勝志》忽有通許之墓；《説寶》諸葛祭風臺，禹步踏罡，三上三下；《明一統志》虎牢吕布飲馬溝，皆鄙俚不經之言，漫無糾正。高貴鄉公講《尚書》「粤若稽古」，用康成「稽（同古）［古同］天」之説。魏時王肅好攻鄭氏，肅爲司馬昭妻父，故朝臣附會肅議。高貴鄉公從鄭以折肅，況「稽古同天」即《論語》「唯堯則天」之義。《廣雅》：「古，天也。」《書正義》曲護晚出孔傳，杭氏引以駮康成之非，謂高貴鄉公皆以鄭爲長，非篤論，尤爲無識。太□諸葛軍令亦未能采。近人吴江潘眉、錢塘趙一清皆爲《三國志補注》考索同異。

建康實録

唐許嵩《建康實録》二十卷，爲考金陵六朝事最古之書，與陳壽、房喬等，沈約、蕭子顯、姚思廉、李延壽諸人相表裏。首有許嵩自序。南朝四十帝三百三十一年，通西晉革吴之年，並吴首事之年，共四百年，具六朝君臣行事。若土地山川、城池宫苑，當時制置，或互興毁，各明處所，用存古跡。其有異事别聞，則皆注説，以益見知，是嵩自注也。許氏爲丹陽句容舊姓，晉有許邁，唐有許淹，多識廣聞。許叔牙，弘文館直學士，獻《詩纂義》十篇，嵩豈其族人乎。是書用編年體，吴、晉諸臣某年某人卒，其傳即附；宋、齊、梁、陳則帝紀終，其諸臣另叙，各成體例。宋書用裴子野，並載其論，子野書賴此以傳。余初得張海鵬照曠閣本，尾有宋銜名一葉。吴後主分豫章、廬陵、長沙下，奔走兵勢下，宋文帝元嘉九年下，齊明帝十一男遥光下俱有闕文，借鈔文瀾閣本，闕亦同。後見汪氏士鐘宋刊本，亦有脱葉，即張海鵬所從出也。唐時去六朝不遠，許嵩多據古書，證以目見，故一一確指其所在。如某年某人建某寺，注「去城若干里」，是其足跡所涉而知也。自南唐、宋、元迄明代，城郭變遷，青溪潮溝，遂成聚訟，後之修志者載六朝古迹，宜依據《建康實録》，全録其文，勿加臆斷，不得以古蹟既湮而輕削之，亦不得如牙人量地界，徒滋口舌，則通人之識也。

陸宣公奏議注

《陸宣公奏議注》十五卷，宋海昌郎曄晦之撰。《咸淳臨安志·人物傳》：「郎曄，事同里張九成，嘗編《横浦日新》，雖從淳熙十四年特奏得官，然甚以儒學知名。」周煇《清波雜志》：「煇友人郎曄晦之，嘗注三蘇文及《宣公奏議》，投進未報，其用心亦勤矣。以累舉得官，不霑一日禄而卒，可哀也已。」此書載《經進表》，銜題「迪功郎紹興府嵊縣主簿」。高似孫《剡録》列簿治題名無郎名，蓋得官未及任事也。樓鑰《攻媿集·知嵊縣季君墓誌銘》：「季光弼授臨安府鹽官主簿，鹽官邑庠久不振，君召張横浦高弟于恕、郎曄，勉以身率士子，課試皆臨視之，咸自奮厲，登巍科如張少良等數人。」元至正甲午翠巖精舍刊本。其注引史事，能舉其要，元吴文正澄有《陸宣公奏議增注序》，云：「廬陵鍾士益，喜讀《奏議》，各疏事迹始末於每篇之下。其所援據，亦皆附載。繼之以諸儒之評，廣之以一己之見，因郎氏舊注而加詳焉。」劉岳申《申齋集》亦有《鍾士益增注序》，謂「郎氏於《奏議》不無去取，鍾氏注其全書，并及制誥」。未知世間有傳本否。明刻有注，不載名氏，未爲典要。竊謂注宣公《翰苑集》，必貫穿唐一代之書，始能詳事迹之本末，知其所敷奏爲至當不易之理。緒曾嘗有意爲之，每有采獲，寫於眉間，但未能專心致志以竟其業，因勸錢警石學博暨其兩嗣君銘恕、應溥力成之。繼得山右張佩芳蒸圃《翰苑集注釋》，引證較郎氏爲詳，然如《大唐開元禮》、《唐六典》、《唐大詔令》、《元和郡縣志》、《舊唐書》、《唐律疏義》、《大唐郊祀録》、《貞觀政要》、《唐會要》、《奉天録》、《長安志》、《唐鑑》、楊萬里《東宫勸講録》之類可以補益者仍多也。

曲臺奏議

《曲臺奏議》十卷，南唐陳致雍撰。致雍莆田人，仕閩爲太常卿，南唐以通禮及第，除博士，遷祕書監，致仕。明《文淵閣書目》載此書。有徐鉉序。南唐建國，文物典禮爲諸國之冠，馬、陸書皆無表、志，胡恢書據《蘇魏公集》有《公卿表》，然其書罕傳。致雍此書如《祖宗配郊位議》、《四親及義祖神主合出太廟議》、《太祖之廟及不遷之主議》，俱足考南唐之祀典。《博士高遠奏改顔子祝文議》、《再改正顔子兖國公祝文議》，足考孔廟祀典。《勑中書不許旌表吉州孝子瞿處珪等疏》詳贍可觀。《諸臣謚議》，游簡言諡忠，孫晟諡忠，馬、陸有傳而不及其諡。此外，鎮海軍遥授衢州刺史李萬安、和州刺史馬洪、刑部尚書嚴紹、工部尚書刁紹、保義軍節度使鍾承勳、右衛使司空事李承祚、龍衛軍使司空劉崇禧、太尉劉崇佑、江南節度副使馬希蘊之類，皆顯官高爵没而賜諡者，馬、陸不載其名。光山王延政諡恭定，亦《滅國傳》所未載。諡法不盡美，故虔州節度使賈匡浩諡「述義不克曰丁」，馬、陸避匡字諱，止稱賈浩。少弟李匡明，馬、陸不載其人。《大唐郊祀録》志有南唐祭禮，亦致雍所定。致雍實不愧議禮之儒臣，在五代十國中罕有其匹。馬、陸書《後主國后周氏傳》云「命太常博士陳致雍考古今沿革，草具婚禮。又命學士徐鉉、史官潘佑參定，文安郡公徐遊評其異同，多是佑議」，而不詳載致雍所議。馬書《周后傳》但云徐、潘與禮官參議，并不言禮官爲陳致雍。致雍《奏議》爲考禮得失之林，不獨廣南唐之記載也。馬書《潘佑傳》云：「後主納后，歷代久無其禮，《開元禮》亦多闕。博士陳致雍習知沿革，隨事補正。後主使徐鉉與佑參議，佑立論以沮之，文采可觀，後主奇其議，頗見施用。」

趙格庵奏議

宋右丞相趙順孫，字和仲，趙韓王普裔孫，縉雲人，世稱格庵先生。著述惟《四書纂疏》有傳本，《近思録精義》、《孝宗系年録》、《中興名臣言行録》及文集皆佚。金山錢鼎卿梓《指海》，得《格庵奏議》一卷，爲明萬曆鄭汝舟刊本，有目無文者十篇，得二十一篇。格庵以公田、新宫忤賈似道，今《奏公田關子事》、《奏新宫事》、《又奏新宫事》俱存，惟《第二劄奏公田租軍餉義米等事》一疏闕。格庵力請援襄，賈似道詆爲書生腐談，當有奏章，然則所佚者多矣。今所存《奏水火爲災》闡明《易》象，《奏財計榀單》洞悉《周官》，《奏宫禁當深嚴防幕士》、《奏增置東夾道門守禦》引周三朝、五門及幕人、綴衣，《奏震霆不當即御前殿》引《詩·十月之交》，皆以經術啟沃，有漢儒匡衡、劉向之風。《宋史》無傳，惟《食貨志》載其《論公田關子》。黄文獻溍表其阡，云：「以景炎丁丑四月薨於里第，年六十三。」爲宋末完人，無事元之事。鄭僖據以作傳，得其實矣。

祖庭廣記

《祖庭廣記》十二卷，金襲封衍聖公知集賢院兼太常丞五十一代孫元措夢得所編也。孔氏四十六世孫知洪州軍事宗翰於宋元豐八年始修家譜，四十七世孫知邠州軍事傳於宣和六年編《東家雜記》，四十九世孫祥符縣主簿瓌重編爲《祖庭雜記》。元措因家譜、《雜記》之舊，命太學生介山馬天章畫像爲圖十一，《雜記》所載《杏壇圖説》及《歌》所謂「暑往寒來春復秋」四句則削之，知其去取精善也。《雜記》載《北山移文》、《擊蛇笏銘》雖爲孔氏子孫之事，然冠諸卷首，亦非體例。元措類二十六門八百四十事，有新編門、創增門類，自《先聖》、《追崇》，迄《族孫》、《碑銘》，每門舊事、續事，粲然不紊。古碑皆録全文，尤足資金石家之考證。書成於金正大四年丁亥，尚書左丞張信行爲題辭鏤版以行。蒙古壬寅年，領中書省耶律楚材奏準旨，令元措赴闕[里]增補校正，重開以廣其傳，於是仙源掌故備矣。後世如《闕里志》、《闕里文獻考》皆踵此繼作。余得此書於錢夢廬家，即何元錫之本。孔君繼鑅藏有舊帙，讎校相同。余嘗欲仿鮑氏知不足齋之例，爲《如不及齋叢書》，取此書冠於首。

袁忠臣傳

《袁忠臣傳》一卷，宋進士袁鏞事實、哀詩、祠記也。鏞字天與，咸淳七年進士，與沿海制置使趙孟傳、將作少監謝昌元誓以死殉國。德祐二年，元兵至鄞邑西山資教寺，趙、謝謂鏞曰：「爾先往，我二人將兵繼之。」鏞往，遇元騎將，首問行在存亡，開陳大義。明日，元軍大集，趙、謝以兵降。鏞失援，挺身接戰，自辰至酉，力屈被擒。元將脅降鏞曰：「不死且富貴，不降即燒戮。」鏞罵曰：「我爲宋臣，死則死爾，不從汝。」元將怒，命取噉箕，穴其中，加於鏞頸，旁縱火燎之，鬚髮且盡，詞氣愈厲。復以刃劫之，罵益振，遂遇害。家人聞鏞死，三子、二婦、三孫、二孫女，兄子衡之妻胡與其子婦、二孫，姑之子及妾婢十七人悉赴水以死。惟仲子澤民六歲，僕沈蘭出其溺而藏之得免。王尚書伯厚以詩歌悼之，餘多繼作。元延祐、至正二《志》因趙孟傳等仕元，隱諱其事不書。明初，裔孫珙始表彰以成斯編，一名《忠義録》，珙即柳莊，善相人者也。余借鈔於范氏天一閣。

韓柳類譜

《韓文公年譜》一卷，吕大防撰。《韓文公歷官記》一卷，程俱撰。《韓子年譜》五卷，洪興祖撰。《柳譜》一卷，有紹興五年六月甲子知柳州軍州事潞國文安禮序。吕《譜》有案語，皆駁其誤。程《記》附案語云：「公除博士在十七年，洪、樊二《譜》以爲初除在十八年，誤。」《請復六典之舊》，奏非登科人勿擬，學官非祭酒不可。洪《譜》尤多駮正。此馬嶰谷小玲瓏山館所刊，陳景雲跋謂：「魏仲舉刊《韓集五百家注》，輯呂、程、洪三譜，共案語六十餘條，皆方崧卿《增考年譜》之文，朱子采《寄贈三學士》及《岳陽樓詩》入《考異》，陽山之貶、都官之除可證，餘亦疑是方語。」余按《直齋書録解題》云：「《年譜》，洪興祖撰，莆田方崧卿增考。」余得崧卿《韓集舉正》，有崧卿自跋，稱：「《昌黎先生集》四十卷、《外集》一卷、《附録》五卷、《增考年譜》一卷，復次其異同爲《舉正》，爲十卷。」惜未得《增考年譜》，無由證此本之完否。《柳譜》即文安禮撰，蓋潞公後人也。陳景雲有《韓集點勘》，與王元啟《續韓柳證疑》，余皆有其書。

温公年譜　荆公年譜

《温公年譜》八卷、《遺事》一卷，《荆公年譜》三卷、《遺事》一卷，無錫顧棟高震滄撰。温公於真宗天禧三年己未十月十八日生於光山縣舍，於哲宗元祐元年丙寅九月初一日薨於相位，年六十八歲。荆公於真宗天禧三年己未九月二日生，於哲宗元祐元年丙寅四月初六日薨於金陵，年六十八。兩公生死皆同在一年，而其學術之異同、政事之得失、朝廷之用舍、人材之消長、宋室之盛衰，合兩公《年譜》觀之，粲然在目，其有功於讀史者匪淺也。温公集中自稱景祐五年進士，東坡撰公行狀，稱至和三年仁宗違豫，考之於史，景祐無五年，至和無三年。震滄謂即寶元、嘉祐之元年，寶元以十一月改元，嘉祐以九月改元，史臣編年追改，而當年臣子於未改之月猶稱舊年號。萬曆中，涑水十八世孫露及馬巒校定《年譜》，震滄更補其疏略。温公所作《子絶四》及《致知在格物論》尤精醇，生平服膺荀、楊，不爲過高之論也。荆公《别鄞女》

詩云「行年三十已衰翁」，由己未至戊子，恰年三十。蘇頌濱集中謂公與馮京皆生於辛酉，誤。《宋稗類鈔》謂同生於戊子，益誤。震滄據《宋史》及《臨川集》爲斷，熙寧七年荆公年五十八，七月子雱卒，《宋史》不云有他子。元豐元年有《添差男旁句當江寧府糧料院》，曾子固撰公母夫人墓誌云：「孫九人，雱、旉、旁、旊、斻、防、斿、旃、放。」蓋旁爲雱之弟。集中有《題旁詩》，小序注云：「仲子正字。」震滄云：「豈正字爲旁之字耶。」緒曾考晁公遡《嵩山居士集》云：「王珏字德全，曾祖安石；祖滂，奉議郎祕書省正字；父桐，承議郎。」據此，旁一名滂，官祕書省正字，震滄疑正字爲旁之字，非也。旁字仲元，集中有《壬戌正月晦與仲元自淮上復至齊安》，又有《示仲元女孫》詩。

將鑑論斷

《將鑑論斷》十卷，宋戴望之撰。有紹興辛酉中秋日自序，云：「取春秋訖於五季諸將行事之概，折衷以理而論述，凡一百篇，目曰『將鑑』，善可爲法，惡可爲戒。」今觀其書，始戰國吴孫武，迄唐郭崇韜，每人下有斷語。如《孫武》云：「有餘於權謀，不足於仁義。」《吴起》下云：「才術。」《范蠡》云：「才智而濟之以志誠。」既有斷語，復伸其義，每人爲論一篇。如論樂毅不知君臣之義，周亞夫失君臣之禮，義極嚴正。大旨爲將者修身利國、保功全名，不專尚詭詐果敢、馳騁行陣而已。但其時高宗南渡，以復讎爲大義，秦檜倡和議，以約束諸將爲辭。其時岳、韓諸人精忠共矢，無跋扈飛揚、慮其難制之事。至論臧宮一條「將帥欲立功，帝王務休息」，引光武之「誠能舉天下之半以滅大寇，豈非至願，苟非其時，不如息人」。

又云：「觀光武之聖，越王莫得擬議，而宫、武之智不及種、蠡遠矣。」似爲主和議者解嘲，然未始不可爲張魏公及開禧韓侂胄輩褊躁僨轅下鍼砭也。此書議論原本禮義，尚不失儒者之言，善將將者不能拘定一格，而爲將者知此可以勵臣節焉。戴溪岷隱亦字望之，此望之是名非字，定爲兩人。明郭勳刻此書，改爲《將鑑偶評》。此宋本，未改舊題。

元延祐甲寅元年江西鄉試第二場石鼓賦卷

吾鄉楊志行先生剛中，元延祐甲寅與吴文正公主文江西，不濫取以充額，事見《金陵新志》、其甥李桓述行狀、御史中丞張夢臣撰碑中。志行所著《易通微説》、《詩講義》，皆不傳，其《霜月齋集》四十卷，明《文淵閣書目》日字號第三廚、張萱《内閣書目》俱云十册全。程敏政《新安文獻志》采其《程相碑》，是明中葉猶存，不知何時遺佚。今惟《元文類》有《儼思齋銘》，《鼓山志》有《水雲亭》詩，《弘治開化縣志》有《修學記》，餘不多見。是卷爲《江西鄉試第二場石鼓賦》八篇，作者李丙奎、徐如士、王與玉、陳祖義、李路、羅曾、吴舜凱、蘇弘道，蘇君書同舉七人之賦，以己賦殿之。此吴草廬與楊志行所謂不濫取以充額者也。《元賦青雲梯》有羅曾《石鼓賦》，與此同。《賦彙》亦僅有羅曾賦。李路、羅曾皆登乙卯進士榜，李君更名，見《文正集·跋曾翰改名説》。文正延祐丁巳復主江西試，有《題諸貢士詩卷》、《江西秋闈分韻》，云「典校文者七人」。是卷爲錢警石學博藏其族父少宗伯從墨蹟手録者，余偶言志行兩主江西試事，警石出此，余録副而藏之。

建文元年京闈小録

《京闈小録》一卷，明建文元年應天鄉試録也。首有翰林院侍講方孝孺序，蓋是科考官爲董學士紀、方侍講孝孺。太學暨畿内士千五百人，八月七日甲辰入院起，十四日丁巳而畢，登名於籍者二百四十人。第一場，四書義三題：「行夏之時」四句、「親親而仁民」二句、「可以託六尺之孤」五句；《易》、《詩》、《書》、《春秋》、《禮》各四題，《春秋》以「伐鄭戍鄭虎牢伐鄭會於蕭魚」爲一題，餘仿此，乃合題也。二場，論、詔、誥、表各一，判語五。三場，五問。中式舉人二百四十名，中式程文第一名劉政《可以託六尺之孤五句義》一首，第二十一名錢蒙《親親而仁民二句義》一首，其餘《易》二首，《書》二首，《詩》二首，《春秋》二首，《禮》一首，論二首，詔、誥各一首，策五首，各擇其人之佳者，惟劉政《四書義》、《春秋義》，第七名李誠《易義》、策問各二首。其一百九名爲桐城方法，後官斷事，死遜國之難。其二十九名爲武進胡濙，後官尚書，稱名臣，然不如方斷事之不愧師門也。革除事多散失，志乘科貢表尤闕略。如應天上元張欽、二十名。任安、四十三名。方矩、七十四名。時泰、一百四十一名。萬遠、一百二十七名。陳暄、一百九十八名。何潤，二百三十名。江寧李誠、七名。李簡、二十七名。吴觀、三十名。史雄、六十一名。王憲、一百五十七名。王賓、一百四十八名。陳喜，一百六十七名。句容劉永，一百七十一名。溧水孫讓、五十八名。湯茂、六十四名。王滿、六十六名。張禮、一百十九名。朱旭、一百八十八名。孫綸、二百六名。宋鎬，九十名。江浦王輔、六十三名。吴智、八十七名。劉觀，一百六十一名。六合夏潤。六十二名。吕太守《江寧府志》失載陳暄、萬遠、李簡、劉永、王滿五人。史雄，江寧人，誤爲江浦，孫綸誤爲經綸，吴智誤爲莫智。建文二年進士有劉永，而鄉舉無名，尤誤也。吕《府志》多王良、夏廉，又永樂三年王仲壽，江寧人，解元，而建文二年亦云王仲壽，江寧人，解元。據此録，是科解元劉政，爲吴縣學生，非王仲壽也。七名江寧李誠九十五名李誠，當塗縣學生。《知變化之道者二句義》，方侍講批云：「場中諸卷言數者或遺理，言理者或遺數，此作獨發明詳盡，苟非積學之功，則必善於記誦者也。宜取之，以爲好學之士勸。」策問《三代寓兵於農》及《府兵之制》，答問頗詳。江寧李氏，宋有襄國公琮、參知政事回，元有餘干教諭桓，蓋以博洽世其家者也。朱竹垞《孝子長洲劉君墓誌》云：「遠祖德基，從宋高宗南渡，官黄州統領，居建康。其後曰順之，仕元，爲平江路榷茶提舉，遂家焉。曰政，中建文元年鄉試第一，方公孝孺之所拔也。金川門之變，痛哭不食，死，追謚靖節先生。」

沈德符《萬曆野獲編》：「建文元年己卯應天鄉試首題爲『可以託六尺之孤』一節，是時靖難兵已漸動，衡文者有意責備方、黄諸公耶，抑偶出無心耶。即云無心，亦不祥甚矣。」沈景倩蓋未見《小録》，不知方公之爲主司也。

明御史姚承庵試卷

緒曾於嘉慶庚辰補弟子員，實出歸安侍郎姚師之門，以古學拔置第一。辛巳科試，復以古學列一等。壬午舉於鄉。癸未謁師於鐵門之第，師從容講藝，因出八世祖明贈御史承庵公萬曆元年鄉試中稿，敬讀一遍。明成、弘間，風氣渾淪，至隆、萬趨機調，公文則仍王、唐矩矱，不稍降格，立朝風節見一班矣。場屋文字博一時之科名，久皆澌滅，即有傳作，必賴棗梨，若手稿，罕有存者，況萬曆癸酉至今二百六十一年。

吾師珍藏手澤，巍科前後輝映，豈不盛哉。承庵公仕廣昌知縣，諸經皆有《疑問》，緒曾惟見《詩經疑問》，餘未能見。吾師如蒐合羣經併承庵詩集梓以問世，緒曾不敏，願供校讎之役。師欣然曰：「此吾志也。」緒曾因請録鄉試卷副本以藏之。歸安侍郎諱文田。

帝里明代人文略

《帝里明代人文略》二十二卷，青巖逸叟路鴻休子儀撰。取王導「金陵舊爲帝里」之語，分天宗、王宗、懿宗、勳宗、品外、大學士、尚書、文武甲科諸宗，及宗系未考諸門，偕其友汪道鄰訪世族子弟，閱家乘，益以《金陵瑣事》、《客座贅語》、《存徵録》，合爲一編。年八十，刻意纂輯，四年乃成。余久聞有是書，未之見也。甘棋壬通議以聚珍版印成，郵寄一部，且屬爲補其闕略。余時總運北上，得於毘陵舟次，舟中少書，姑舉數端。如丹陽男孫炎，祖文嗣、父顯卿皆爲儒，[伯]融之子毅，有父風，見《宋學士集》。楊翮，曾祖遂，宋黄陂知縣；祖公溥，鄉貢進士，婺源州知州；父剛中，元翰林待制，著《霜月稿》；叔敏中；弟牖，字文開，有文名；妹柔勝，適龍興路學正孔友益，讀書通大義；子元碩，見《金陵新志》、《佩玉齋類稿》、《至正直記》。羅燾即羅鳳元孫，盛仲交《玄牘記》云：「吾鄉印岡太守藏金石甲都城，元孫原溥許借觀之。」燾字原溥，有《淵泉集》，余得其本。舉此推之，其世系未考者可補也。明隱逸詩人多未載，郝伯常賣藥金陵市，自稱青溪釣者；張復字光奉，喻詢、張士安以詩稱；張繼先精「三禮」，見梁寅《石門集》。鄭大同以詩歌自雄；薛恭字克恭，構竹西草堂，見劉崧《槎翁集》。杜泰字伯恭，爲幕賓，楊鐵崖爲作《永思堂記》； 李詷字孟言，學詩於鐵崖，見《宋學士集》。谷美之輕財好施，見陶安《學士集》。徐季東字静庵，構怡晚樓，得異書，手自鈔，年九十不倦； 嚴景入青溪詩社，晚創頤老室； 李詠字太素，築此樂樓，自號太虚散人，有《醉吟稿》，俱見《倪文僖集》。名臣如鄒和字允達，性至孝，闢别墅於鳳皇臺先塋之西，寫《萬竹蒼煙卷》，倪文僖稱允達英邁有氣節，磊落不羣。武臣如定西侯張名振及父少溪，弟名甲、名揚、名遠、繼榮，安洋將軍劉世勳，蹈海孤忠，今鄒公祀鄉賢，名揚、世勳祀忠義。《乍浦輯聞》有武會元參將董汝梅，上元人。《舟山志》「徐公祠祀金陵徐一鳴，字起鳳，舟山參將，升潮州副將」，俱未之及。舉此推之，則姓氏未載者可補也。童軒之父碧瑄，有《玉壺集》，見曹石倉《詩選》次集，此不言其有詩集。鄧伯言名雅，新淦籍，有《玉笥集》十卷，今存，余藏其本，此直以伯言爲名，舉以推之，則考核未備者可補也。祺壬藏書數萬卷，余家亦有數萬卷，儻合成之，當更有所益也已。

甘州成仁録

《甘州成仁録》四卷。明崇禎十六年，李自成使賀錦陷甘州，力戰死者巡撫林日瑞，總兵馬爌，撫標中軍哈維新，監紀同知藍臺，副將郭天吉，總兵羅俊傑、趙宧，副總兵歐陽衮、劉國棟、張攀，遊擊郭楊威、趙宗禮、李汝璋，知縣段自宏，行都司高登科，都司姚世儒、姜宏基，指揮□祝、李棲鵾、姚天寵、張洪勳、王嘉官、趙寀，守備朱選，教授童志道，千總劉□，貢生張之衡、保獻，生員蔣明理、張聖翼、康國新、童士楷、丁掄、康萬秋，掾史梁進德，醫學費國興，民人祁士英、周公臺、馬騰錦、郭世潔、李起鳳、李集鳳、李翔鳳，又總兵羅俊傑之弟俊士，凡四十五人，皆載於《勝國殉節諸臣録》者也。總兵王汝金又總兵馬爌家將馬虎、總兵羅俊傑家將郭炳忠、知縣陸一桂、教諭范友韓、訓導吴本泰、守備湯虎、千户陶萬國、百户陶萬柱、民人陳通法九人，則采於《府志》，以補其遺。闖賊破城，屠戮至萬餘人，此其章章可考者。嘉慶間，署涇州知州胡秉虔悉奉主入龕以祀，名曰「成仁祠」，附考婦人、女子南陽府同知鄭完我之母石氏等三十人姓氏。賀錦既陷甘州，復擁衆攻西寧，莊浪土司魯允昌迎拒，戰死。碾伯土司祁廷諫、完沖土司祁國屏以計斬錦。并慶陽、榆林、寧夏平涼、安定、鞏昌殉難諸人事實。安化知縣袁繼登，南京人。又載順治五年副總兵米刺印作亂，甘山道林維造爲明巡撫日瑞從子，與巡撫張文衡、總兵劉良臣、遊擊黄得功同被害。順治間另有一黄得功，與虎侯同名，人所未知。觀是書知胡刺史留心忠義，不愧儒吏矣。仍有《河州景忠録》三卷，載祀河州忠烈景公思立以下數十人事實，當合梓以廣其傳。

十九史略通考

《古今歷代標題註釋十九史略通考》八卷，題前進士廬陵曾先之編次，松塢門人鄱陽竹窩余進宗海通考。前七卷自太古迄宋末，乃曾所編；末一卷元代事迹迄明有天下，附劉基《瑞麥頌》、《平西蜀頌》，不署曾名，乃余進所編。曾乃宋末元初之士，余進則明初人。宋以前採馬、班、司馬文正、程伊川、吕東萊、朱紫陽、陳龍川、胡雙湖、胡致堂、梁石門，又有廬陵劉氏，或爲劉清之子澄、劉黼季章諸人史論，又引南宫靖一《史斷》。其云「愚按」者，曾先之自謂也。元代則採臨江張氏九韶、古岡黎氏、臨江梁氏。寅。

其云「按」者，余進自謂也。曾先之稱「前進士」，考《廬陵縣志・儒林》、《文苑》，俱不載其名，《選舉志》宋分進士、解試，元分進士、鄉舉，亦無曾先之名。廬陵有進士歐陽德隆，著有《押韻釋疑》，《縣志・選舉》亦不載其科分，是漏略名氏者多矣。此書乃高麗刊本，紙版寬闊，藏書家多未見。《南雍志》：「《歷代十八史略》十卷，廬陵前進士曾先之編。至正間浙東憲使范陽張士和重加校刊。」是中（國）「存好版四百四十六面，壞版四十一面，欠六十一版，尾未終」。

南唐書注

周在浚雪客注陸氏《南唐書》十八卷，附戚光《唐年世總釋》、馬令《建國譜》、吴非《三唐傳國編年圖》、楊維楨《正統辨》、李清《南唐書年[世]總釋前論》、丘鍾仁《南唐承唐統論》以申陸氏正統之論。漁洋山人嘗稱其書，然世無傳本，余求諸金陵及大梁，亦未見。近有青浦湯氏運泰注，於《江表志》、《南唐近事》、《江南餘載》、《江南野史》、《五國故事》、《玉壺清話》及宋人雜家、小説，無不采輯，獨惜其未見徐鼎臣《騎省集》耳。今年權篆海昌，見《拜經樓藏書目》，知吴槎客藏有雪客注，亟借觀之。附朱竹垞致蔣蘿村札，云攜過廣陵，曹荔帷見之，勸其弟燕客郡丞開雕，未果。張文漁徵君得於易州，吴槎客、周耕厓校訂，粘簽眉間，有陳無軒學博及槎客、耕厓跋。《徐騎省集》均經采入，精博迴勝湯注，爰録副本，以原書歸之。余前得陳致雍《曲臺奏議》十卷，《全唐文》亦采入，不及余所藏爲原書。致雍仕南唐，多議禮、議謚之文，又得《宋詔令》一百卷，平江南諸詔令多《建康志》所未載。此外如宋人文集中各碑誌，叙及先世官南唐者，其可掇補者尤夥。余先師曹寶書森。先生，云曾見胡恢《南唐書》十卷，爲司馬西虹泰。家藏，後歸丁蓮侶家，近爲有力者所購得。余僅於《蘇魏公文集》中與胡恢推官論南唐主紀載、公卿表、李氏詔令，知其大概。李映碧清《南唐書合注》亦以陸爲主，取馬附益之，余有其書。馬令自序云「先祖太博元康，家世金陵」，考《咸淳毘陵志》，景祐元年進士馬元康，《赤城志》有馬元康，知台州，未知即其人否。

歲時廣記

宋廣寒仙裔陳元靚《歲時廣記》，余向得五卷，列《圖説》一十爲首卷，四時四卷，龔半千藏書也，證以《敏求記》，以爲足本矣。今至范氏天一閣，得四十二卷本，首《圖説》一卷，春、夏、秋、冬四卷，自元旦至除夕三十六卷，末總載一卷，始爲完書，爰傳鈔而藏之。是書每條以三字標題，先標原引書名，奇文異牒多今所未見。如唐《輦下歲時記》、《四時纂要》、《秦中歲時記》、《韋氏月録》、《金門歲節》、宋《歲時雜記》、《四人月令》、唐《四時寶鏡》、《月令占候圖》、《雜五行書》，其遺文皆賴此以傳。又有《嘉泰事類》、《汝南先賢傳》、王元謨《壽陽記》、《武陵先賢傳》、《景龍文館記》、《蕙畝拾英記》、《治生要術》、武珪《燕北雜記》、孫氏《(中)[仲]享儀》、《陳氏手記》、《搢紳脞説》、《啟顔録》、《瑣碎録》、《提要録》、《影燈記》、《正一旨要》、《靈寶朝真圖》、《道德應驗》、《神仙傳》、《松窗詩話》、《古今詞話》、《復雅歌辭》、《夷堅丙志》、《丁志》之類，不可勝載，宋人詩句亦多樊榭《紀事》所未采也。

開有益齋讀書志卷三

上元朱緒曾述之

輿地紀勝

王象之《輿地紀勝》二百卷，余假鈔於錢塘許子淥，延潤。蓋周生先生鑑止水齋藏書也。子目十一，曰府州沿革、[縣沿革]、風俗形勝、景物上下、古迹、官吏、人物、仙釋、碑記、詩、四六，其闕卷與錢辛楣《養新録》所見同。錢氏云：「象之字儀父，金華人，嘗知江寧縣。自序云『少侍先君，江淮荆閩靡國不到。仲兄行父，西至錦城；叔兄中甫，北趨武興，南渡渝瀘。』」錢氏據陳直齋證其兄觀之爲夔路漕，則中甫疑即觀之。又記一書稱王益之字行甫，即儀父之仲兄，而其父名無從考矣。緒曾按：象之父名師古，見元吳師道《敬鄉録》，云：「王師古字唐卿，金華人，紹興甲戌進士。嘗爲南劍州學教授，刊《龜山遺書》。守九江，建拙堂於濂溪祠側。歷仕州縣皆有治績，除廣東提點刑獄，卒。有文集及《資治通鑑集義》八十卷。吕忠公誌墓。忠公乃吕祖儉，有《大愚集》。子謙之、恭之、益之、觀之、象之、涣之、節之。」又云：「王益之字行父，淳熙丁未進士，仕至大理司直，著《職源》五十卷，《西山讀書記》屢引其端。」益之有

《西漢年紀》，《永樂大典》收之。「王謙之字吉甫，淳熙甲辰進士。王象之字肖甫，慶元丙辰進士，博學多識，著《輿地紀勝》。」《敬鄉録》載益之《職源序》、象之《輿地紀勝序》。又按《景定建康志》，《江寧縣壁記》題名知縣，自紹興元年樂某至景定元年王鏜，無象之名，未識其何年任也。《千頃堂書目》：「王觀之《輿地圖》十六卷。」《赤城志》有王謙之《臨海縣獄記》。

嚴州圖經

《嚴州重修圖經》，紹興己未知軍州事董弅序，此舊序也；紹興丙午迪功郎州學教授劉文富序，此重修序也。冠以太宗初領防禦使詔、太上皇帝即高宗。初授節度使制，乃建隆元年太宗爲睦州刺史，封天水縣開國子；宣和三年高宗授遂安、慶源等軍節度使，進封康王也。次《子城圖》、《建德府内外城圖》、《府境總圖》、建德、淳安、桐廬、遂安、壽昌、分水各縣境圖。以嚴州及六縣分卷，各列子目，其體例與《寶慶四明志》同。今惟嚴州、建德、淳安三卷存。淳安爲新安郡治，隋置睦州，故淳安一卷獨詳。唐刺史李道古撰《大廳記》，具録唐代顯慶以來刺史名。宋雍熙二年，知桐廬縣刁衎續至太平興國三年，足資考證。勞季言云：「《唐書·儒學傳》：『張後胤遷燕王府司馬，出爲睦州刺史。』此脱『燕』字。《宰相世系表》：『柳範子齊物，睦州刺史。』《元和姓纂》同，此脱『物』字。又張愿，天寶三載；韋南金，天寶五載，俱自台州刺史拜，《赤城志》刺史失其名。」董弅有《嚴陵集》九卷，取嚴州題詠、序記，别爲一書，輔《圖經》而行。錢辛楣《養新録》云，陳直齋、馬端臨俱稱《新定志》，不云《嚴州圖經》，然董弅創爲《嚴州圖經》，劉文富奉知州陳公亮之命重修，仍其名，實即一書。余謂景定中郡守錢可則、教授鄭瑶、學録方仁榮撰《新定續志》，新定乃郡名，非新舊之義。陳直齋因《續志》名新定，亦以劉文富書爲《新定志》也。《嚴陵集》與《景定新定續志》，余俱有其書。此書三卷，係宋刻，可與《乾道臨安志》共傳，余更有宋談鑰《嘉泰吴興志》、凌萬頃《玉峰志》，俱罕覯之笈。

乾道四明圖經

《乾道四明圖經》十二卷，宋乾道五年直祕閣知明州張津撰。首有縉雲縣主簿三山黄鼎序，云「得舊録，更加採摭，著爲七卷，又以篇什、碑、記等爲五卷，附於末」。原書無專刻，明鄭真編入《四明文獻集》，後人采而出之，始有鈔本。其叙人物，鄭雲，以劉僞事獄，死，旌表門閭；盧叙，鄮處士，弟犯公憲，自殺乞代，可考見《會稽典録》之佚文；徐浩，乾元二年進《廣孝經》十卷，授校書郎，特辨云「非徐季海也」，最爲明晰。其詩篇、碑、記，尤多寶慶諸志之所遺。《衆樂亭》詩，今賀監祠中其碑雖存，剥蝕過半，獨此書所載卲必記及各詩爲全。

淳祐臨安志

吴氏《拜經樓藏書題跋記》：《淳祐志》六卷，從季滄葦補鈔。《咸淳志》第四至九卷有稱理宗爲今上語，應是施諤《淳祐志》羼入。平湖韓氏《臨安志》四册，書凡六卷，所列山川、城府二門，紀載至淳祐十一、二年止，避諱亦僅及理宗，其爲《淳祐志》無疑，殆即從季氏轉録者。其時知臨安府爲趙與𥲅也。吴槎客所藏未及借閲，余借鈔勞季言所藏胡書農學士藏本《淳祐志》四册，不分卷數，標題封域、建置沿革、疆界、城郭、山川、池塘、堰塍埂、橋梁、風俗、形勝、户口、税糧、商税、課鈔、土産一册，寺一册，院觀二册。每門以各縣爲次，與吴氏及《璧經室外集》所云山川、城府二門有異。「明慶寺」云：今上皇帝嘉熙四年七月旱，躬致款謁，回鑾撤蓋，甘雨隨沛。《咸淳志》云：理宗皇帝回鑾撤蓋。《咸淳志》作於度宗時，故稱理宗也。「寶嚴寺院」：今上皇帝淳祐三年賜僧智光御書「晦庵」字也。《淳祐志》今存者惟寺院最詳，非特多吴之鯨等撰《武林梵刹志》所未引，亦多《咸淳志》所未及。「昭貺廟」載宋張夏治海塘事極備。

景定建康志

宋溪園先生周應合淳叟爲留守馬光祖華父撰《建康志》五十卷，明南雍藏版散佚，陽湖孫星衍淵如以總督費公淳所藏本重梓行世。張月霄《愛日精廬藏書志》嘗言其訛脱數處。余於壬子購得宋刊本，卷十三《表》孫刻少宣和元年己亥至七年乙巳。宋刻元年己亥，王漢之以顯謨閣直學士知府事再至。盜發青溪，横潰四出，聲摇江東，起漢之知府事，其經術、政理、文詞、字畫，當時皆號第一。二年丙午十月二十三日，詔减省江寧府添差兵官人數。三年丁未，睦州妖賊方臘反。正月十九日詔：金陵乃喉襟之要，當占據江寧，守把鎮江，次議討賊。時王稟已守楊子江口，劉鎮守金陵，童貫次鎮江，賊已陷崇德縣，又陷寧國府旌德縣。劉延慶卻守金陵，劉鎮移廣德軍，楊可世赴宣州，合兵討擊。五月六日，臣僚言睦賊猖獗，大兵奉行天討，已見平靖，慮班師之後餘孽尚在，詔江寧府帶安撫使。五月八日，宣撫司奏：江浙被賊，曾經焚劫處並合增修城池，無則創築。詔修江寧府城壁，仍招置修城人兵二百人，專一修浚，不得别兼差役。又奏睦賊既平，民方還業，非屯戍兵鎮遏，無以潛消凶暴。今措置已於江東路留戍兵七千九百六十人，分在江寧府等處，其軍並隸本路安撫統轄訓練。四年戊申、五年己酉，盧襄以徽猷閣待制知府事。四月十一日江南東西路置提舉鹽事官，於江寧府置司。六年庚戌、七年辛亥，襄移知湖州。九月二十二日襄奏請罷丹陽、固城、石臼三湖爲圩田及言開銀林河爲不切之務。詔升顯謨閣直學士。御筆：王安石輔相神考，建立法度，弟安國、安上、安禮亦曾被遇先帝。今其家聞頗零替，可特推恩二房見居長人，與除初等職名，王棣、王棁並除直祕閣。二十一卷《城闕志》四十葉以下先後次序紊亂，四十葉「季語告」下應接「勿替此心。朝斯夕斯，燕興一堂。無愧此顔，是答已知」。孫刻「心」誤作「必」，在四十九葉，今據宋本。存心堂、吴別館、吴客館、宋儒學館、宋招隱館、宋四方館、宋商飈館、齊梁士林館、梁集雅館、陳別館、婚第涼館、德星館、通江館、橫江館、高齋、學齋、昭文齋、式敬齋、紬書齋、江寧館、誓清館、儀賓館、需館終焉。涼館「輪奂一新」下當接「宜侈其名」。孫刻先後舛誤。二十二卷「半山園在今報寧禪院，是其地王荆公營居半山園」，文未完。宋刻：「王荆公營居半山園，有詩示蔡天啟，備述其事，所謂『今年鍾山南，隨分作園圃』者是也。又有《次吴氏女子》詩，注云：『南朝九日臺在孫陵曲街傍，去吾園只數百步。』舊志：繡春園在府社壇東隸運司，端平二年高公定子作記，云：『予昔經行，得繡春堂於酒名，揭來將漕，訪其堂無有也，問遺址，亦未知何所。客爲予言：繡春焉所取名。予謂之曰：繡衣春當霄漢立，綵服日向庭闈趨。乃杜少陵《入（春）〔奏〕行》之句，此嘉名也。吾欲堂而顔諸司存，造船場有餘地，鄰亦願益以廢圃，乃（庚）〔擴〕之，拓而新之，匪事游觀，其所以示興廢之一也。端平二年九月臨邛高定子瞻叔識。』」卷二十九《儒學志》二「建明道書院」，宋本云：「明道先生程子，事見程子書及《先賢傳》。師濂溪先生周子，慨然有求道之志，窮性命之理，率性會通，體道成德。自孟子没，聖人之學不傳，先生生於四千年之後，得不傳之學於遺經，志將以斯道覺人。天不慭遺，哲人蚤世。嘗爲上元主簿，且攝縣事，政教在人，至今思之。因人心之所思而明先生之教，此書院所由建也。」孫刻本迥然不同，乃鈔本闕，臆補。孫版歸甘祺壬家，余據宋本郵寄之，祺壬欣然補刻，誠快事也。金陵兵燹，祺壬之弟星如來杭，言書版俱燬，余幸存副本於篋中，因備録之，以俟再梓。《藏書志》於二十一卷舛誤未載，余細校乃得之。常南陔中丞亦藏舊鈔一部，今並不可問矣。文瀾閣本與宋本同，此以知孫刻之宜正也。《南雍志》：《景定建康志》二十六本，弘治年間録補，尚有闕篇，版存者七百五十九面。

咸淳毘陵志

《咸淳毘陵志》三十卷，四明史能之撰。史能之，淳祐元年進士。《宋史》：史彌鞏子肯之、能之、有之、胄之，俱進士。自序云：「毘陵有志舊矣，淳祐五年尉武進，時宋公慈爲守，俾鄉大夫增益之，書成且有日。越三十年，余承朝命長此州，取宋公未竟之書於常簿季公之家，訛者正之，略者備，缺者補，蓋閱旬月而後成。咸淳四禩月正元日四明史能之叙。」考卷八《秩官》：「宋慈，嘉熙四年十一月任，淳祐二年四月改知贛州，未任，罷。」淳祐五年九月守爲王鎔，此叙五年，乃元年之訛。又《秩官》：「史能之，咸淳二年十二月朝奉大夫太府寺丞出守。」自淳祐元年至咸淳二年，凡二十六年；若淳祐五年至咸淳二年，僅二十二年，蓋舉成數耳。首列郡治，郡城，郡境，晉陵、武進、無錫、宜興四縣境爲圖七；自二卷以下，地理、詔令、官寺、秩官、文事、武備、風土、祠廟、山水、人物、詞翰、財賦、仙釋、觀寺、陵墓、古蹟、祥異、碑碣、紀遺，合圖爲二十門。《地理・古今郡縣表》頗稱詳核。「荆溪」，引《前漢・地理志》，「實爲中江，溪貫邑市，受宣、歙、蕪湖之衆流，注震澤，達松江，以入於海。《風土記》云：陽羨溪九。僅有六，餘不知其處。子隱時已如此，則川源之湮塞可知」。此與《景定建康志》所云俱可爲中江之證。又「邗溝」，辨援《左傳》「吴城邗溝通江淮」云：「前輩於邗字下點斷，而斷築城與溝兩事，今毘陵是一邗溝，與左氏所載不同。」又「百瀆口」，謂「舊志載瀆名僅七十有二，悉在宜興，然晉陵新塘鴉步村實號百瀆口」，詳疏百瀆之名。如此之類，俱極精確。「舊志」指《祥符圖經》。無錫「將軍堰」，《祥符經》云：「唐將軍單雄信提兵道此，以鎗止水爲堰，故名。」此舊志之紕繆，未盡删削也。宋時秩官、科第人物姓名尤資考證。此書爲延祐丁巳教授李敏之所重刊，嘉慶二十五年武進趙舍人懷玉得鈔本，刻於南海，惟少卷二十「詞翰」中表、書、記三類。惜元謝應芳《續志》十卷不可得。卷二十二唐李郢《邵博士溪亭》、《秋晚寄題陸勳校書義興禪居》詩、《茶山貢焙歌》在盧仝後、曹松前，卷二十三陳克《陽羨春歌》在張安國後、尤袤前。此卷皆宋人輯唐詩者，亦以《陽羨春歌》爲李郢詩，非也。宜興慕容暉，父惟良領州刺史，因家陽羨。暉從蘇文忠遊，自謂雙楠居士，王平甫寄詩云：「坐唱月華青嶂外，行吟風起白鷗邊。」元簿字泉鄉，自號耘軒，有《歲後書懷》云：「他鄉故鄉老若此，新歲舊歲窮依然。烹茶但有二升水，沽酒初無三百錢。」寓賢陳克有詩名，寓居義興之潼渚。

至(元)[正]四明續志

《至正續志》十二卷，慶元路太守王元恭續清容居士袁桷之《志》也。考鄭真《滎陽外史集・遂初老人傳》，知此書爲王厚孫所作，載其始末甚詳。曰老人姓王氏，名厚孫，字叔載，署郡直學。與吏輩不合，拂衣去。李僉憲絅强起之。塗田在鄞，沙岸在昌國，爲豪民侵奪，力陳其事，皆得復。廩粟有餘，例歸職掌，老人獨輸於公。秩滿，授象山教諭。袁文清所撰《四明志》，或有讒於僉憲沙木斯鼎，將毀其版，老人白之王太守元恭曰：「袁公中朝名臣，書法高古，不可毀也。」太守持書以進，僉憲驚悔，命與舊志並行，屬老人成《續志》若干卷。厚孫爲宋尚書應麟伯厚之孫。應奎翁《翁洲書院》云：「郡守王元恭敬父下車，(創)[刻]意庶務，弊易廢舉，飭庠序政教志愈篤。」知恭字敬父，賢守也。杭大宗《貽萬編修經修明州志》詩云：「自宋訖命更延祐，袁桷方領編修官。」又云：「誰其續者垂不刊，猗惟王侯元恭捉翰遒如椽。」亦不知出自厚孫手也。

大德昌國志

《大德昌國州圖志》七卷，元昌國州判官潼川馮福京、鄞縣教諭郭薦撰。卷中「學校」云：「歸附後元貞乙未，州判官馮福京始至，首勉學之士協力修理。」《州判記》自署云「潼川馮福京」，「翁(州)[洲]書院」云「州判官馮福京記」，《舟山志》亦云「福京」，其作「復京」者誤也。又「小學」云：「元貞乙未，州判官馮福京重行修葺。請鄉之耆宿郭薦、應季挺任教導。」是郭薦即昌國州人，志末有郭薦等申繳文牒，則此書實出郭薦手。户口、田糧引舊志「宋紹熙舊志」，此宋時昌國一縣之志，在乾道、寶慶、開慶《四明志》之外，名之僅存者也。此書得失，余於《昌國典詠》詳言之。《千頃堂書目》有明陶恭《昌國縣志》五卷。明何汝賓《舟山志》尚有傳本，陶《志》不可見矣。

金陵新志

《至大金陵新志》十五卷，元奉元路學古書院山長光州張鉉用鼎撰。余舊見孫淵如觀察所藏係元版明印，卷一《江寧縣圖考》、《溧水州圖》、《冶城古迹圖考》、《曹南王祠堂圖》並《考》皆闕。後借鈔文瀾閣本，則孫闕者亦闕，卷五下婁湖以下之類，則孫氏有者亦闕。余因遍求藏書家，見當湖錢夢廬所藏差勝，然亦無《曹南王祠堂圖》。嗣至金閶，見汪氏士鐘所藏爲元時所印，特完全，凡圖中小字，歷歷可填矣。淵如觀察得此書於五柳居陶氏，跋爲難得之書。余又求之，積三十餘年，竟得善本，何其快也。是書雖爲十五卷，卷三分上之上、上之中、上之下、中之上、中之中、中之下，下不分類；卷四上、下，卷五上、下，卷六上、下，卷十一上、下，卷十二上、下，卷十三上之上、上之中、上之下、下之上、下之下，連子卷數之，得三十一卷，參差不一，故詳載之，使覽者檢其全也。前列新、舊志引用書目。然陶弘景《古今州郡記》、《帝代年曆》，蕭大圜《梁舊事》，庾季才《地形志》，明克讓《古今帝代記》，《丹陽尹傳》之類，元時未必存，亦未見引用。又《金陵百詠》注曾極、陳嵓二家，曾詩見《景定志》，陳嵓《百詠》，新舊志不見一首，何以虛列其目。圖考如《金陵圖》、《臺城古迹圖》最古，可補景定之遺，顧文莊《客座贅語》二圖取於此書也。曹南忠宣王左丞相阿勒哈、句容武毅王圖圖爾哈爲元初功臣，及儒生古之學、宋儒籍諸家，非見此志莫能詳。《人物志・世譜》分郡姓、游宦、封爵，自漢至宋，列姓名，注世系。永嘉南渡，王謝久成土著，當入於郡姓。但唐李靖、虞世南、殷開山，南唐林仁肇，宋樂史、馮玠，亦列郡姓，未免繁濫。余嘗謂金陵志乘，六朝取《建康實録》，宋事取《景定志》，元事取《至大志》，明事取《洪武京城圖志》、《金陵世紀》、《應天府志》，以一代之書考一代之事，確實可據也。

洪武京城圖志

此明洪武初應天府《京城圖志》也。首有承務郎右春坊右贊善王俊華記，次爲皇都及叙楚威王、秦始皇、吴、晉、宋、齊、梁、陳、隋、唐、南唐、宋沿革。目録分宫闕、城門、山川、壇廟、官署、學校、寺觀、橋梁、街市、樓館、倉庫、廄牧、園囿十三門。其有圖曰《京城》、《山川圖》、《大祀壇》、《山川壇》、《廟宇寺觀圖》、《官署圖》、《國學圖》、《街市橋梁圖》、《樓館圖》。其文簡括，明初建國規模瞭然在目。鏤刻精工，字仿趙松雪體。其六十葉，每半葉十行，滿行十九字，篇幅寬闊，字大悦目。其《樓館圖》，在城内者南市、北市，在城北、在聚寶門外者來賓、重譯，在清涼、石城、三山門外者曰鼓腹、謳歌、鶴鳴、醉仙、集賢、樂民、梅妍、翠柳、輕煙、澹粉，共十四樓，與陳魯南《金陵世紀》合。晏鐸《春夕》詩：「花月春風十四樓。」楊升庵《藝林伐山》數樓名，有清江、石城，而遺南市、北市。胡元瑞謂金陵有十六樓。今按此圖，清涼門外即鼓腹樓，石城門外即謳歌樓，且諸樓皆别立名，何獨以石城、清涼二門名其樓，似爲不倫。然則十四樓宜以南市、北市爲正。至李泰《十六樓》詩亦有清涼、石城，或此二樓後建，故《世紀》亦不數之也。若駱駝亭，在靈谷寺西南，則爲《靈谷寺志》者所未知矣。姚世昌謂湯文振廣爲帝里書，更不可得見。此《圖志》是明初印本，古香觸手，與宋元佳刻無異。

昌國典詠

道光丙午，余至舟山，縱覽山川形勝、關隘烽堠。與搢紳耆老往復討論，繆蓉浦《定海縣志》、莊對樵《定海續志》記載雖詳，罕徵古籍，爰取《寶慶四明志》、《大德昌國州志》，正其舛漏，復采《乾道四明圖經》、開慶、延祐、至正諸《志》及《舟山志》，以古證古，列其同異，更爲旁稽博考，附近聞，詩以紀事，積而成帙。昔張逸問鄭君「山川能説」，鄭君答曰：「兩讀。或言説，説其形勢也；或曰述，述者，述其故事。」余是編竊取二義，因名曰《昌國典詠》，有所不知，蓋闕如也。

潮賾

《潮賾》一卷，宋朱中有撰。中有，同安人。有嘉定甲申自序。生長海濱，往來錢塘五十年，故是書論錢塘之潮以燕肅沙灘之説爲是，而力辨盧肇《賦》「晦絶朔興」、《抱朴子》「夏大冬小、春起秋落」之非，並及陸廣微、丘光庭、鄭遂《洽聞》之誤，設爲問答，凡十七條。鄭遂《洽聞》者，晁氏《讀書志》：「《洽聞記》三卷，唐鄭當時撰。記古今神異詭譎事，凡百五十六條，或題云鄭遂。」此書云鄭遂《洽聞》也。朱氏大指謂：水，天地之血，元氣有升降，氣之升降，血亦隨之，潮二十四汛隨二十四氣。末爲賦一篇，以正盧《賦》之訛。名之曰《潮賾》，賾，深也，探賾索隱之義。此本爲汪氏振綺堂藏書，從姚仲芳借鈔。近時海昌周春《潮説》三篇，援引甚博，《潮賾》實爲之先導。勞季言云：「張淏《會稽續志》全引《潮賾》」。此乃單行本也，可以互校。

祠山事要

《祠山事要指掌集》十卷，廣德張真君渤祠志也。元貞乙未前中奉大夫梅應發序云：「舊有《顯應集》、《世家編年》，及嘉熙乙亥周秉秀正訛類編爲八卷。」乙亥以後則梅所續也。應發，宣城人，曾爲《開慶四明續志》，此序題前中奉大夫，乃仕宋時官階也。顔真卿《横山廟碑》云：「其先名秉，佐夏禹治水，遇神女，生男，授秉曰：子孫相承，當世世血食吴分。先時，天西大裂，有聲如雷，有電如龍，識者謂必生神人，公果應之。」據此，真君爲夏時人，然封爵以秉爲真君之祖父，謂真君生於西漢宣帝神爵癸亥，相去二千年，不應僅傳三世，所莫能詳也。書中載楊吴、南唐時事最詳。咸通六年，孫儒寇宣州，楊行密命其將田頵領甲士五千人於廣德禦之。值積雨所苦，儒禱廟無應。錢塘命將沈璨助儒，令璨在縣東二十五里下三寨，截斷輕運。頵選勇敢士五百人，夜斫沈寨。行二十里，遇雨晦，詣廟啟禱，王默授以五更初進軍，擒沈璨斬之。孫儒事與史合，斬沈璨事，此書爲詳。吴天祐十年，吴越騎圍城，見城上甲士千重，矢鏃如雹，潘統軍引去。保大十四年二月，吴越行軍都統吴延賞將入宣城，並廣德，屯兵杏潭，南唐擒得彼界覘者淩鐇。三月十二日，制置使陳令儀差卒張進往宣城，詣指揮使施仁望所偵間事宜。二十日，錢塘兵至宣城，攻城，見緑雲亭之兵騎市野，其統軍吴延賞以爲援兵至，引去。四月四日，知潤州燕王送祀文，其結銜云「副元帥鎮海寧國等軍節度使兼管内營田觀察處置等使特進守侍中潤宣等州大都督上柱國食邑七千户燕王」。按燕王爲元宗太子弘冀，馬、陸《書・弘冀傳》云：「徙鎮潤州，封燕王。」據此知潤、宣等州大都督。馬、陸云「齊王景達爲副元帥」，據此知弘冀亦爲副元帥也。如此之類，可與《五代史》，馬、陸《南唐書》相證。其册命祝文，俱爲《全唐文》所未載，即劉金門《五代史註》、周雪客《南唐書注》亦未能引及。至若唐宋元碑記，唐顧蒙，宋何夷素、成悅、潘悅、姚舜諧、張賁、陸元光、湯耘之、趙希仁、林棐、趙與旹、洪邁、沈濬、湯景仁、胡庶、張競辰，元吴孟陽，存者尤夥，不獨馬廷鸞一《紀》爲《碧梧玩芳集》之佚文也。

海昌勝覽

《海昌勝覽》二十卷，海昌周春撰。春字芚兮，號松靄，晚號黍谷居士，乾隆甲戌進士，岑溪知縣。嘉慶庚午重赴鹿鳴，卒年八十六。有《松靄遺書》行世。其《十三經音略》、《杜詩雙聲疊韻括略》、《小學餘論》爲最著。此書未刊，手稿藏寶綸堂許氏。許氏之子鴻逵爲錢謦石學博弟子，余因謦石假鈔一部。欲考知海昌事實，莫備於是書。凡詩三百六十首，詩後徵引極富，詳述本末，稽考異同。葛繼常跋謂「條注粘貼遺脱」，管芷湘庭芬又獲葛本所無。余既録副，又屬管芷湘、應笠湖諸君重加補輯，於是《勝覽》一書，余所録爲最詳。松靄又有《海昌掌故録》十二卷、《海神廟志》一卷。

靈谷寺志

甘實庵大令輯《靈谷寺志》成，體例分明，辨證博洽，其大指在抉擇醇雅而不語怪也。自明祖廢鍾山舊寺併入靈谷，卜獨龍阜爲陵寢，徙寶公塔於屏風嶺下，規模宏敞，凡鍾山名勝悉萃於兹寺中矣。嘉靖時釋可浩創有《志略》，國初釋曉蒼踵成之，顧中多舛誤，覽者微有憾焉。夫靈谷以寶公名，而寶公非雲光、達摩比也。李延壽修《南史》，擇言雅馴，列寶公與陶貞白於《隱逸》。蓋嘗論之，六代之間，干戈雲擾，變如弈棋，達觀洞識之士恒遠引於圭組之外，貞白挂冠神虎，寶公著屐都市，原不待梁武之世而始倏然高蹈也。梁公以禮接士，故二人時與往來，然窺其太平日久，侈心漸萌，於是昭陽之殿貞白題之，壽陽之師寶公歌之，俱負前知之鑒，如合符券。人以其神妙不測，遂僅僅以術數稱，而不知其爲隱君子也。寶公靈著鍾山，較貞白爲更顯，後世讀其讖記，謂其定數之不可逃，豈知其定理之不可易哉。至《志》中謂寶公託跡齊、梁而對北魏胡后語者，別有寶公。《宋史·五行志》云：「江南伏龜山下寶公墓中得詩碣，與葬鍾山不合。」引《高僧傳》諸書以斷其非。刊訛正謬，皆有根據，尤非率爾操觚者比矣。實庵家有藏書數萬卷，金石鼎彝充韌璀璨，且自東晉以來世居金陵爲舊族，習知故事，一《志》特著述之小者耳，而能不冗不濫，刊俗語之丹青，歸於雅正，豈獨爲山靈出色已乎，故揭其旨趣而爲之叙。

金陵六朝記

《金陵六朝記》一卷，唐尉遲偓纂。偓有《中朝故事》一卷，題「朝議郎守給事中修國史驍騎尉賜紫金魚袋臣尉遲偓奉旨纂進」。此書每朝末云「至唐景福三年甲寅歲凡幾年」，按唐昭宗景福止二年，其甲寅歲改乾符元年。偓仕於南唐烈祖李昪，昪自言系出唐吳王恪，都金陵，故偓奉命纂《中朝故事》。又述孫吳大帝至陳後主六朝世系、帝王建元、陵墓，宋張敦頤《六朝事迹》中「六朝興廢」一類與此書合。惟所載皇后、妃、丞相、將軍、儒學諸人，但有姓名，無事迹，晝及藥術、神仙或詳其事，體例未當，又多舛謁。姑舉吴一代言之，丞相失載萬彧，而張悌後又複出濮陽興；儒學有岑昏，昏乃邪佞，何嘗有學；又列龐統、孔文舉，更與吴不相涉。此或傳鈔者之失真，偓不應謬戾至此也。《宋史·藝文志》「别史」有《金陵六朝記》一卷，未載作者姓名，「故事」類《中朝故事》作尉遲偓。《崇文總目·雜史》又作尉遲樞。又有《南楚新聞》三卷，此又名之不同耳。勞君平甫得明嘉靖辛丑鹼山人校閲樂意軒吴氏藏書本，影鈔以贈余，且云明末藏書家止有此本，《道藏·神仙感遇記》引《六朝記》與此異。

六朝事迹編類

《六朝事迹編類》十四卷，宋江東幹官張敦頤撰，建康留守韓仲通所刊也。書作於紹興三十年，高宗戢影臨安，是年殿中侍御史杜莘老請駐蹕建康，以增士氣。故此書於「六朝建都」一門極言建康爲根本地，以吴孫皓、梁元帝、李嗣主爲失策，此著書之微意，不獨誇名勝遊覽而已也。「總叙」一門言城鎮拒守最詳，其餘諸門亦多駮正舊説。如「檀城」，據《建康實録》，在墅城東八里，非去縣八里；「方山」，據《南齊書》，徐孝嗣諫武帝，未嘗築苑；「温嶠墓」，據《晉書》當是嶠妻何氏墓之類，周應合《景定建康志》實多取之。亦有周略而此詳者，如「芳樂苑」，周列宫殿中，作「芳樂殿」；又如「南唐興德王廟」，僅見此書。宋人載金陵事書，如陳軒《金陵集》，石邁《古迹編》，《金陵故事》，乾道、慶元二《志》等，俱罕傳，則此書亦幸存矣。壬辰春，於京師琉璃廠見曹楝亭家藏鈔本此書及石林《建康集》，俱有「楝亭曹氏藏書」六字印，又「長白敷槎氏昌齡印」。因購《建康集》，假是書以臨寫之。內「玄武湖」作「真武湖」，貞觀、忠貞「貞」皆作「正」，定爲宋本。此書《直齋書録解題》作二卷，與《六朝宮苑記》俱無撰人名氏。茲本十四卷，與張氏自序及《宋史・藝文志》合，乃知世所行明吳琯刊本併爲上下卷，非其舊也。吳刊本「昪」訛爲「昇」，南唐先主李昪，音弁，日光貌，明也。作「昇」，非。「臮」訛爲「泉」，唐《韋君碑》「竇臮」書「臮」，古暨字，見《説文》。竇臮，作《述書賦》者，作「泉」，非。「楊修之」訛爲「楊修」，《景定志》云：「楊備字修之，慶曆中爲尚書虞部員外郎分司南京上輕車都尉，往復江上，賦《金陵覽古百題》詩，各注其事於題之下。」作「楊修」，非。他如脱落處，文理多不貫。茲本較爲完好，然亦不能全無誤字，蓋傳鈔之過，今悉仍之。審書中如烏衣巷、張氏引《晉書》，王導、紀瞻皆在此巷，而又引劉斧《拾遺》王榭航海，改劉禹錫詩「王謝」作「王榭」。瓦棺寺、「棺」當作「官」，此書不引晉哀帝以陶官地施，僧慧力造寺，而引長沙僧瓦棺中舌吐青蓮。馬鞍山，隋、陳爭馬鞍山在巫峽間，誤引於此，又誤以呂忠肅爲魯肅，皆失考。俱爲《景定志》所駁。又昭明太子墓不言安寧陵，而引《窮神祕苑》「燕雀湖」；臺城獨詳沈約鬼子青箱吟詩；菩提王、靳尚兩載其廟；城郭、宮殿末爲賅備，而「靈異」、「讖記」、「神仙」、「寺院」、「廟宇」分爲五門，頗不免好奇之失。繁簡失宜，或沿襲圖經舊説，未盡可據。若古迹如新林、板橋、梅岡、烈洲之類，俱未載。《宋史》仍有吳彥夔《六朝事迹別集》十四卷相輔而行，當續訪之。同學張君容園博學嗜古，雅好金石，以此書《碑刻》一門尤資考證，爰重付梓。余因舉管見，攟摭數事，附識於末，以質當世。

道光庚子夏五月識。

附識

建業　此書序云「晉太康初廢建業，復爲秣陵」，非也。按《晉書·地理志》云：「太康三年，分秣陵北爲建鄴。」《太平寰宇記》：「晉太康三年，分淮水北爲建業，淮水南爲秣陵。」蓋二邑並置，未嘗廢建業也。又「建業」字因避愍帝諱改爲「建康」，諸書皆同，獨《晉志》失載，而云改「業」爲「鄴」。《晉書》凡建業皆作「鄴」，後人多沿用之，然當以「業」爲正。

江寧　序但云隋併秣陵、同夏、建康三縣入江寧縣，未詳江寧名所自始。諸書所載各異，《晉書·地理志》云：「太康二年，分建鄴置。」《宋書·州郡志》云：「太康元年，分秣陵立臨江縣，二年，更名。」按江寧在淮水南，《宋書》謂分秣陵置是也。《太平寰宇記》云：「故江寧縣城在縣南七十里。《輿地志》：晉永嘉中，帝初過江南，以江外無事寧静，因置江寧縣。」以江寧縣爲元帝所置，與諸書不合，然言江寧命名之義，似可備一説。《景定志》亦未引及，故特録之。

江寧府　按唐至德二年置江寧郡，此序未及。考《元和郡縣志》云：「武德三年，杜伏威歸化，改江寧爲歸化縣。九年，改爲白下縣，屬潤州。貞觀九年，又改白下爲江寧。至德二年，於縣置江寧郡。乾元元年，改爲昇州，兼置浙西節度使。上元二年，廢昇州，仍改江寧爲上元縣。」此序吴、南唐沿革，據《南唐書》當補封徐温爲齊國公事。李昪本徐知誥，僭位後始改姓名，此直云封李昪爲齊王，亦誤也。吴琯本更脱落不可通。

漢川益州　論梁廢興云：承聖三年，魏陷漢川、益州。並誤也。據《周書》、《梁書》，梁大寶二年十月，魏達奚武取漢中，侵南鄭。承聖元年五月，秦梁刺史蕭循降魏。承聖二年，尉遲迥伐蜀。八月，益州刺史蕭撝降魏。承聖三年，魏取襄，徙岳陽王詧於江陵。又陳文帝天嘉二年，破周將賀若敦，武陵等六郡復南屬。

靈和殿　《南史》云：「時舊宫芳林苑始成，武帝以植於太昌靈和殿前。」《建康實録》亦作「太昌靈和殿」。元王士點《禁扁》云：二殿並在青溪。

滎陽　吴孫皓置，當作「營陽」。《宋書·州郡志》：「營陽，江左分零陵立。」《元和郡縣志》：「吴分零陵置營陽郡，以郡在營水之南，因以爲名。」此作「滎陽」，沿《晉志》之訛。《晉志》謂穆帝立營陽，亦誤。此篇三國、兩晉州郡沿革全用《晉志》，詳畢尚書沅《晉志補正》。

檀城　此本謝玄別墅，與東山墅自是兩地，《輿地志》謂謝安弈棋所勝者是也。按《晉書》、《建康實録》云「安命駕出土山墅」，此安之墅也；云「留玄圍棋賭別墅」，此玄之墅也。若玄勝則土山墅屬玄，今安勝，故以玄墅乞羊曇，文義易曉，後人不知玄自有墅，遂謂安以土山墅乞羊曇，誤矣，豈有勝棋而反輸物耶。又重請者張玄，而賭棋者謝玄，明李維楨力辨安與張玄賭棋，謂非謝玄，不知張玄焉得有墅，亦何爲懼而不勝耶。

烽火樓　自建康至江陵，五千七百里。按《建康實録》，紀陟答司馬昭曰：「自西陵至江都，五千七百里。」此書云自建康至江陵，非也。

衛玠臺　《景定志》有衛玠墓而無衛玠臺，此書亦未言築臺之故，疑誤。

賞心亭　《景定志》載此甚詳，然有三書未引。按曾敏行《獨醒雜志》云：「晉公自兩制出守金陵，陛辭之日，章聖以八幅《袁安卧雪圖》賜之，旁題云『臣黄居寀定列神品』，蓋不知爲誰筆也。其所畫林石廬舍之所、人物苦寒之態，無不逼真。侈上之賜，於金陵城西北隅築堂曰『賞心』，施此圖於巨屏，觀者驚異。」張舜民《郴行録》云：「丁晉公登賞心亭，以家藏《袁安卧雪圖》張挂之於屏風，晉公既去，未幾遂亡其圖，繼來者又以布衣鄧淑所畫《寒蘆野鴨圖》充之。今《蘆鴨》亦無有，但紙糊粉堊而已。」《湘山野録》云：「賞心亭，丁晉公出鎮日重建，秦淮絶致，清在軒檻。取所寶周昉《袁安卧雪圖》張於亭之屏，凡經十四守，雖極愛而不敢輒覬，偶一帥竊去，以布按此下脱「衣鄧淑」三字。畫雁掩之。君玉復守是郡，登亭留詩云云。王琪詩已見此書中。詩與江山相表裏，爲貿畫者之蕭斧也。」阮閲《詩話總龜》引此條多脱誤。諸書所言黄居寀、鄧淑姓名足補《景定志》之闕。王漁洋尚書謂宋真宗賜王欽若，蓋因丁謂而訛耳。

聽箏堂　《江南通志》「辨訛」類云舊志引《六朝事迹》云：晉元帝幸謝安宅，命讌，使桓伊笛，又奉箏作《金縢曲》。此孝武，非元帝也。伊自請箏歌乃在帝所，非安宅。今觀此書云「晉孝武幸謝安宅」，並無晉元帝之訛，至云幸謝安宅，則與諸書不合。《建康實録》云：「時上嗜酒，司馬道子專政昏亂。謝安女婿王國寶諂媚於道子，安惡其爲人，每抑制之。國寶讒諛稍行於主相之間，以安功名盛極而搆會之，隙遂成。帝時召伊飲宴，安侍坐。帝命伊吹笛，即爲一弄，乃放笛云：『臣於箏分乃不及笛，然自足以韻合歌管，請以箏歌，並請一吹笛人。』帝善其調達，乃敕御妓奏笛。伊又聞：『御府人於臣必自不合，臣有一奴，善相便串。』帝彌賞其放率，乃許召之。奴既吹笛，伊便撫箏而歌《怨詩》曰：『爲君既不易，爲臣良獨難。忠信事不顯，乃見有疑患。周旦佐文武，《金縢》功不刊。推心輔王政，二叔反流言。』聲節慷慨，俯仰可觀。安泣下沾襟，乃越席而就之，捋其鬚曰：『使君於此不凡。』帝甚有愧色。」《晉書》略同，此書割裂致舛，《通志》又從而甚之，乃知讀史不易删節也。又聽箏堂非謝安墓，此書云「至今樵采者不敢近」，亦殊不可解。

芳樂苑　《景定志》「宫殿」云：齊芳樂殿。引《齊史》云：「東昏侯大起芳樂、玉華諸殿。」按《南齊書》云：「後宫遭火之後，更起仙華、神仙、玉壽諸殿。又於閲武堂起芳樂苑。」不載芳樂殿之名。《南史》云：「於是大起諸殿，芳樂、芳德、仙華、大興、含德、清曜、安壽等殿。又别爲潘妃起神仙、永壽、玉壽三殿。又以閲武堂爲芳樂苑。」殿、苑皆有芳樂之名。獨《景定志》云「玉華殿」，不知所出，蓋即「玉壽」之訛。又《景定志》不載芳樂苑，亦漏略也。《禁扁》最詳。

迎擔湖　擔，負擔之義，都濫切，字從手。《景定志》作「檐」，非也。按宋以前言石頭城後有此湖與玄武湖，宋時曾廢爲田，並無莫愁湖之名，至明人附會盧莫愁，遂流爲丹青。吕太守新修《府志》云，見《太平寰宇記》。考《寰宇記》無其名，前人辨之。獨勝棋樓，羣信爲明太祖、徐中山賭棋實有其事。及讀王世貞《金陵諸園記》云：「東園一曰太傅園，明太祖賜中山王者。餘魏公諸園皆徐氏子孫所創，莫愁湖園者亦徐九別業也。」乃知中山王時並未有湖園，豈有賭棋之事。又讀京山李維楨《遊莫愁湖記》云：「前爲四美堂，是徐髯仙篆，後爲勝棋樓，則徐公子筆也。謝安賭棋在東山墅，謂樓可以冒墅乎。」其論之如此，徐公子即徐九。是王、李二《記》俱不言明太祖、徐中山賭棋事，小説傳聞恐不如弇州、京山之足據也。然魏國諸園盡圮，獨賴此一曲湖光瞻仰遺像。子孫之宅，祖宗依之，當奉馨香於勿替也。

蘇峻湖　《晉書·成帝紀》、《建康實録》俱云蘇峻爲李陽所斬，獨《晉書·蘇峻傳》云峻突陣不得入，將回，趨白木陂，牙門彭世、李平等投之以矛，墜馬，斬之。白木陂亦與白石陂異。

桃葉渡　此沿《圖經》之誤，《景定志》削而不載，是也。前人已辨之矣。《隋書·五行志》云：「陳時，江南盛歌王獻之《桃葉詞》。後隋晉王廣伐陳，置將桃葉山下，及韓擒虎渡江，大將任蠻奴至新亭，以導北軍之應。」然亦無桃葉渡之名。又今上水門，乃楊吳造城始貫淮水於城中，若晉時自是城外。獻之迎妾渡江及杜牧商女隔江之唱，詩人偶爾寄興，非可泥以地界也。明時桃葉渡遍種桃花，國初改設利涉橋。卓發之詩，《池北偶談》已言之矣。

景陽井　張舜民《郴行録》：「辱井石檻上刻後主事，小字八分，極其精古，乃大曆七年張著文，頗詳，爲近年俗人題記刊刻所掩，甚可惜也。又有太和四年篆書，可見者數字耳。」王象之《輿地碑記目》云：「景陽井銘有二，其一隋煬帝所作，其一張著撰。」又陳景陽宫井欄石刻唐人書，今在舊行宫。歐陽公云：晉王書「戒哉」。「戒哉」字已不存。象之觀書「擒虎」則闕去「虎」字，書「世」則作「廿」，皆以避唐諱，知爲唐刻也。

鳳臺山　「鸑鷟」，姚寬《西溪叢話》作「鷟鸑」。宋《元豐九域志》載江寧縣有鳳臺山。

馬鞍山　《景定志》駮之，是已。《陳書》「吕忠肅」，《南史》脱「忠」字，然與金陵無涉。

望祭山　諸書皆有四望山，而無望祭山，然諸書亦無望祭之義。此書亦不言山所在，又無四望山，惟引《通典》，省四望座等事，所未詳也。

平陵山　韓晃斬於山下。《圖經》云：「蘇逸亦斬於山下。」非也。《晉書·成帝紀》：「咸和四年，(己)［乙］未，將軍王允之及逸戰於溧陽，獲之。」《蘇峻傳》：「蘇逸爲李陽所執，斬於車騎府。又張健與馬雄、韓晃等輕車俱走，李閎率鋭兵追之，及於巖山。健等不敢下山，晃獨出，帶兩步靫箭，卻據胡床，彎弓射之，殺傷甚衆。箭盡，斬之。」巖山即平陵山，《寰宇記》亦載。

白楊路　「吾侶偶游」句有脱誤。《南史·袁粲傳》：「嘗步屧白楊郊野，道遇一士大夫，便呼與酣飲。明日此人謂被知顧，到門求進，粲曰：『昨飲酒無偶，聊相邀耳。』竟不與相見。」語句小異，即此事也。

烏衣巷　《景定志》辨王謝燕，是已。按山謙之《丹陽記》云「吴時烏衣營處」，是烏衣之名始於吴，而晉王謝特居此巷耳。近人謂王謝子弟皆服烏衣，謬甚。

秦淮石誌　輔公祏大宋乾德四年石誌。《楊文公談苑》、陳鵠《耆舊續聞》皆與此同。《玉海》有乾德、天明二號，然考《唐書》，武德六年八月，輔公祏反，國號宋。七年三月斬之，首尾僅二年耳，且兩改元。據此，安得有乾德四年之誌乎。疑元年之訛。

郗氏化蛇　據《南史》，郗氏没於襄陽，返葬徐州。没於梁武未即位之前，豈得云以生存妒六宫耶。鹿苑寺龍天王井蓋，又因梁皇寶讖而附會也。

燕雀湖　此書「靈異門」有燕雀湖，「墳陵門」無昭明太子陵，甚爲疏漏。《窮神祕苑》所云不見正史，武帝無移葬昭明事，蓋附會景帝殺臨江閔王，燕數萬銜土置冢上，王莽掘丁姬冢，燕數千銜土投穿中而爲之也。《梁書》、《南史》皆云大通三年四月辛巳薨，五月庚辰葬安寧陵。《建康實録》注：「《陳書》：岳陽王即位，追尊昭明皇帝。陵在建康縣北三十五里。」《元和郡縣志》：「陵在縣東北五十四里查(研)[硎]山。」《建康志》：「陵在城東北四十五里賈山前。」又《南史》：「杜崱兄弟發安寧陵，以報漆髐之酷。」俱不載燕雀銜土成墳事。按燕雀湖，《景定志》引舊志云在城東二里走馬橋東，或云今惟政鄉白蕩湖即其地，是宋時已莫定所在。要與查(研)[硎]山、賈山絶不相涉，明人因玄武湖名後湖，遂附會爲前湖。明孫應嶽《金陵選勝》篇云：「明太祖填塞前湖，以爲大内。」顧遯園《客座贅語》又謂：「太平門外鍾山下小窪，名燕尾湖，俗且謂前湖，大於後湖。」不知玄武湖自王安石廢爲田，惟有小池，明初濬之，以貯册庫。趙惟賢《後湖志》載之。後人不知明初開後湖，而侈談塞前湖爲大内，誤矣。昭明之陵既發掘於杜崱，復鏟平於明祖，有是理乎。

清涼廣慧寺

温飛卿《遊清涼寺》詩，此書及《景定志》俱載之。按温詩非作於金陵也。其詩云：「詩閣曉窗藏雪嶺，畫堂秋水接藍溪。」又有《寄清涼寺僧》詩云：「檐向玉峰籠夜雪，砌因藍水長秋苔。」此與少陵「藍水、玉山」之句皆作於長安藍田。《太平寰宇記》云：「藍田山，一名玉山。」《三秦記》：「有川方三十里，其水北流，出玉。」若金陵之清涼寺，所謂「雪嶺」、「藍溪」、「玉峰」、「藍水」，何所指乎。且石頭清涼寺，楊吴順義中徐温建，爲興教寺，南唐改石頭清涼大道場。《五燈會元》：金陵清涼院文益禪師與李主論道。清涼之名始於南唐，温飛卿時安得先有詩乎。温集一作「清源寺」，考宋敏求《長安志》，藍田清源寺在輞谷，唐王維表乞施爲寺，即温所詠也。又唐張祜《石頭山寺》詩不云「清涼」，又今人不知「清涼」乃寺名，「石頭」乃山名，混稱之曰「清涼山」，亦非也。又考楊吴、南唐以前，唐亦有清涼寺，在幕府山，唐彦謙《過清涼寺王導墓下》云：「江左風流廊廟人，荒墳抛與梵宫鄰。多年羊虎猶眠石，敗壁貂蟬祇貯塵。萬古雲山同白骨，一庭花木自青春。永思陵下猶凄切，廢屋寒風吹野薪。」又《遊清涼寺》云：「白雲紅樹路紆縈，古殿長廊次第行。南望水連桃葉渡，北來山枕石頭城。一塵不到心源淨，萬有俱空眼界清。竹院逢僧舊曾識，旋披禪衲爲相迎。」按《景定志》：「宋明帝陵在幕府山西，與王導墳相近。」彦謙詩所云「陵下」，即指宋陵。蓋寺可徙置，而陵墓不可動移。據此，知唐時清涼寺在幕府山王導墓下，至南唐有所遷改耳。後學朱紹頤謹校云：句容尚仰止拓示景陽井闌作「廣慧」。

瓦棺寺

「棺」當作「官」，此書與《方輿勝覽》誤同，《景定志》駮之，是也。按梁釋慧皎《高僧傳・竺法汰傳》云：「瓦官寺本是河内山玩墓，王公爲陶處，晉興寧中沙門慧力啟乞爲寺，止有堂塔而已。及汰居之，更拓房宇，修立象業，又起重門。汝南世子司馬綜第去寺近，遂侵掘寺側，重門淪陷，汰不介懷，綜乃感悟，躬往悔謝。」傳中所云山玩墓，方志俱未載，明人有阮籍墓之説，程徵君廷祚力辨其妄，謂當是阮孝緒墓，亦無他證。後之修志者補河内山玩墓，削阮籍墓，豈不較有據哉。

昇元寺

《宋史・五行志》云：「周廣順初，江南伏龜山圮，得石函，長二尺，廣八寸，中有鐵銘，云：『惟天監十四年秋八月，葬寶公於是。』銘有引曰：『寶公嘗作偈，大字書於版，帛冪之。人欲讀之者，必施數錢乃得，讀訖即冪之。是時，名士陸倕、王筠、姚察而下皆莫知其旨。或問之，云在五百年後。至卒，乃歸其銘同葬焉。』銘曰：『莫問江南事，江南自有馮。乘雞登寶極，跨犬出金陵。子建司南位，安仁秉夜燈。東鄰家道闕，隨虎遇明興。』其字皆小篆，體勢完具，徐鉉、徐鍇、韓熙載皆不能解。及煜歸朝，好事者云：煜丁酉年襲位，即『乘雞』也；開寶八年甲戌，江南國滅，是『跨犬』也；當王師圍其城而曹彬營其南，是『子建司南位』；潘美營其北，是『安仁秉夜燈』也；其後，太平興國三年，淮海王錢俶舉國入覲，即『家道闕』，意無錢也；『隨虎遇』，戊寅年也。」較此益加詳，然言寶公葬伏龜山，與陸倕製銘「葬鍾山，建塔」不合。且詩係唐五律體，《五行志》雜取小説，恐是附會於寶公耳。

荆將軍廟　此《圖經》之謬。按《文選·廣絶交論》注引《列士傳》但云荆將軍墓，不云名軻。軻爲燕太子客，死於秦，安得有葬溧水之理。

巴東獻武公墓　此書及《景定志》俱不詳名氏。按《南齊書·蕭穎冑傳》：「梁天監元年，詔曰：『齊故侍中丞相尚書令穎冑，可封巴東郡公，邑三千户，本官如故。』喪還，車駕臨哭渚次。詔曰：『齊故侍中丞相尚書令穎冑葬送有期，前代所加殊禮，依晉王導、齊豫章王故事，可悉給。謚曰獻武。』」《復齋碑録》云：「《齊侍中蕭穎冑碑》，梁普通三年立。」即此墓碑也。嚴上舍觀《江寧金石待訪目》誤以《齊故尚書令侍中巴東獻武公碑》與《齊侍中蕭穎冑碑》析分爲二。

謝濤墓碑　文見陶宗儀《古刻叢鈔》，云：「濤字明遠。祖瑶，字球度。父珙，字景山。」又有《宋臨澧侯劉襲墓誌》，泰始六年，葬琅玡之乘武岡。又有《唐河東裴昌墓志》，元和十五年，窆於上元縣鳳臺山梅嶺岡之東，王鉅文。

永陽敬太妃墓誌銘　此書云在清風鄉。按《古刻叢鈔》云：「太妃王氏，祖粹，父儼。普通元年十一月己卯薨，粤其月戊戌，瘞於琅玡臨沂縣長干里黄鵠山。」據此則非清風鄉矣。

韋君碑　今碑題「朝議大夫檢校國子司業兼御史中丞吴郡開國男陸長源撰，朝議大夫尚書兵部郎中兼侍御史上柱國竇泉書，貞元三年獻春之月上元之辰建造」。在茅山。

夫人易氏墓誌額　按《江寧金石待訪目》引《天下金石志》「南唐夫人易氏墓誌蓋」，稱「蓋」字，是也。碑有額而墓誌無額，誌外合一石，題銜名，所謂蓋也。陶宗儀《古刻叢鈔》有《唐賈水部墓誌額》，是前人亦有稱「蓋」爲「額」者，然皆誤矣。

祭悟空禪師文　此書云李後主書，非也。陸游《入蜀記》云：「出西門，遊清凉廣慧寺。寺距城里餘。舊有德慶堂，在法堂前，榜乃後主撮襟書。石刻尚存，而堂徙於西偏矣。又有《祭悟空禪師文》曰：『保大九年歲次辛亥九月，皇帝以香茶乳藥之奠，致祭於右街清涼寺悟空禪師。』按南唐元宗以癸卯歲嗣位，改元保大，當晉出帝之天福八年，至辛亥，實保大九年，當周太祖之廣順元年，則祭悟空者元宗也。《建康志》以爲後主，非是。」

舊經　當作「舊圖經」。《通志・藝文略》：「《江寧府圖經》六卷。」《寰宇記》引《建康圖經》，《太平御覽》有《金陵圖》、《江寧圖》、《江寧圖經》，惜今俱不存。

金陵待徵録

網羅舊聞，儒者職也，而往往出於畸人逸士。明盛仲交負異才，作《棲霞》、《祈澤》、《牛首》、《方山志》；周吉甫几格不虚，巾箱常滿，作《瑣事》初、二、三集，《剩録》，二人皆諸生紆青紫者不逮焉。雖然，吉甫、仲交志山寺、録瑣事耳，考古必以正史爲宗，不挾矜奇好異之見，而濟以記醜言僞之才，一事不貫首尾，恐不能定是非；一人不綜始末，懼不能辨賢否。或據名德之文集、地志之近雅者，小説、雜家、俚俗相傳，均不汙其簡牘，而古迹、第宅，亦不如牙人量界，徒爲穿鑿，乃著作之善者也。唐李肇、宋羅願，其庶幾乎。《國史補》自序云：「言報應、叙鬼神、徵夢卜、近帷簿則去之，記事實、探物理、辨疑惑、示勸戒、采風俗、助談笑則書之。」《新安志》自序云：「儒者之書，具有微旨，不同鈔取記簿。」金偉軍明經名途蹇滯，有如盛、周，而掇拾金陵軼事爲《待徵録》，兢守李肇、羅願之志，七易稿成此書，猶欿然以爲不足。問序於余，爰因明經之書引伸之，以俟知言者。道光庚子春三月序。

游志續編

《游志編》，有淳祐癸卯天台陳仁玉自序。其目録有僅存地名，如泰山、沂水；有僅存人名，如陸賈、疏廣，不知其例。惟周夔《到難》、陳寬《潁亭記》、謝希澤《遊嵩山》他處不多見，惜有目無書。《游志續編》，南村居士陶宗儀九成所集。首《絳守居園池記》，若范至能《驂鸞録》、《吴船録》，則世有其書，列其目而文未寫。所録七十六篇，如康譽之《西京隱居記》、尤袤《遊洞靈詩序》、韓淲《隱趣》、麻革《遊龍山》，皆宋以來佚作。戴帥初《宛溪南游詩序》、劉會孟《平福堂記》，亦《剡源集》、《須溪記鈔》所無。此編隨手輯録，不次時代，南村同時宋景濂、孫滄螺、貝清江，咸録其文，蓋一時興到之所編也。

紀古滇説集

此書題「咸淳元年滇民張道宗録」，乃有「段思平更國號大理」、「元世祖立段信苴實留守大理」，此二條明人所續也。其書簡略殊甚，蒙舍名多與史異。考樊綽《蠻書》載「蒙舍詔」稱「南詔」，舍龍生龍獨羅，亦名「細奴邏」。此書云哀牢王孫曰「奇嘉」，以建國社稷，故名「蒙社」。按「蒙舍」乃「詔」之本名，非因社稷始以「社」爲號也。又以「羅盛炎」爲「樂誠」，「盛邏皮」爲「誠樂［魁］」，「皮邏閣」爲「魁樂覺」，「閣羅鳳」爲「覺羅鳳」，「異牟尋」爲「意慕新」，「尋夢凑」爲「新覺勸」之類，蓋《蠻書》據其通中國名，此書以華言飾之也。八詔六瞼諸蠻名類、兼併始末均未詳考，滇南古書散失，沐朝弼如見樊綽《蠻書》，必不舍彼而刊此也。升庵跋語以爲野史之流、郡乘之稗云爾。升庵作《滇載記》，於元代段氏總管最詳，於此書亦有採掇。出自宋元間之傳聞所云金馬碧雞，云阿育王三子福邦、宏德、至德，亦不似西域國人名。

安南志略

《安南志略》二十卷，元安南侍郎紙縣令尹遷佐静海軍節度使陳鍵幕黎崱景高撰。至元癸卯，元兵伐安南，崱隨鍵降。元封國弟陳益稷爲王，送還國，安南世子迎拒，潰走，匿海島。元以暑溼班師，崱從益稷居漢陽，遥授同知安暹州事。世子遣子翌入貢方物，元因撫諭之。加益稷湖廣等處行中書省平章政事，留鄂，卒，葬漢陽賀家山。崱述其國事跡爲此書。卷一郡邑、山、水、古跡、風俗、邊境服役，卷二元詔制、前朝書命，卷三元奉使、前朝奉使，卷四征討運餉、前朝征討，卷五元名臣往復書問、前朝書疏，卷六表章、前代書表，卷七、八、九漢以來太守、唐都護、宋刺史，卷十歷代羈臣，卷十一趙氏世家、五代時僭竊、丁氏、黎氏世家，卷十二李氏世家，卷十三陳氏世家、内附侯王，卷十四學校、官制、章服、刑政、兵制、歷代遺使，卷十五人物、名人、方外、叛逆、物産，卷十六雜記、歷朝名賢雜題，卷十七至元以來名賢奉使安南詩，卷十八玉堂諸公贈送天使詩序，卷十九安南名人詩，卷二十圖志歌、叙事終焉。

南雍志

《南雍志》二十四卷。明高帝定鼎金陵，洪武元年，改京學爲國子學，轉博士晉祭酒。十五年，改建於雞鳴山之陽，三月初七日，改國子學爲國子監。中爲彝倫堂，分兩廳、六堂、三十二班，以舊國子學爲應天府儒學。成祖永樂元年二月庚戌初設北京國子監，志名「南雍」者，别於北京之稱也。景泰中，祭酒吴節始創爲志。首之以紀事，次職官表，次爲考者六：規制、謨訓、禮儀、音樂、儲養、經籍，次之以列傳終焉。規制、音樂，仍晝爲圖。凡十八卷。嘉靖中，祭酒黄佐重纂爲二十四卷，體例一仍其舊。太學東堂爲齋宿所，西堂爲考課所，祭酒廂房在東，其連（廟）［廊］北向者爲司業南廂房，西廂房爲監丞繩愆廳，亦呼博士廳。六堂在正堂之後，率性、修道、誠心、正義、崇志、廣業，助教、學正、學録分居之。典簿廳在彝倫堂東，近倉三間，以居典籍。其左爲掌饌廳，前爲儀門，有進士題名碑四。左有小門，下有進士題名碑，前有東西井泉二，東西書庫各七間，各爲樓。街南有國子監牌坊，東西成賢街牌坊二座，南成賢街牌坊一座，與珍珠橋相連。敬一亭在廣業堂後，嘉靖七年少師楊一清奏立，有御製敬一碑，御注視、聽、言、動、心五篋。光哲堂在敬一亭後，爲琉球國官生受業所居。講院在英靈坊東，祭酒湛若水以故射圃隙地爲之。正堂曰觀光堂，屏刻《心性圖説》，中允吕懷於堂東立《心統圖碑》，堂西立《律吕古義圖》。祭酒程文德於前建聚樂亭，又前爲蓮池、射圃。司業王材題其門曰「觀德門」，堂曰「正直堂」，又土橋名「浴沂橋」。如此之類，非披尋是志不能知也。憶道光二十年，余與陳君宗彝、吴君啟期遊普德寺，遇樵夫，指其旁曰「國子監地」，諸君不能解。今觀此志，有聚寶門外園地圖，乃洪武間撥賜國子監園四十二畝，四季辦納瓜菜，乃知野老之言有據也。《經籍考》天順年間官書，有二十一史分藏彝倫堂與六堂七處，一百四十七部，三千七百八十本，以便師生觀覽。其十七史皆元建康道肅政廉訪使所得善本，正德十年刊補，嘉靖七年校正補刊乃完。其《梓刻本末》，助教梅鷟盤板，分「制書」、經、子、史、文集、類書、韻書、雜書、石刻九類。十三經注疏多皆宋元刻，《六經正誤》係元大德三年刊補。金仁山《論語集注考證》二十卷，多於今本止十卷。元緱山杜氏《論語旁通》，今無傳。《唐書》二百十五卷，《釋音》二十五卷另編。宋《景定臨川志》三十五卷，宋静江教授江文叔《乾道桂林志》二十七卷，宋《瑞陽志》二十一卷，又有《新泉志》，俱佚。其餘明人書多足備考證，亦目録家之所必考也。石刻有詹同《大字千字文》、杜環《千字文》，亦金陵書家之遺蹟。黄佐又有《南雍條約》一卷，又瞿銑《南京國子監條例類編》六本，草稿二十二本，《南雍申教録》十五卷，《留都録》五卷，皆與此志可互證，俟訪之。生徒之數，洪武十五年官民生許恒等五百七十七名，二十六年悦慈等八千一百二十四名，永樂二十年冠帶舉人官民生方瑛等九千九百七十二名，爲極盛，至宣德時漸少，正統以後只二千餘名。自此以後，多者尚有六千、五千餘名，正德以後只有一千餘名，至少至八百七十名。雖北京分設太學，然文教亦衰矣。第十五卷有《黄觀傳》云：「黄觀字瀾伯，貴池人，累遷尚寶司卿、禮部右侍郎，進本部侍中。壬午五月，往上游諸郡徵兵，至安慶，聞内難已平，慟哭謂人曰：『吾妻素有志節，必不肯受辱。』明日家僮自京逃來，言將執家屬，夫人雍氏出通濟門，先擠二女於河，即自沈焉。觀遂招魂葬之江上。舟次李陽河，乃朝服東向再拜，於羅刹磯湍急處紿舟人奮棹，佯爲溲解，投水而死，時年三十九。」今諸書雍氏皆訛爲翁氏。

中興禮書　續中興禮書

宋《中興禮書》三百卷，凡吉禮、嘉禮、賓禮、軍禮、凶禮五類，分子目六十八門。有王信序，云：「淳熙七年，權禮部郎官范仲藝奏請編次。八年，行太常主簿陳賈奏乞删修建炎以來以至淳熙典禮。」《續中興禮書》八十卷，葉宗魯序云：「嘉泰二年，權禮部尚書費士寅、禮部侍郎木待問、行太常主簿葉宗魯劄子，檢準孝宗一朝典禮續修。」其書世罕傳，徐星伯太守松從《永樂大典》採出，付龍元任觀察以活字印行。龍旋卒未果。此書爲嘉興錢味根聚仁明府所得，味根官四川彭山令，引疾歸里。余宰嘉禾，延味根掌教鴛湖書院，商校元徐碩《至元嘉禾志》，因出此以相贈。余不敢受，曰：「此書朱氏得之，則錢氏失之，非流傳之廣也，假鈔可乎。」卷册繁重，爰付鈔胥六人，八閱月始成，以原書歸錢氏。正編則吉、嘉、賓、軍有闕卷，凶無闕；續編則吉、嘉、軍有缺卷，賓全闕，凶無闕。余獲此書，每出示同好，武林勞季言、權。吳門顧湘舟沅。皆從余借録。癸丑春，至京師虎坊橋，晤葉潤臣名澧。中翰，云藏有精鈔本，亦從星伯傳録，惜匆匆不及借校。余所見味根本，乃星伯初輯稿也。錢警石泰吉《甘泉鄉人稿》云「星伯官翰林時所採」，味根云乃揚州修「全唐文」時，曾頒《永樂大典》，星伯因禮書非《全唐文》所宜取，慮鈔手或致延歲月，故每卷末標題「全唐文」字樣，以速之耳。

壇廟祀典

《壇廟祀典》三卷，直隸總督桐城方觀承撰。有乾隆二十三年戊寅序。上卷首載雍正元年迄乾隆十年上諭十一道，次通例，次社稷壇、風雲雷雨壇、先農壇、常雩。中卷文廟、關廟。下卷羣祀，自城隍、龍王，至明保定知府章時鸞祠、于清端公成龍祠，終以附論。凡載祀典者，皆直隸畿輔守土之義，有司之存，寺、觀、仙、釋不與焉。采輯古義，分行細書，列考證於前；至本朝《會典》，以大書列後。豆籩左右，俎坫高下，有圖有説。雍正元年禮部定議，各府州縣每歲祭祀壇廟，一應供獻祭品、樂器，會同太常寺繪圖，著爲成式，釐爲定數，彙纂成書，頒行天下。觀承所繪之圖本於禮部舊式，其續增以後事及考證古義則新加也。覽此書者，由直隸推之各省府州縣，於秩祀大典，可率由罔越矣。丁巳，浙有飛蝗，江友竹太守向余詢劉猛將軍事實，因閱是書引《周禮·族師》祭酺注「以爲酺人物災害之神」疏謂：「漢時有蝝螟之酺神，蓋亦爲壇位如雩禜云。」《文獻通考》：「宋建隆二年，曹、濮等州蝗，命長史以牢禮祭之。天禧元年，蝻蟲生諸州軍，於公宇設祭。慶曆四年，臣僚言天下螟蝗頗爲民物之害，乞京師内外並修酺祭。是主蟲災者酺神也。」《畿輔通志》：「劉猛將軍，神名承忠，吴川人。元末授指揮，壯歲詰戎，奸盜歛戢。適江淮飛蝗千里，揮劍逐之，蝗盡殛死。後以王事自沈於河，士人祠之，有猛將之號。雍正二年，總督李維鈞以靈蹟顯著，奏請所在官司秩祀以春秋戊日，得旨允行。」方觀承案：「劉猛將軍不見正史，《通志》所據乃《靈異録》，蓋出自《道藏》。或曰神諱宰，字平國，金壇人。宋紹興中進士，仕至浙江東倉司幹官，告歸，隱居三十年，卒謚文清。以正直爲神，能驅蝗保穡，俗稱將軍者，誤也。」翟灝《通俗編》引汪沆《識小録》：「相傳劉鋭即宋將劉錡弟，殁而爲神，驅蝗江淮間，有功本朝。雍正十三年，詔有司歲冬至後第三戊日及正月十三日致祭。」《宋史・劉錡傳》不載有弟鋭。伏讀雍正三年七月上諭：「舊歲直隸總督奏稱，畿輔地方每有蝗蝻之害，士人虔禱於劉猛將軍之廟，則蝗不爲災。」據此，汪沆十三年祀劉鋭之説，不及《畿輔通志》之確。陶文毅公澍《重修劉猛將軍廟碑記》云：「神名承忠，見於《降靈録》。《怡庵雜録》謂宋江淮制置使劉錡驅蝗，宋封爲揚威侯、天曹猛將軍之神。」按宋劉錡字信叔，成紀人，官至威武軍節度使、鎮江都統制、京東河南招討使、太尉，贈開府儀同三司，謚武穆，並無驅蝗事。方敏恪公以爲宋劉宰，考《漫塘文集・嘉定己巳金壇粥局記》云：「嘉定秋，天子以畿内旱、蝗出，使尚書郎留公移縣發義倉。」又《記通判行述》云：諱極，知樂平縣。「俄有蝗自西北來，所至害稼，過縣不下，人以爲德政所感。」《宋史》列傳載：「旱，帥守命賑荒邑境，多所全活。」端平敕命云：「敕朝奉郎寶謨閣主管建昌軍。」遂訛爲將軍歟。

千頃堂書目

《千頃堂書目》三十二卷，上元黄虞稷俞邰徵君所輯。俞邰父居中字明立，世稱海鶴先生，閩籍，萬曆乙酉舉人，官上海教諭，遷南國子監丞，轉黄平知州，不赴。築千頃堂，藏書數萬卷，年八十三，聞北京陷，北向一慟而卒。今西華門外馬路街，是其遺居也。虞稷爲海鶴之次子，能讀父書，薦修《明史》、《一統志》。此書自序略云：「明初修《元史》者，藝文不爲特志；明《文淵閣書目》僅及元季，三百年作者闕焉。故更其例，記一朝之著述。《元史》既無藝文，《宋志》咸淳以後多闕，今並取二季以補其後，而附以遼、金之僅存者，萃爲一編，列之四部。」此其體例也。修《明史》者取此書明人著作爲《藝文志》，倪闇公、錢辛楣《補元史藝文志》遞相增益。杭大宗云：「《千頃堂》載宋人著作，皆《宋史》所遺，非複出也。」余見此書凡數部，若地志及制義，獨此本爲完備。余好搜尋桑梓文獻，此書載金陵人著作亦最詳，然此書所載，余獲見者不及十之四五，余所見而此書未載者亦十之二三。甚哉，載籍之浩博難窮也。

拜經樓藏書題跋記

《拜經樓藏書題跋記》五卷，海昌吴騫題跋。所藏書有題跋語，其子壽暘手録成帙。附《古官印考》、《古今體詩》，則壽暘作也。騫字槎客，一字葵里，晚號兔牀山人。居新倉里小桐溪，築拜經樓，藏書五萬卷，多善本，校勘精審，晨夕坐樓中，展誦摩娑，非同志不得登。吴門黄蕘圃丕烈多藏宋版書，顔所居曰「百宋一廛」，槎客以「千元十架」揭榜，與之敵。得宋本《咸淳臨安志》九十一卷，又得《乾道志》三卷，

《淳祐志》六卷，刻一印曰「臨安志百卷人家」。有《愚谷叢書》，其中《謝宣城集》、羅隱《讒書》、宋湯漢《陶詩注》爲最佳。其自著三十五種，目録詳《海昌備志》，其《小桐溪隨筆》、《尖陽叢筆》、《尺苑》，考訂經史，辨别名義。與陳萊孝譙園、周春松靄、周廣業耕厓、朱兆熊兹泉、陳鱣仲魚、錢馥廣伯俱耽道學古，爲海昌耆宿。壽暘字虞臣，槎客以宋槧《東坡先生集》授之，因自號「蘇閣」，有《蘇集補闕》一編。虞臣子之淳，字鱸鄉，能守遺籍，校讀不倦。海昌藏書家，若許氏敦叙樓、胡氏華鄂堂、馬氏道古山樓、許氏學稼軒俱散佚，仲魚果園藏書亦無存。仲魚《經籍跋文》九十九篇，與槎客《題跋》，硤石蔣生沐同刊於《别下齋叢書》。

隋書經籍志考證

余於孫淵如觀察文集中知會稽章孝廉宗源編輯勤苦，思求其書。既宰孝豐，章廣文炳奎，其族裔也，廣文云：「孝廉著述甚富，殁後多零落，有《隋書經籍志考證》，最詳核。」余好爲目録之學，常以王伯厚《漢書藝文志考證》極博且精，惟增入二十六種，羼雜贋鼎。至漢人著作，仍有出於伯厚所載之外者。若《隋書·經籍志》，則余素所措意者也，屢欲爲之考證，恨見書少，又不能專心從事，聞孝廉有是作，爲之躍然。廣文許索諸其家，不可得。余攝牧海昌，錢警石學博云：「全書未見，若史部《考證》則有之。」《隋志》所載今佚者，必詳載體例及諸家評論，如干寶《晉紀》，則列劉彦和《文心雕龍》、劉子玄《史通》之議；又如《司徒儀》，則列《北堂書鈔·設官部》從事中郎之職、《太平御覽·職官部》右長史之職，以備其説。至史部爲《太平御覽》目録所引隋以前書,凡《經籍志》未載者,悉取以補之。《御覽》雖修於宋初,然以《修文殿御覽》爲藍本,故可據也。此外如《初學記》、《北堂書鈔》、《藝文類聚》、《通典》、《通考》、《玉海》、《白帖》之類,皆旁摭其佚文,隋以前乙部,殆無遺珠矣。余假鈔副本,至經、子、集《考證》,未知有收藏者否。

玄牘記

《玄牘記》者,明上元盛時泰仲交碑帖跋語也。仲交家有蒼潤軒,楊升庵爲之記。明時金陵收藏家顧璘東橋、徐霖髯仙、黄琳藴真、羅鳳印岡、謝少南與槐並著於時,後多散佚,惟印岡太守傳至其元孫壽,字原溥,與姚淛元白、嚴賓子寅俱精鑒賞。仲交所跋,多羅、姚二家物,於金陵碑碣頗詳。如元楊翮文舉八分書,古追東漢,余惟見其《嵊縣學宫記》行書,此有《瞻儀堂記》八分書。宋劉次莊《仁壽縣君墓誌》,僧欲碎爲路,顧東橋見而止之。王荆公《此君軒詩》,嚴子寅欲搆亭,種竹東西,壁以是石嵌之。及《王南原詩》四卷、徐子仁《三體千字文》、顧司寇詩稿,足資遺聞。仲交更有《蒼潤軒題跋》,與此略相同。仍有《祈澤》、《牛首》、《棲霞》、《方山志》,《雞籠菊品》,余俱有其書。其《大城山人集》及其子敏耕伯牛《軒居集》未見全帙,僅於選家見其詩而已。維時姚汝循鳳麓、司馬泰西虹、黄甲首卿、李登如真、朱之蕃元价、黄居中明立俱以收藏名。焦竑弱侯有《金陵名賢帖》,顧起元鄰初有《江寧古金石考》,尤爲表著。近世鄭簠谷口、嚴長明東有、樊明徵聖模亦多藏碑帖。東有之子觀,字子進,有《江寧金石記》、《待訪目》。

然牛迹山《茅君別院碑》未載其文，《仁壽縣君墓誌》不知趙巘乃清獻公弟揚之子，《齊巴東獻武公侍中蕭穎胄碑》判爲二人，余所見《宋少保威定王德碑》亦未見采。暇嘗與陳宗彝雪峰、汪士鐸梅村、張寶德容園、吴繼曾癡仙議，撰《金陵金石志》，篆隸各體，鉤摹必肖，始《漢校官碑》，迄明初孝陵及陪葬功臣墓碑，明初碑亦五百年故物也。至待訪各碑，分爲二例，取《建康志》、《金陵新志》、《古刻叢鈔》、諸家文集，其碑未見而文存者録其文；《六朝事迹》、《輿地碑目》、《寶刻叢編》、《類編》各家目録，其碑與文俱未見者録其目，以俟後之人有所考云。

開有益齋讀書志卷四

上元朱緒曾述之

疑獄集

余所見《疑獄集》凡三本。有前二卷和凝編，後一卷子㠓續，分上中下爲三卷，有㠓及杜震序，吳太初長元跋云：「顯仁㠓之字。中允繼父志，彙成百條，勒四軸，今存六十六條，蓋佚去四分之一。」此竹垞曝書亭傳鈔本也。有前集二卷，四十七條，和凝編；後集二卷，三十三條，和㠓編；續集六卷，明張景編；附許襄敏《異政》。此天一閣范氏録入《四庫》本也。有前集一卷，四十七條，和凝編；後集一卷，三十二條，和㠓續，無「韓億乳醫」條；續集上下二卷，明張景編；附許襄敏《異政》。此錢塘陳鴻壽重刻遲鳳翔本也。三本俱不及百條。晁氏《郡齋讀書志》刑法類：「《疑獄》三卷。右晉和凝撰。纂史傳決疑獄事。其上卷，凝書，中、下卷，凝子㠓所續。」是分上、中、下爲古本。然竹垞所藏，凝多㠓寡，亦與晁《志》不同。晁《志》三卷，亦與㠓序四軸不合。鄭克《折獄龜鑑》云和凝《疑獄》原二十九條，「以時代爲次，張舉事在吳人之末、晉人之前」。明刻本以唐御史佯失狀爲首，張舉事在苻融之後。張允濟聽葱、揚牧答巫、崔黯搜孥三事，鄭克皆引舊文，明和氏本俱無之，「答巫」、「搜孥」在張景所續，「聽慝」竟不載。金世宗大定元年即宋高宗紹興三十二年，金章宗明昌元年爲宋光宗紹熙元年，和㠓乃五代末宋初時人，忽云大定唐公爲冠氏令、明昌間景州一婦畜二姦夫，則年代相去甚遠，知和氏父子之書爲後人删削及竄入者多也。遲鳳翔所附許襄敏《異政》十一條，今本王錫禄事闕末八行，甄廷詔事闕首二行，定陶段禮事六行全闕。取明陳文燭所刊《折獄龜鑑》可補其文，蓋《疑獄集》古本不可得矣。

重刊宋本棠陰比事

比事屬辭，《春秋》之教。漢人以經決獄，董江都著《決事比》，《崇文總目》載之，宋四明桂夢協《棠陰比事》蓋取此義。其書采和魯公父子《疑獄集》、鄭氏克《折獄龜鑑》，聯成七十二韻、一百四十四條，使事必相比，易於觸類引伸，斯桂氏之義例所以有異於和、鄭之書也。桂氏於開禧丁卯始以餘干尉聞糾曹孫起予之論，留心議獄。嘉定辛未官建康司理右掾，撰成此書。端平改元，以尚右郎官陛對，理宗褒嘉，謂嘗見所編《棠陰比事》，知聽訟決能審克，除直寶章閣知常德府。此書用是重刊流布，《宋史》漏略，竟失其名，然知爲循吏無疑矣。明景泰間，吴文恪公訥病其聲韻對偶，以爲叙次無義，删去其相類複出者，僅存八十條，别以刑獄輕重爲先後。首五條引《大明律》，末二條增入己論，補遺二十四事，附録四事，用心亦勤。自吴氏本出，而桂氏之原書遂晦。余初得吴氏本，以爲桂氏以比事爲義，若以事之相類者爲複出而删去之，甚失比事之義，於是購求原書。今年己酉夏，得吴門黄蕘圃所藏宋本，有嘉平辛未張虙識語，知桂字夢協，首有「趙宧光」、「崑山徐氏」兩印，復讀蕘翁跋語，知爲難得之册，不敢自祕，重爲鋟木以傳。夫古今詐僞之人百出不窮，鉤距止一智，觸悟止一誠，比類以期其合，推類以盡其餘，神而明之，存乎其人。執是編以求咎繇之明允，蘇公之式敬，甫侯之簡孚，鮮有不三隅反者。余慚教養之方，訊質無所哃喝，盜賊不輕拷掠，每決一獄，不懌者累日，懼不學之無術，時取吳氏、鄭氏之書以資觸發。茲編刻成，猶足益人神智。閒嘗論之，和氏之《疑獄》掎摭故實，乃法家之成案；鄭氏之《龜鑑》辨論精審，乃成案之讞語；桂氏之《比事》依類聯貫，乃成案讞語之比例，三書不可闕一，皆仁人君子之用心也。桂氏萬榮生子宣議郎某，歷傳知富陽縣康老，贈運使俊卿、參政與紹、晉府長史德稱字彦良、中書舍人慎，又有裔孫怡登進士第，自宋至元明爲世族。文恪據王學士景彰集考之綦詳，附識於此，以見積善之慶。至文恪增益，非無可取，因非原書所有，不敢羼入。茲編所遺，及金元折獄有可取者，擬爲《續比事》，采掇未竟，若夫成書，請俟他日。道光二十九年歲在己酉冬十月，序於嘉興縣署。

余前序於桂夢協事實未及詳考，近見《寶慶四明志》云，慶元二年鄒應龍榜進士桂萬榮。《楊慈湖遺書》有遺桂夢協云：「夢協謂心之精神是謂聖，此聖人之言，何敢不信，但學者所造有淺深。某謂道無淺深，先聖曰改而止，謂改過即止，無庸他求，精神虛明，安有過失，意動過生，要在不動意爾。」余按慈湖心學以頓悟爲宗，未免過高之弊，夢協所云「學者所造有淺深」，其説正未可廢，惜其往復語不盡見也。桂氏爲慈谿著姓，《慈谿縣志·循吏傳》：「桂萬榮字夢協，慶元二年進士。授餘干尉，邑多豪右，一以紀律繩之，馭民慈愛，子弟獲訓迪者耻爲不善。秩滿，民爲乞留。調建康司理參軍，鄉相史彌遠欲招致之，萬榮以分定固辭。差主管户部架閣，除太學正，輪對，奏絶敵、選將二事，除武學博士兼宗學。方嚮用，力求補外，通判平江府。時守朱在政尚嚴刑，以鹽課拘繫甚衆，萬榮具書告，在不從，挾行牀與所拘人同寢，在愧，即委縱遣焉。升守南康，檢吏姦，省浮費，征税有法，民幸其利。累官直祕閣，遷尚書右郎，除直寶章閣，奉祠以歸。萬榮嘗問道於楊簡，簡曰：『心之精神是謂聖，此聖人之言也。』遂究道而築室東山之麓，曰石坡書院，讀書其中。著《論語精義》若干卷，又取古人資於折獄者，類成《棠陰比事》，俱燬。」按《縣志》所載詳矣，然直寶章閣失載知常德府一官；萼協與慈湖辨「學有淺深，道無淺深」，但云「心之精神是謂聖」，「遂究道」亦未明晰；《棠陰比事》未嘗與《論語精義》俱燬。此皆《縣志》之疏。余嘗疑萼協識語有云「鋟梓星江，遠莫之致」，今始知爲守南康時所刻也。桂氏後裔之盛，《寶慶四明志》：桂氏進士有紹定五年桂去疾、桂錫孫，原注：必之孫，萬榮之侄。淳熙十年桂本，開慶元年桂壯孫，童子科桂賚孫。《慈谿縣志》以本爲淳祐元年進士，錫孫試童子科，無賚孫名，皆誤。又有宋進士巖，元鄉貢彦良。明進士曰芝、曰怡、曰琛、曰延理、曰詔、曰一章，其科名繼起，不獨王景彰所言而已。《元音》有元，字師善；瓌，字懷英，以詩名。《縣志》有萼協四世孫同德，教授郡庠，以教化爲本。宗儒、宗藩俱彦良從子，預修《永樂大典》，可稱世濟其德矣。曹秋岳《學海類編》有《棠陰比事》，亦吴文恪删本也。

余既刻宋本《棠陰比事》成，客問曰：「書中『江分表裏』云『江某郎中』，註云『衢州開化人』，今失其名，見李泰伯所撰志。君能知其名乎。」余應之曰：「《李盱江集》云：『公諱鎬，字某。』《折獄龜鑑》止稱『江某郎中』，然余嘗考之，知鎬字從周。胡致堂《斐然集·左朝散郎江君墓誌銘》云：『江袤，衢州開化人。曾祖鎬，尚書屯田郎中，李泰伯爲志墓焉。』陳倫《弘治開化縣志》：『江鎬，大中祥符五年進士，字從周，守三州，以惠愛稱。子楫，孫汝言，曾孫袤。』所載與《斐然集》同。陳倫序云得宋代鈔本，志可證也。」客又問撰《折獄龜鑑》之鄭克。余應之曰：「元劉壎《隱居通議》云：『高宗紹興三年，降詔恤刑，戒飭中外，俾務哀矜。時有承直郎鄭克明，爲湖南提刑司幹官，因閱和凝《疑獄集》，易舊名曰《折獄龜鑑》。』劉起潛稱爲鄭克明，知克字克明。呂成公《方元恪墓誌》：『女孫婿迪功郎建康府上元縣尉鄭克。』是曾由縣尉而爲幹官。其本貫開封人，南渡因徙家焉。」客喜而退，爰綴於簡末。

養生必用方

《重改正古今録驗養生必用方》上、中、下三卷，宋靈泉山初虞世撰。次有紹聖五年四月日宗室捐之序，云：「初虞世在元豐中嘗鏤版，累經摹搨，爲人妄有損壞。今復刊正，别立序論。」《直齋書録解題》亦云「三卷，靈泉山初虞世和甫撰。紹聖丁丑序」，即此本也。晁氏《郡齋讀書志》：「《養生必用方》十六卷，（山）初虞世撰。序謂：『古人醫經行世者多矣，所以别著，古方分劑爲今銖兩不侔，用者頗難。此方其證易詳，其法易用，苟尋文爲治，雖不習之人亦可無求於醫也。』虞世，本朝士，一旦削髮爲僧，在襄陽，與十父遊從甚密。」今無此序，是晁氏另一增多之本。《文獻通考》十六卷，乃晁本也。此書名「古今録驗」，惟僧智深治唐丞相李恭公患眼翳、唐侍御王元鑒進金露圓、終南道士治胡陽公主難産，爲古時人之方案；康郡君苦風祕、文潞公苦大腹不調、李公儀病肺之類，皆虞世親驗治之方；王淵《傷寒編逸方》，獨孤及治盛文肅太尉肺熱，張公度治黃魯直母祕結，杜方叔、楊公遠治楊侍講郡君痎，道人治汶富人子張生目疾，爲同時驗治之證。至程正叔先生，以目翳方授汶人孫彥先待制自效，爲王淵借職作《名醫傳》，程正叔先生見驗者十餘人。程正叔知醫，可與《蘇沈良方》並稱也。「王狀元、任先生、文大夫服碧霞丹致死」一條，力辨妄人託夏噩姓名作《王魁傳》之誣，幾七百餘言，詳王俊民力學愛身，可謂不負死友。俊民贈詩「寒窗一夜雪，紛紛來朔風。之子動歸興，輕袂飄如蓬。問子何所之，家在濟水東。問子何所學，上庠教化宮。行將攜老母，寓居學其中」，亦詩話所不載。張處厚，潞人，父有德，不仕，與嵩山邢昂先生爲莫逆交。邢有道之士，石曼卿輩皆尊禮之，自有碑刻。處厚子駁，有賢行。李公名丁，齊人，才器業文章與世懸絶，不可企及。石曼卿、劉潛輩皆拜之又心服。曼卿集中「老仙遺孫生齊魯，性鍾清明氣高古。儀形如表聲如鐘，胸有奇才備文武」，即李。亦爲輯曼卿集者所未見，則其叙名德、資談助，不獨醫家圭臬也。此書宋刻，每半葉十二行，每行二十二字。

南陽活人書

《增註類證活人書》，《前集》十卷、《後集》五卷、《活人外書》三卷，政和元年奉議郎致仕朱肱撰。首有進表云：遺男遺直賫臣所撰書一函八策，共二十卷。張(藏)[蕆]序云：「華陀指張長沙《傷寒論》爲活人書。長沙，南陽人也，肱祖述其説，余因揭其名爲《南陽活人書》云。大觀五年正月序。」儒醫免解進士祝三省，擇善書重校證。《後集》析爲《百問》，有建寧通守錢聞禮目次，湯尹才序；《外書》十三篇、一百四十五方，信陽軍管幹王實編示。張(藏)[蕆]序云得《百問》於三茅山，後與肱遇於杭，盡得其書，序之，凡二十卷，九萬一千三百六十八字。今合前、後、外集，凡十九卷，蓋以《經絡》、《脈穴》二圖爲首卷也。程沙隨引肱自《書後》云：「獻書後八年，刊於杭州大隱坊。乙未明年，過方城，見同年范内翰，令合『證』與『方』爲一。至睢陽，見王先生，言成都、湖南、福建、兩浙皆刊其書，建州、饒州民間各刊舊本，池州公庫刊校正本。」此本分前、後、外集，亦無肱《書後》，乃未合「證」與「方」爲一之本。《文獻通考》作二十卷，《直齋書録解題》作十八卷，《愛日精廬》著録亦十八卷。沙隨辯其以湯爲煮散，又謂「姑孰李樫《傷寒治法撮要》發明《活人書》」，所取者舊本，未嘗見校正本」，愈以知肱書卷數多寡不一也。《直齋》題「朝奉郎直祕閣吴興朱肱翼中撰」，此本題「奉議郎致仕」，乃其獻書時官階。直齋謂肱爲祕丞臨之子、中書舍人服之弟，亦登進士科。按《齊東野語》：「肱，烏程人，登第，著名節，有《南陽活人書》。兄服，登進士，中書舍人。兄子彧，有《萍洲可談》。」肱自號無求子，云治傷寒先須論經絡，不識經絡，觸途冥行。又謂胗脈須兼胗手足，尤今醫所未講也。此本乃宋刻之極精者，葉有天啟甲子八十翁孫雲翼録周密語於進表、謝啟後。樓鑰《攻媿集・增釋南陽活人書序》云：「無求子朱公肱，士大夫中通儒也，著《南陽活人書》。吾鄉王君作肅，自號誠庵野人，又博取前輩諸書凡數十家，參入各條之下，名曰《增釋南陽活人書》。」

素庵醫要

《素庵醫要》十五卷，宋陳沂字素庵所傳醫案，明嘉靖時裔孫諫字直之始輯而行之。素庵精婦科，嘗療高宗妃吴氏危疾，得賜宫扇。其子孫名静復、名清隱者，皆不忘君惠，刻木爲扇以爲榮。卷首繪素庵執扇像，贊曰：「陳氏素庵，蓋世所稀。康后扶疴，爲帝所奇。出入禁中，惠扇宫儀。敕授翰院，金紫良醫。」事載《萬曆杭州府志》。今其後人居嘉興用里街，門前列一木扇，上書「宋賜宫扇南渡世醫」八字，仍世爲婦科。蓋自宋至今五百餘年，可謂世醫矣。余親見木扇，訝之，問於于辛伯秀才，源。辛伯爲余言宋高宗時事。既獲見《醫要》，乃知辛伯之言有據。辛伯著《柳隱叢話》，詳載之。然《醫要》備列方藥，不專婦科也。是書醫家罕見，余所獲乃嘉靖時初印本。

醫經正本書

《醫經正本書》一卷，題文林郎知隆興府進賢縣主管勸農營田公事沙隨程迥撰。有淳熙丙申自序。凡十四篇，曰《有唐醫政》、《本朝醫政》、《傷寒温病熱病並無傳染之理》、《辯五運六氣感傷名曰時氣亦無傳染》、《辯四時不正氣謂之天行即非傳染》、《論醫書》、《辯本草千金方權量度》、《辯弦脈屬陰》、《辯傷寒兩感不治》、《辯活人書以湯爲煮散》、《辯發汗宜對證不論早晚》、《辯方士著書乃采俚俗不合醫經》、《記仲景事實》、《與内弟襄陵許進之論醫書》，以《知洪州龍學范致虚謙叔榜文》附焉。《直齋書録解題》云「專論傷寒無傳染，以救骨肉相棄絶之弊」是也。引《麟臺故事》「嘉祐二年置校正醫書局於編修院」一條，爲今輯本《麟臺故事》所不載。引《漢書·律曆志》、杜佑《通典》皆以百黍爲一銖，駁林億等以十黍爲一銖之誤。辯《南史》徐文伯使范雲以火燒地，布桃葉，汗解可治表證，不可治胸膈裏證，若表證可汗，豈至促壽，爲史差舛；辯張文潛《龎安常墓誌》，安常以桂枝湯治林英女病傷寒，死已一日而蘇，謂桂枝乃發表藥，表證無昏之類，乃知不通仲景之醫理。雖盡讀江瓘《名醫類案》，取史書、説部之奇異，以試今人之病，鮮不爲所誤也。沙隨爲宋名儒、循吏，是書端風化、廣仁術，豈止醫家之圭臬哉。仁和勞季言權。得江都江鄭堂影宋本，余從而傳録，因寄金山錢賓之培［名］，刻入《萬卷樓叢書》中。沙隨之婿鄱陽董煟有《救荒活民書》，余亦有宋刊本。

精選百一方

《精選百一方》八卷，宋王璆撰。首有皇統四年汴京國子監博士楊用道序，云：「行省得乾統間所刊《百一方》善本，即王氏所謂『皆單行徑易，約而已驗，籬陌之間顧盼皆藥，家有此方可不用醫。』其書經王氏增修而益完，復摘唐慎微《證類本草》所附方，分以類例，附於百一隨證之下，目之曰《百一方》，更加讎次。」按《直齋書録解題》「醫家類」：「《是齋百一選方》三十卷，山陰王璆孟玉撰。百一者，言其選之精也。」此本因王氏之舊，復加以唐慎微所附方，書僅八卷，乃楊用道增修併合之本，故卷數多寡不侔。孟玉原書不可見，此爲元人刻本，亦醫家所不廢也。楊用道又云：「大編廣集奇藥羣品，自名醫貴胄或不能以兼通而卒具，況可以施於民庶哉。是書不求新異難得之藥，尤便於通行者矣。」竹垞藏元人録本，按其目僅二十卷爾，殆經後人選擇。

七政推步

《七政推步》七卷，明貝琳撰。琳字宗器，號竹溪拙叟。其先爲浙之定海人，祖可，父永阜，明初以戍伍至應天，遂爲上元人，居官賢街。琳幼發奮，思脱戎籍，遂往北京投太僕寺卿廖義仲、欽天監五官靈臺郎臧珩、司曆何洪，求天象之學，得充天文生。正統己巳，邊警，監正皇甫仲和薦琳，命隨昌平侯楊洪至獨石。景泰庚午，隨總兵石亨抵賀蘭山。壬申，隨左都御史王翱征瀧水。其占候多有功，授刻漏博士。天順改元，因天象示警，奏對稱旨，賜綵緞、白金，升五官靈臺郎。成化庚寅，升監副。壬辰，改任南都。與弟珙居武定橋西，庭植絲瓜，一蒂相連而異瓣，倪文僖公謙以文賀之，以張九齡庭木連理、崔希喬室生芝草爲比。自琳以天文起家，次鵬、次仁、次鼐、次尚質、次元禎七世，以天文與明相終始。鼐字西山，著《曆法要覽》十二卷、曆書小帙數種。康熙中有名國珍者，與梅定九交善，其曆法諸書，定九多所採擇，故《曆算書記》云：「《回回曆法》，刻於貝琳，其布立成以太陰，而取距算以太陽年巧藏根數。」指此書也。貝氏爲金陵天文家，乃志乘漏其名氏，惟路鴻休《明代人文略》言之最詳。琳書得采入《四庫》，惜鼐書不傳。慈谿張景暘云貝先世立本，仕南唐，至常州刺史，賜錦衣魚袋。宋開寶間，吴越克常州，被流定海，守志不渝，常服舊賜錦衣，時人呼爲「南唐錦貝」。考馬令《南唐書》云：「吴越圍常州，軍使余成禮刼刺史禹萬誠以降。」陸游《南唐書》云：「吴越攻我常州，權知州軍禹萬誠以城降。」並無貝立本事。或貝卸任，仍居常州，以禹權事，禹被劫而貝不屈獲罪，未可知也。

緯略

《齊東野語》：「程文簡著《演繁露》初成，高文虎炳如嘗假觀，稱其博贍，其子似孫續古時年尚少，因竊窺之。越日，程索回元書。續古因出一帙，曰《繁露詰》，其間多文簡所未載。」今《繁露詰》不可見，惟《緯略·瑟瑟》條云，程氏《繁露》援《唐語林》盧昂瑟瑟枕。世所傳瑟瑟，或皆鍊石爲之。續古引《明皇雜録》，當是珠類。又引虢國夫人事、《物類相感志》、《博雅》、《杜陽雜編》、陳陶詩、王翰林詩、宋景文公詩言以證之。又《養和》條，程氏《繁露》載李泌事。續古引皮日休送魏不琢烏龍養和，皮、陸皆有詩以證之。洵足爲文簡之助。《緯略》排比事類，多半取相同者廣徵博引，而罕有詰難，故其舛誤亦稀。然如《水仙賦》，引《金樓子》云：「劉子玄爲《水仙花賦》，時人以爲不減《洛神賦》。余不敢望知幾萬分之一。」按《金樓子》乃梁元帝所作，劉子玄與唐人劉知幾作《史通》者姓名偶同，續古牽合爲一人，非也。《吹劍録》譏其《蝌略》以林和靖「草泥行郭索」作杜詩，錢辛楣譏其《剡録》「謝幼度初爲征西將軍桓豁司馬」脱下四字。甚哉，博洽之難言也。

秕言

《秕言》十卷，明鄭明選撰。明選字侯升，歸安人。萬曆己丑進士，南京刑科給事中，有詩文集三十卷，此書附刻。明博洽莫如楊升庵，其《丹鉛總録》諸書不無疏舛。陳（文耀）［耀文］《正楊》、張萱《疑耀》，互有得失。胡應麟《少室山房筆叢》、焦弱侯《筆乘》，亦號淵雅。此外研索古義者頗少。此書徵引載籍，考證故實，皆有根據。其中糾升庵之誤，詞氣和平，不涉囂争，尤足尚也。《明詩綜》盛稱其詩，採至四十餘首，而不言其博學，或偶未見此書歟。

臺閣名言

《臺閣名言》六卷，明張合懋觀撰。合一字賁所，江寧人，十六寄籍永昌。嘉靖元年，領雲貴鄉解第一，十一年進士，官至湖廣按察副使，爲户部侍郎南園先生志淳之子。户侍有《南園漫録》十卷、《續録》十卷。此書自「憲典」、「人物」至「利用」、「録事」凡二十八門。原名《寅載》，石城許穀更題其首曰《臺閣名言》，並爲之序。羅璧於《拾遺》引萬見春云：「《公羊》、《穀梁》皆『姜』字切韻脚，疑爲姜姓假託。」懋觀謂：「《公》、《穀》不如《左傳》核實，有何畏懼而隱其姓。戴宏序載公羊五世之名，《姓纂》亦謂下邳有穀梁氏。且如從祀諸賢巫馬、漆雕，今日皆無，亦可指爲某韻脚而隱其姓乎。」引《［後］漢書》證《論語》「能以禮讓爲國乎何有」，「國」（子）［字］下俱有「於從政」三字，皆明確有據。惟以「子見南子」爲公子郢字子南，子路仕輒，故不悦，此則不免穿鑿耳。其紀載時事，如楊一清、馬理、湛若水等，俱不諱其過，亦明人雜家之翹楚也。合之兄含愈光，正德二年舉人，以詩名，楊升庵有《禺山詩選》。懋觀有《賁所詩文集》，罕傳本，《滇南詩繫》收懋觀《履影》詩，亦從此書採出。

分門古今類事

《分門古今類事》二十卷，分十二門：曰「帝王運兆」、曰「異兆」、曰「夢兆」、曰「相兆」、曰「卜兆」、曰「讖兆」、曰「祥兆」、曰「婚兆」、曰「墓兆」、曰「雜兆」、曰「爲善而增」、曰「爲惡而損」。據卷八《先大夫龍泉夢記》，稱崇寧乙酉拔漕解，次年叨第，末署政和七年三月宋如璋記。又《任豫交代》條云：「任豫，青田人，與余先君友善，崇寧二年登第，至崇寧五年，先君亦登科。」則作者爲宋如璋之(父)[子]。張鎡《仕學規範》首列編書目云：「《古今類事》，委心子撰。」蓋作者不以姓名著也。其人生北宋南宋間，博采廣引，每條注明出處，多世所不傳之書。李畋《該聞録》所載蜀五代事，吴任臣《十國春秋》未能徵引。謝彦夫詩，王巖《古松》詩、《湧泉觀》詩、《送陳昭文赴舉》詩，(王)[于]觀文《仙桂》詩，《名賢小説》王處厚《古柏吟》，《成都集記》朱長山《苦熱》詩，皆可補全唐五代詩之闕，其餘北宋人遺句尤夥。《紀異録》宋齊丘以塼堠里大、密密唐説徐知誥；《潘佑集》載鍾輻事，謂輻係周世宗都洛時進士；《洞微志》謂盧絳行刑者姓白，與諸書不同。《祕閣閒談》江南進士丘旭，《錢希白小説》秣陵進士許驤，《南唐史》魏清於張(洎)[泊]座下及第，亦馬、陸、龍袞、鄭文寶所未載。至宋明帝封湘東王，孝武爲開宅邸，方鑿池，獲赤玉二枝。及入朝，乃居西邸。建平王景起宅，在建陽門外，始成，詔以一宅换之，自西邸移入新宅。河洛讖云：靈曜豫見東南隅，而二邸皆處宫城之東南，在巽地，蓋天應之也。云出《宋明自叙》，則六朝遺文，尤爲世所未覩矣。

六帖補

《白氏六帖》，以宋單行本爲最佳，合孔傳所作爲《白孔六帖》，乃明刻也。楊伯嵒《六帖補》二十卷，傳本甚稀。伯嵒字彦瞻，亦號泳齋，爲和王沂中曾孫，嘗以工部郎中守衢州。吕午序稱其知「雲璈」字出《太平廣記》，按樂類「八琅之璈」引《續仙傳》、《漢武内傳》是也。其書凡白、孔所有即不複出，故每類多不過二十餘條，少或五六條。如引《萊州圖經》「隋世二人居牢山，食松久，肉色與松同，人呼爲青翁」；《文房寶飾》「毛重教授於導江，春日主人宴，賦散語，勸以陸源酒，賞以柳棉肝」；及林逋詩「三招不見山巾溼，擬盡軒昂太白星」之類，亦多諸書所未采。張循王之曾孫鎡有《仕學規範》、《南湖集》，楊沂王之曾孫伯嵒有《九經韻補》及此書，皆賢王孫也。岳忠武之孫鄴侯珂有《金陀粹編》、《玉楮集》，至所刊九經、三傳，其有功於經更鉅矣。唐盛均，泉州人，嘗廣《六帖》爲《盛氏十二帖》，惜不傳。

至正直記

《至正直記》四卷，元闕里孔克齊撰。克齊字行素，一字靜齋，至聖五十五世孫。祖宗善，爲建康路教授；父文昇，字退之，爲建康書掾，因家岊山。克齊贅於沈氏，憲司薦授黄岡書院山長，召爲國史編修。楊文舉《佩玉齋類稿·孔肅夫自然亭詩序》云：「尊府上元君，居溧上卭山之陽。」文舉又爲其妹墓誌云：「孔子五十三世潼孫去永嘉，來江東，後辟建康路儒學教授，故亦家建康。又二世而余妹歸之，爲上元縣尹承事公之冢婦、龍興路儒學正友益之妻。」《直記·先父教諭》一條載建康取補書吏事甚悉，文舉稱肅夫爲上元君公子，是上元縣尹之子，然《至大金陵新志》上元縣尹不及載，故未詳其名。肅夫、友益與静齋爲從父兄弟，《直記》云：「吾親友楊文舉子元碩。」其非妻兄可知。若肅夫或即友益之子，未可知也。静齋憤時嫉俗，於閨門閭里過失無所隱諱，欲取爲家戒，往往不免盡言之失，然於一人能言其所短所長，亦使是非不相掩也。書中多金陵軼聞，於溧上尤詳。

《至正直記》云：「古之賢母，載之方册不爲少矣，且以目所見者一二言之。金陵王勳，字成之，世爲儒學門族僕，其母甚賢。先祖傳授時，勳尚幼，母令其侍奉讀書。每訓之曰：『汝親近官人，學做好人，我當紡績供汝衣食，且買書與汝讀。他日識得幾個字，免得賤隸。我含笑入地下矣。』先祖聞之，遂令勳受讀，日侍先人於學舍。既長，試吏，後至府架閣。爲母求墓銘，翰林趙子昂書字。勳生璧，字長文，今爲州案牘官。溧陽徐生，本刀鑷者，其妻昔爲故家之妾，既娶而改業。及有娠，乃屬其夫遷居鄉先生李仲舉之鄰，且曰：『令子在腹中，日聞讀書聲，必能若是也。』後生子朝顯，字公達，自五六歲時即能記誦千餘言，長而習舉子業。此母之所訓也。又嚴儒珍，隸卒子也。幼孤，母訓其讀書，從湯景賢學。至正辛卯中進士第，授分宜縣丞，今辟江浙行省掾史。上虞謝生，世爲隸卒之役，鄉有故家葉氏女，貧而孤，下嫁於謝之祖。既娶，而家道日興。生子，變其習，後諸孫皆知讀書，學儒者事。此亦母之遺訓也。又有宣江漢，景明父也。幼失母，從父寓居溧陽，依繼母養。及九歲，父卒，母訓之曰：『汝母早亡，吾養之無異心。今汝父又死，汝勿以吾繼母有外心。吾固甘心守節而待之。』漢拜而受訓。其母後擇賢師而教，躬紡績助其薪水。子亦不違母意，日則勤讀誦之功，夜則盡溫清之禮，遂成儒業。鄉人無不讚歎。母再無他志，爲終身焉。」「溧陽蔣氏，相傳義興負村之裔。家雖貧窘，讀書尚禮，不怠其志。後生子文秀，富且母賢，訓習舉子業，累科不第。至正間納粟補官，雖爲鄉人之誚，因才後擢憲職。厥族有居湖墅者，漸成消廢，惟荆溪州中樓下一族，頗師事書業。又宣城王德輝，其父無子，納姚爲妾，正室薛争妒不已。越三年，夫喪，薛議出妾。妾曰：『且勿嫁，有娠。』後果生德輝，薛則撫育，過於養母。既大，擇師肄業，至正戊子登第。此則嫡母之賢訓也。」「高昌偰哲篤世南，以儒業起家，在江西時，兄弟五人同登進士第，時人榮之。且教子有法，爲色目本族之首。世南以僉廣東廉訪司事被劾，寓居溧陽，買田宅，延師教子，後居下橋。世南有子九人，皆俊秀明敏，時長子壽本名俶，伯遼孫。年將弱冠，次子十五六，餘者尚幼。每旦諸子皆立於寢門之外省謁父母，非通報得命則不敢入，至暮亦如之。一日，予造其書館，館賓荆溪儲惟賢希聖主之，見其子弟皆濟濟有序，且資質潔美，若與他人殊者。蓋體既俊秀，又加以學問所習氣化使之然也。予深羡慕之。既而欲遣一生通於世南，求跋二小畫卷。希聖曰：『姑少待，有宦者出中門，可問之，則主者出矣，否則別託門子轉相通報亦可。諸生則不敢妄入也。』予初疑之，希聖曰：『世南處家甚有條理，僮僕無故不入中門，子弟亦然。自吾至館中，因知諸生居宿於外者，昏定晨省皆候於寢門之外，非奉父母命則不敢入。蓋謂私室中父母處之，或有未謹者，則肢體袒惰，使子弟窺見，非所宜，故亦防閑之也。』予始服其法之有理，深慕之，嘗爲家人輩言之。因外家處事太無理，雖幹僕亦得入於寢室告報家事，予深惡之，每以僎（事）［氏］之法諭之也。予家以先人遺法，亦頗若是，惟防閑外居子弟，未嘗及於諸子也。僎氏之法不可忽，他日歸鄉，當謹謹效之云。」愚按：和丸、畫荻，均自名門，宜其彤管之有煒也。是集所采賢母事蹟，多出單寒，要足爲教子者勸。附僎氏家法，誠以溧上舊族，又與瑯琊顔氏先後相輝映焉。

櫟翁稗説

《櫟翁稗説》四卷，元高麗李齊賢撰。李穡作《齊賢墓誌》云：「忠肅王燾，政丞曹頔脅百官屯兵永安宫，宣言逐去君側惡小，陰爲瀋王地，忠惠王擊殺之。而其黨之在元都者，必欲抵王罪。齊賢曰：『吾知吾君之子而已。』從之京師，代舌以筆，事得辨析。既還，羣小益煽，屏跡不出，著《櫟翁稗説》。」今觀其書，多叙東國遺獻及詩話翰墨，不言朝政時事。所載中國宋元人佚句亦夥，如王元澤絶句「水邊山映碧紗窗，松下圖書滿石牀。外客不來春正静，花間啼鳥送斜陽」，爲《宋詩紀事》所未收也。

梅仙觀記

《梅仙觀記》一卷，宋仙壇觀道士楊智遠編。首爲梅仙事，實漢南昌尉梅子真也，成道於飛鴻山，號爲梅仙。山在洪州豐城，有唐羅隱《梅先生碑》，後俱燬。宋咸淳六年，道士熊應祥復新之，碑再立，大山蕭山明、小山蕭泰來書碑陰。及後元豐五年敕封壽春真人，有尚書省牒，紹興二年封壽春吏隱真人，有敕牒。又贊一首、詩四十二首，作者三十八人。如陳闡、朱粹、嚴椿齡、吕防、張景先、范仁仲、王時彦、劉霆午、甘邦俊、王伯範、張廣漢、鍾詵、胡發、吴季先、鄧夢杰、趙必橦、曹仙家、張異、范太中、蕭泰來、朱行文、王時彦、羅永之、胡宏子、崔次周、李君式、薛修竹諸姓名，多《宋詩紀事》所未采。洪龜父朋詩《紀事》但載其「蝸角、鵬背」、「龍鱗、蟬蛻」兩聯，《永樂大典》録其詩一百七十八首，此詩亦佚。今載其全篇云：「炎靈失其御，四海無安稅。烏乎梅南昌，脱屣元始歲。小臣披肝膽，宫掖事嚴祕。上書竟渺茫，棄擲江湖外。一朝厭蝸角，萬里寄鵬背。向來殺青士，此事美無對。到今瑶池地，風露翔孔翠。仰瞻神界遊，千載想生氣。願爲龍鱗嬰，勿學蟬骨蛻。」又馬内翰子才詩二十六韻，有云：「浮雲去無蹤，世人以爲仙。蓬山在何處，此事且勿論。但愛清風高，凜凜久益新。」皆詩中之警策者也。

開有益齋讀書志卷五

上元朱緒曾述之

曹子建集考異

嘗讀《毛詩・豳風》疏，引曹植《螢火論》，辨「宵行」於「鬼燐」；引《惡鳥論》，驗「陰氣」於「鳴鵙」。《左傳・襄公》疏引《征蜀》，「礧石」證偪陽之守；《周禮・酒正》疏引《酒賦》，醪醴列宜城之名。詠忠義於「三良」，和箋解於高密。知子建之文有裨於經也。又讀《洛神賦》與禮志合，奉璽朝會以三年；《謝封章》比《魏志》詳，高陽、穆鄉有二子。《社頌》則鄄城與雍丘屢空，東阿始度土功；誡令則王機與倉輯交讒，灌均因騰謗口。神禹請遷於舊館，武皇求祭於北河。伐吴遺仲達之書，征遼倡子通之諫。知子建之文有資於史也。明帝詔撰録前後百餘篇，宋嘉定十卷本凡二百六首。《述行賦》、《七步詩》在外。其文則殘，其數則溢，不知「援牘如誦」、「下筆成章」，「獨冠羣才」、「自通後葉」，「富孕珠澤」、「繁擢鄧林」。魏景初削除之言，君臣未忘忌諱；曹允恭權詞之對，父子尤難證明。觀於子建自作文章，序前録賦七十八首可知也。《隋書・經籍志》：《曹植集》三十卷。《畫讚》五卷，漢明帝殿閣畫，陳思王讚。梁五十卷。蓋以一圖爲一卷，讚凡五十首。《洛神賦》一卷，孫壑注。《列女傳頌》一卷，曹植撰。六朝舊帙，於此可徵。迨《唐書・藝文志》三十卷外別出二十卷之本，仍與《畫讚》並著於録。至宋，陳直齋則二十卷尚存，晁公武則惟十卷僅在。韓仲卿《夢求序》，誕不足憑；王伯厚《友宴》詩，佚不可見。蓋十卷行而古本盡廢矣，可勝歎哉。宋嘉定既非驪珠，郭雲鵬混以魚目。長洲徐刻，開汪士賢之廿家；甬上范雕，彙楊朝輔之七子。李廷相移易篇次，閔齊賢增加點評。自鄶以下，蓋無譏焉。張燮、張炎、張溥三家，稍有釐定，得失互見。緒曾因慨隋唐舊帙既佚，而諸本或審舉未窺全豹，或鼙鼓僅拾一鱗。甚至宣后誄表，綴左九嬪之文；倉舒哀辭，竄曹子桓之製。承譌踵謬，難以卒業也。於是尋源竟流，核其原采之書。經則賈公彥、孔沖遠之所徵，史則裴松之、沈休文之所載。唐宋類書，輔以封演、樂史之記；梁陳總集，助以蕭繹、劉勰之談。表則《開元占經》，葺自瞿曇悉達也；令則《文館詞林》，搴自西條金澤也。以至葛稚川、陳子良之摘奧，張彥遠、洪盤洲之鉤沈。一字一句，必稽異同，必求根據。列文昭光和之生，斥王銍感甄之妄；舉仲宣建安之卒，駁皎然責穆之非。《朔風》斷爲再封雍丘之作，拜墓定爲先君常侍之塋。鷙原羲易，攻顔介之輕詆；蘭引湘纍，箴劉履之膏肓。餌魚非烹，補亭林之古韻；萍生入樂，證隱侯之《宋書》。如此之類，頗多是正。斷圭零璧，悉綴於篇。至於尚友論世，亦未易言。子建勢處猜嫌，患深孤孽。後世不知者，擬《公讌》詩，謂公子不及世務；誦《求試表》，謂才士好爲大言。竊以文雅比於淮南，而無其悖誕；好學齒於河間，而加以麗則；友愛同於東平，而迍邅值之；慷慨過於中山，而憂危迫之。高謀良策，履炭踐冰。痛連姬姓之宗，聖入孔門之室。武鄉侯援以論才，諸葛武侯引曹子建，漢二祖亦以光武爲優，並論光武時將才。梁元帝云：「子建言其始，孔明揚其波。」見《金樓子》。文中子歎爲達理矣。緒曾謭陋寡聞，敢希《七步》，篇籍不去，實所醉心。舟車自隨，暇即改定。思丁敬禮之潤飾，免劉季緒之詆訶。癸丑冬，于役袁江，維時聊城楊至堂侍郎屬高君伯平既校刊《蔡中郎集》，將從事於斯編。元亭字問，愧非爨下之桐；《鴻烈》註成，分得山中之桂。敬以就正，許爲質疑。爰商付於梓人，收愚蒙之一得。欲使人人握珠，家家抱玉。塵露微質，無補益於海山；螢燭末光，幸依輝於日月。凡《考異》十卷、《敘録》一卷、《年譜》一卷。謹序。至堂侍郎旋歸道山，未果刻。男桂模謹注。

昭明太子集

《梁昭明太子集》二十卷，原本散佚，宋人掇拾爲五卷。淳熙八年，袁説友刊於池陽。《直齋書録解題》云「《昭明太子集》五卷」，即此本也。明周滿得於皇甫汸，質於楊慎、周復俊，校其訛字，有所改，三人各注名於下，頗爲詳審。《路史·禪通紀》羅苹注引《錦帶書》「神農甄四海」，與此本《錦帶書》迥異。玩其詞意，羅苹所引近古焉。葉紹泰《蕭梁文苑·昭明集》六卷，多《七召》。然《七召》亦見《何水部集》。張溥所輯，不收《七召》，此本不載是也。升庵喜託古書，此因池陽原刻，尚不失真，世傳《昭明集》當以此爲最善。若《錦帶》淺俗，定爲池陽所無。余見元盧鎮《琴川志》第十三卷有昭明所撰《虞山招真沼碑》，七百二十六字，首尾完全，爲此本所不載。起句云：「夫東流渌水，三變得田；西嶽靈桃，千年未子。」

孫氏《續古文苑》亦未采。

韓文公集

《韓昌黎文集·上李尚書》，朱子《韓文考異》云：「『李』下或有『實』字。」然《韓集》如《上兵部李侍郎書》、《上鄭尚書相公啟》、《上張僕射書》下皆無人名，何獨李尚書下有「實」字。其書云「奉書尚書大尹閣下」，人或以爲京兆尹李實耳。但韓公云「所見公卿大夫，未見有赤心事上、憂國如家如閣下者」，其推崇如此。《順宗實録》云：「李實驟遷京兆尹，恃寵强愎，不顧文法。是時春夏旱，京畿乏食，實一不以介意，方務聚斂徵求，以給進奉。每奏對，輒曰：『今年雖旱，而穀甚好。』由是租税皆不免，人窮至壞屋賣瓦木，貸麥苗以應官。」又云：「勇於殺害，人吏不聊生。至譴，市里懽呼，皆袖瓦礫，遮道伺之。實由間道獲免。」其直詆又如此。以昌黎一人之筆，何先後相反，是可疑也。《唐書》稱貞元二十年旱，東雅堂《韓集》以此書月日爲貞元十九年，又云「十九年自正月不雨至七月」。洪興祖《昌黎年譜》云貞元十八年始調四門博士，十九年自博士拜監察御史。是年《論權停舉選狀》云：「人之失職，足以致旱。今緣旱而停舉選。」又《御史臺上論天旱人飢狀》云：「有棄子逐妻以求口實，拆屋伐樹以納税錢。寒餒道途，斃踣溝壑。」以爲此皆羣臣之所未言，陛下之所未知。」所謂「羣臣未言」，即指李實「旱而穀好」之對。昌黎既上此疏，遂爲專政者惡之。十二月奏貶連州陽山令，亦必爲李實等所排。《寄贈王補闕李拾遺李員外三學士》詩云：「是年京師旱，田畝少所收。上憐民無食，征賦半已休。有司恤經費，未免煩徵求。」又云：「適會除御史，誠當得言秋。」《祭河南張員外文》云：「貞元十九，君爲御史，余以無能同詔並跱。」是天旱必爲十九年。《唐書》云二十年，誤也。書稱前四門博士，又云來京師於今十五年。據公年十九、貞元二年始來京師，至此已十八年矣。洪《譜》以貞元五年從鄭滑間復來數之，得十五年，亦遷就而牽合之也。李翺作公行狀，皇甫湜所撰墓碑，俱云公選授博士，遷監察御史，斷無一年之中四門博士旋罷，轉遷御史之事。此書若上於爲四門博士時，則在十八年，不當云「前四門博士」。若上於十九年，則當云「監察御史」；若上於貶陽山令時，則當云「陽山令」，俱不當云「前四門博士」。況昌黎詩云：「中使臨門遣，頃刻不得留。」豈從容獻文之日乎。李實爲京兆尹，昌黎直訐於朝，忽欲曳裾其室，必不然矣。或曰：此畏權免禍也，屈身行道也，且因以箴之也。將謂畏權免禍耶，李實云「天雖旱，苗甚好」，昌黎乃曰「種不入土，野無青草」，是攖其怒矣。欲以媚之，則愚甚也。抑謂屈身行道耶，狀云「寒餒道途，斃踣溝壑」，上書云「盜賊不敢起，穀價不敢貴」，作此違心之談，不知其所行者何道也。所云文兩卷、十五篇者，《論天旱人飢狀》將在其中耶，不在其中耶。今有詈其人於通逵，投書於其門，曰因以箴之也，豈不迂哉。且李實垂涎者，賂耳，輦金帛以餂之，必倒屣迎。彼豈知《原道》、《原毁》，孔墨荀揚之論乎，郭椒、丁櫟，可與之操遞鍾哉。贄文於公卿，舉子行卷之習。昌黎此時仕宦知名久矣，十五年所見公卿大夫不可勝數，即知己如董晉、張建封表辟幕府，鯁言無所忌，豈獨一李實不得其門而入，冀以區區十五篇爲拜塵之資乎。當哥舒翰之功盛也，少陵上以詩曰「開府當朝傑」；及其敗潼關也，曰「慎勿學哥舒」。此先後襃貶，各據其實，評詩者猶或議之。豈有從事文學，見有忠於君、孝於親者敬而慕之，乃在此李實也耶。故曰此不可信也。朱子《考異》多本於方崧卿《韓集舉正》，今淳熙舊刻《舉正》十卷、《外集舉正》一卷，全帙尚在，所舉蜀本題下多有人名，如《賀徐州張僕射白兔狀》云「『張』下蜀本有『建封』二字」，《上兵部李侍郎書》云「蜀本出『巽』字」，《寄襄陽于相公書》下云「蜀本出『頔』字」，《上宰相書》云「蜀本『時宰相趙璟、賈耽、盧邁也』」，如此之類，是蜀本下有人名。獨此《上李尚書》下云「蜀本無『書』字」，亦不云有「實」字。其文云「奉書尚書大尹閣下」，「尚書」二字用硃筆長圍。其凡例云「脱（起）［逸］」，當增」，乃據祥符杭本以增。蘇溥之蜀本耳題云「上李尚書」，自不得僅云大尹。且李實乃道王元慶四世孫，《唐書》載其拜京兆尹，嗣道王矣。上書當云大王，豈以工部尚書之前職爲榮耶。朱子《考異》云「李下或有實字」，未言所據何本，則方氏《舉正》所未有也。李漢所編云「上李尚書」，若云「上京兆尹李實書」，非《韓集》之舊，亦非朱子存疑之義矣。

杜樊川集

唐武宗會昌五年，詔毁天下佛寺，僧尼並勒歸俗，其時宰相趙郡李贊皇德裕也。贊皇相武宗，削强藩，誅叛將，唐室幾中興。僧挾佛以禍福怵人，借阿（闍）［闍］世王殺父篡位能事佛，後爲天人之説，使天下奔走之，此逆藩叛將肆行其惡而不顧也。武宗與贊皇除之，知政本矣，豈關乎道士趙歸真、鄧元起之譖哉。宣宗即位，貶贊皇，詔還牛僧孺、李宗閔，復天下佛寺，詔曰：「佛尚不殺，可助爲治。」杜樊川《杭州新造南亭子記》作於大中朝，正佛寺漸復之日，乃極言梁武國滅餓死，及當時小胥出入人命，顛倒埋没，大吏權力恣爲，人不敢言，奉佛求福，窮民稚子啼不得哺。嗚呼，言佛寺不可助爲治也，與昌黎《諫表》可抗行矣。趙郡李播，字子烈，蓋贊皇族人也。自尚書比部郎中出爲錢塘。少遊其地，委曲知其俗蠹人者，剔削其根，斷其脈絡，不數月，人化之。三上牋宰相，言潮壞人居，銲錮敗侵。詔與錢二千萬，築長堤，人益安喜。撤寺材造南亭，據江山之勝，使文士詩歌之。是鄴侯六井之後有功於錢塘者也。後人知有西湖白堤，不知有李播堤，何其顯晦不同耶。子烈僅存《見志》詩「置琴沽酒，雁行魚貫」之句。唐有兩李播，一作《天文大象賦》，乃李淳風父，在唐初；此李播，《唐詩紀事》云：「登元和進士第，官郎中，典蘄州刺史。」樊川别有《寄李播評事》詩云：「子烈光殊價，明時忍自高。」又云：「大翼終難戢，奇鋒且自韜。」其《南亭》詩俱佚。姚合有《杭州郡齋南亭》詩云：「符印懸腰下，東山不得歸。」又云：「田田池上葉，長是使君衣。」其即李播所造南亭否，未可知也。近翟灝《湖山便覽》指爲李蟠，誤矣。《咸淳臨安志·歷代秩官表》逸李播名，樊川不云刺杭州，而云爲錢塘，其爲郡守邑令亦難懸擬，若爲錢塘令，是謫宦也。子烈有築海隄之功，而修海塘，正、續志者概未之及。今海昌海神祠、吴山英衛公祠列祀諸神，自文種、霍光、張夏、陸圭、晏戍仔、周雄諸人外，如金文秀、曹春、陳旭、石瑰，多土俗相傳而有功捍海。如李播者，未得與俎豆。若後人據樊川此記，於杭州名宦、海神二祠增祀李播，亦報功之典也。牧之生平不黨牛怨李，更可知矣。

釣磯文集

《唐祕書省正字先輩徐公釣磯文集》十卷，莆田徐夤昭夢撰。《崇文總目》：正字賦五卷、《探龍集》一卷。宋建炎中族裔孫著作佐郎師仁序云：「家有賦五卷、《探龍集》五卷，有正字自序。又於蔡君謨家得《雅道機要》一卷，又得五言詩并絶句二百五十餘首。」又稱其箋疏頗類玉溪。後其本亡失。元延祐中族孫元珍序云，其叔父司訓公於林必載家得詩二百六十餘首，族叔祖道真公遺賦四十篇。此十卷本乃元珍所輯也。然《雅道機要》及箋疏不可見矣。今本又闕第五卷。張齊賢《洛陽搢紳聞見記》所云《遊大梁賦》、《無雲雨篇》亦不載集中。正字《自詠》云：「拙賦每聞鐫印賣，惡詩親見畫圖呈。」自注：「使宅行(寅)[夤]回文八體詩圖，每一倒翻讀八韻。」今集中止有回文七律二首，似非八體。卷九又闕《偶吟》一首，蓋掇拾殘剩於數百年之後，亦可謂善守世澤者矣。諸賦多爲《全唐文》及《賦彙》所未收，惜第五卷闕。然《全唐文》亦有可補此本之遺者。文瀾閣《徐正字詩賦》二卷，不及此爲元人舊帙也。威武軍殿中侍御史劉山甫所撰墓誌銘末附於後，豈傳鈔者者偶失之耶。錢辛楣云：「序稱延祐丁酉，然延祐無丁酉。它書作徐寅，此獨作夤。」

胡曾詠史詩　周曇詠史詩

唐胡曾《詠史詩》，世傳二卷，不詳注者何人。此三卷足本，乃宋槧也。題「前進士胡曾著述并序，邵陽叟陳蓋注詩，京兆郡米崇吉評注并續序」。周曇《詠史詩》三卷，每題下注大意，詩下引史，加以論斷。

題「唐國子直講周曇撰」，亦宋槧也。胡詩自《不周山》至《汴水》，七言絶句一百五十首。周詩自《唐虞》至《隋》，七言絶句二百三首。余又有唐孫元晏《詠史詩》，自吴、晉迄陳，七言絶句凡七十五首，爲明人楊國士舊鈔本。三家格律相伯仲，安得好事者合梓之。

桂苑筆耕

《桂苑筆耕》首有序録云：「淮南入本國兼送詔書等使前都統巡官承務郎侍御史内供奉賜紫金魚袋臣崔致遠，進所著雜詩、賦及表奏集二十八卷，具録如後，私試今體賦五首一卷，五言、七言今體詩共一百首一卷，《中山覆簣集》一部五卷，《桂苑筆耕集》一部二十卷。」余僅有《桂苑筆耕》。致遠字復夫，唐時新羅國人。《東國史略》云：「唐僖宗乾符三年，新羅憲康王金晸時，崔致遠奉帝詔還自唐。致遠，沙梁部人。年十二，隨海舶入唐，尋師力學。年十八，登第。調溧水縣尉，遷侍御史内供奉。高駢討黄巢，辟爲從事，其表狀書啟多出其手，黄巢見檄書，不覺下牀，由是名振天下。及東還，王留爲侍讀。致遠欲展所藴，而被疑忌，不能容，出爲太山、富城等郡太守。至真聖女主時，疏陳時務，主嘉納之以爲阿湌。致遠東還值世亂，無復仕進意，自放於山水間，自號『孤雲』。後挈家隱伽倻山以終老。」迨宋祥符十四年，爲高麗顯宗文元，高麗王詢贈崔致遠文昌侯，從祀先聖廟廷，此致遠之始末可詳也。《桂苑筆耕》爲燕公高駢淮南從事時作，可考證唐末事迹。《西(州)[川]羅城圖記》、《補安南録異圖記》最爲巨麗；《答襄陽郗將軍書》、《與浙西周寶司空書》剴切詳贍；《檄黄巢書》、《答徐州時溥舉牒》五十首，唐末淮南官職可補史闕。將佐如朱廓補討擊使，郝定補衙前兵馬使，客將哥舒瑫兼充樂營使，張晏充盧軍前催陣使，安再榮充行營都指揮使，皆戰將之有功者。諸葛（啟）［殷］知榷酒務，吕用之兼管山陽都知兵馬使，此二人則駢之所以致亂也。駢好神仙，故有《上都昊天觀聲讚大德賜紫謝遵符充淮南威儀指揮諸宫觀制置》。然遵符未聞神異，即《廣陵妖亂志》亦無遵符名。駢死，用之與啟知手廬州楊行敏送《芝草圖》，亦未免迎合祥瑞。致遠代駢爲報云：「王其誠爾，爾宜慎之。」蓋借行敏以戒駢，其用意深矣。奏狀中《謝侄男宏約改名濟除授揚州都督府左司馬狀》云「朝散大夫前潤州上元縣令柱國高宏約」，亦金陵志乘所未載。《全唐詩》無崔致遠。集中卷十七有七言《記德》詩三十首，卷二十有《陳情上太尉》等詩三十首，其《將歸海東巉山春望》則是將歸新羅之作。《六朝事迹·雙女墳》云「雞林人有崔致遠，以詩弔之」，則在《中山覆簣集》，當續訪之。詩中自注引高駢《磻溪》云：「及到王師身已老，不知辛苦爲何人。」又《經號縣》云：「手裁桃李十餘春，今日經過重建勳。」《在鄆州》詩云：「酒滿金船花滿枝，雙娥齊唱鷓鴣詞。」《釣魚亭》云：「水急魚難釣，風吹柳易低。」皆《唐詩》未載。《淮南》詩云：「八郡榮超陶太尉，三邊静掩霍嫖姚。玉皇終日留金鼎，應待淮王手自調。」爲駢有「鍊汞燒丹、子晉吹簫得仙」之句而作。《陳情上太尉》云：「海内誰憐海外人，問津何處是通津。本求食禄非求利，只爲榮親不爲身。客路離愁江上雨，故園歸夢日邊春。濟川幸遇恩波廣，願濯凡纓十載塵。」始知高駢失政，淮南將亂，乃潔身以歸本國歟。有甲午九月大匡輔崇禄大夫議政府左議政豐山洪爽序，歲閼逢敦牂中元湖南布政司達城徐有榘序，皆高麗人。徐云：「公以中和四年十月浮海，翌年春始抵國。又翌年，編進是集。前一年改元光啟，容或未知，故進表云中和六年也。」《海山仙館叢書》標題「唐高麗都統巡官侍御史内供奉崔致遠撰」，非是，當改云「唐都統巡官侍御史内供奉新羅崔致遠撰」。此書余得之徐鐵孫觀察，寄粤東伍氏，因得刊行。代高駢謝罷招討使、罷鹽鐵使表詞極恭順，《南部新書》云：「高駢章疏不恭，皆顧雲之辭。駢後謂左右曰：『異日朝廷以不臣見罪，此輩豈無赤族之誅耶。』」

王黄州小畜外集

王元之《小畜集》三十卷、《外集》三十卷。其《外集》僅存七卷至第十三卷，爲河間紀文達公所藏，據以録入《四庫》者也。余藏《小畜集》，傳鈔宋沈虞卿本，又得平陽趙氏刊本。趙刻頗完善，無甚訛誤，其《外集》文瀾閣未收，欲假鈔未能也。勞平甫季言得舊鈔本，余因録一過。後至菰城，晤王雨樓學博，始見宋刊本，亦止七卷，較勞本多二葉，未知即紀文達公所藏否，欣然重録一過。偶憶《祖龍學集》有《讀王元之後集題於卷末》詩，注云：「其集三卷，皆出黄州後所作詩。」載其逸句：《五閑詩又題》云：「何當婚嫁了，抗表請分司。」《寒食讌郡客》詩云：「歌舞懶呼筵上妓，饑寒慙見獄中囚。」《月波樓獨酌》詩云：「孤吟獨酌送殘春，坐久樓邊白馬馴。」今惟魏仲舉《播芳文粹》多《小畜外集》，其《後集》更不可得見矣。《直齋書録解題》：「《外集》二十卷。曾孫汾裒輯遺文，得三百四十首。又有《承明集》十卷、《奏議》三卷、《後集詩》三卷。」《宋史·藝文志》無《奏議集》、《後集詩》，有《别集》十六卷。《黄州和朱嚴留别》詩云：「舊業煩君勘，新題爲我刊。」自注：「生爲刊《小畜集》。」

潏水集

宋李復履中，長安人，元豐二年進士。《宋史》無傳，《朱子語録》稱其及識張横渠先生，紹聖間爲西邊使者，博記能文。信州有潏水，集即其文也。論孟子養氣，得其大旨。《容齋隨筆》載其於蔡京、邢恕謀用戰艦，上疏排詆，甚爲切直。集中有《謝直祕閣表》、《謝冀州到任表》、《謝夔州到任表》、《謝熙河路轉運使到任表》、《謝京西轉運副使到任表》，其仕履可考見者如此。方回《桐江集》有《讀潏水集跋》云：「論車戰及邢恕造舟黄河事。説《易》尤多可取，蓋早有聞於横渠者，未詳知其出處也。及讀《樓攻媿集》，謂潏水先生多入陝西戎幕，曉暢邊事，腐夫執兵，以抗論不屈坐廢，則必忤童貫也。金虜犯關中，年高且病，乃以爲舊德知兵，强起以守秦州，卒死於賊，則必靖康時也。有孫龜朋，字才翁，爲錢象祖之師，嘗魁流寓，解不仕，有《迂論》傳於世，居台州。」方回之所跋如此，可略得其始末矣。考集中有《與張横渠書》論宗子之法；《答辛祖禹書》、《答辛祖德書》、《答曹鑑秀才書》俱言《易》象，極爲典核；《答李忱(素)[書]》論關中地志；《回王欽臣書》論斜谷、子午谷舊跡，皆有根據。其奏疏，《議樂》謂：「宋運應火德，獨徵音未明。火性炎上，音當象之，(四)[乃]欲就其下而抑之，恐非。」最爲名論。《乞罷造戰車》、《乞罷戰船》、《乞開黄河中灘》三疏，尤足以見經濟之大略也。乙卯七月十六日，忽報罷任，詩云：「掩關忽報被刑書，自笑無堪涉世疏。白晝曾聞驚市虎，殘灰今見禍池魚。莫嗟驂影逢沙矢，猶恐餘猜及鼠蔬。逆境自觀還自喜，片心無礙一舟虚。」此爲童貫所陷坐廢時之作。又云：「予幼侍先人，作邑夏陽，元豐五年來攝是邑。」知曾爲夏陽令也。詩格雅飭，自抒性情，亦北宋一作家也。

劉左史給諫文集

劉安節《左史集》四卷、劉安上《給諫集》五卷。宋人場屋經義之作，最著者張才叔《自靖人自獻于先王》一篇，朱子嘗誦以教學者。二劉集中存經義各數篇，可見當日體式。《論》、《孟》題文，《左史》有《顔淵問爲邦》、《實若虚》、《焉用稼》、《合而言之道也》、《達則兼善天下》，有題下增釋一句，如《操則存何如其操也》；《給諫》有《子温而厲》、《請問其目》、《陳善閉邪謂之敬》、《居之安》、《守先王之道》，有題中截去數句，如《可謂明也已矣可謂遠也已矣》。經題文：《左史》如《天子執冒以朝諸侯》、《其宫室車旗衣服禮儀各眡其命之數》、《辨法者考焉辨事者考焉》、《以六律爲之（意）［音］》、《達瑞節同度量成牢禮同數器修法則》、《以周知天下之故》、《師氏以媺詔王》、《時見曰會》、《善溝者水漱之》、《以任地事而令（首）［貢］賦凡税斂之事》，有題下增釋一句，如《王大旅上帝何以謂之旅》；《給諫》有《以肺石達窮民》、《以其餘爲羡》。各題蓋王荆公創經義黜詩賦時，多以《周禮》命題，亦新法所尚也。諸文四百、五百、六百餘字，長短不同，惟《達瑞節》五句，文至一千三百餘字。《左史·實若虚》云：「嘗觀二三子侍坐於夫子，子路則行行然，勇者也；子貢則喋喋然，辨者也；子張則堂堂然，莊者也；而顔子獨頹然於其間，獨恂恂然，若無能（焉）［爲］者。」其詮發真切，可補疏解。《焉用稼》文以許行並耕，孟子闢之作結，亦八比大結之權輿也。俞桐川《百二名家稿》未見二劉集，若見之，必采録也。

藏海居士集

緒曾嘗覽元張用鼎《金陵新志》，云：「吴思道，金陵人，以詩爲蘇軾、劉安世鑒賞，官至團練使。宣和末，亟挂冠去，責授武節大夫，致仕。詩思益超拔，寓新安，野服蕭然，如雲水中人。其高逸如此。」於是思求其詩而讀之，及見厲樊榭《宋詩紀事》卷四十一有吴可，字思道，金陵人，宣和末官至團練使，責授武節大夫。引孫覿所作《汪彦章墓誌》云：「大璫梁師成用事，小人朋附，目爲隱相。武人吴可者，師成許以能詩，卒出入卧内。公罷符寶，可過公，致師成意曰：『聞名久矣，幸不鄙過我，禁從可拱而俟也』。公謝不往。客曰：『吾曹望隱相之門，如在天上。召而不往，何故？』公曰：『若使我與可輩爲伍耶？』」厲氏所載吴可仕履略同，薰蕕異器，又以孫覿小人多詆訶清流，語不足據，而未敢臆斷也。復於鮑氏叢書得《藏海詩話》，又得文瀾閣傳鈔本《藏海居士集》，皆宋吴可撰。集中《清涼寺》、《小醉》二詩與厲氏所載同，遂蓄疑久之，然未敢謂即《金陵志》之吴思道也。證以米元章《寶晉英光集·贈建康吴詩客》云：「江上遲留臘破春，好詩時見賈參軍。年來覽遠多新句，難附江楓與海雲。」注：「吴名可，字思道，金陵人。」然後知吴思道金陵人，然後知吴思道之即吴可矣。又證以周紫芝《太倉稊米集·吴思道示藏海小集》云：「文物風流數建安，此生猶及見波瀾。清詩更遣何人到，餘子懸知一笑看。猶恐向來無鮑謝，謾勞當日話吴韓。原注：「事見李姑溪跋尾。韓謂韓駒子蒼。」知君有意分膏馥，老眼空驚白雪寒。」然後知《藏海集》即《金陵志》之吴思道所著矣。周紫芝又有《次韻吴思道贈姑溪道人》云：「殘生擬覓山中伴，萬事厭從兒輩談。笑我攜家常作客，羨君買地已成庵。早將遼海千年夢，换得曹溪一滴甘。聞與道人新結社，嬾雲今不是常參。」考《藏海居士集·題馬上元所藏趙墨隱畫淵明四詩》云「馬卿辛白下」，又云「我本家北阜」；《謝友人約居横林》云「懷土若爲家」；《直瀆寄米元暉》云「避喧端欲老三茅」，尤爲金陵人之實據。又《藏海詩話》有少從榮天和先生學詩，榮天和居金陵清化市，與王松、王莊、陳角梳爲詩社事，則其爲金陵人灼然無疑。蓋反覆考核而後得之。伏讀《四庫提要》云：「吴可事蹟無考，厲鶚《宋詩紀事》亦未之及。」蓋因厲氏雖有吴可名而引孫覿語，以爲梁師成黨，與藏海居士不類，故不從其説，益見當日纂修諸臣之慎，而厲氏《宋詩紀事》之疏也。孫覿諛金酋，汪藻亦醜詆李忠定，皆顛倒是非、混淆黑白之徒。藏海學本元祐，迨宣和末即挂冠，較之覿拜邦昌、藻頌秦檜，誠不可同年語。至於夤緣閹寺，乃孫覿之長技，奈何轉以之誣藏海耶。藏海生平，惟《金陵新志》爲最詳，厲氏不能引而引孫覿《鴻慶集》，幾使昔賢蒙謗千古，何其顛也。幸遇我朝文治昌明，瑰寶畢出，《藏海居士集》、《藏海詩話》二書七百餘年之墜簡，焕然復顯於世。緒曾不揣固陋，因詳述原委，縷析異同，敬附《四庫提要》之後，以正《宋詩紀事》之訛，而於金陵之文獻未必無裨益云。謹按：趙與旹《賓退録》摘孫覿作《莫幵墓誌》，以屈膝求和爲是，作《万俟卨墓誌》，極表其殺忠武之功。今觀其《鴻慶居士集·閹人李公碑》，亟稱其高風絶識，自以不獲見之爲大恨，言必稱公。覿於李綱等率加誣辭。朱子與人言，每以爲恨，謂小人不可使執筆。至於受金人女樂，爲欽宗草表上金主，極意獻媚，豈能與藏海居士同日語哉。受業吴繼曾識。

附吴繼曾跋

厲樊榭《宋詩紀事》有吴可，字思道，金陵人。所録如《清涼寺》及《小醉》二首，俱見《藏海居士集》。然厲氏誤引孫覿《鴻慶居士集》，以吴可爲梁師成黨。《四庫提要》云：「厲鶚蒐羅至三千八百餘家，亦未之及。」以厲氏疏於考證，止知有孫覿之語，而不知有藏海之名也。厲氏漫引孫覿，不深核是非，遂使吴（師）［思］道之詩名不顯，即金陵人亦鮮有稱之者。吾師朱述之先生，證以周紫芝《太倉稊米集》有題吴思道《藏海小集》詩，米芾《寶晉英光集》有《贈建康吴詩客》詩，注「吴可字思道，金陵人」，復合元至正《金陵新志·吴思道傳》。參互考訂，然後藏海之事蹟始著，其爲金陵詩人無疑矣。繼曾又考魏慶之《詩人玉屑》引《復齋漫録》：「韓子蒼喜吴可小詩『東風可是閒來往，時送江梅一陣香』」，本張芸叟《茶蘼詩》『晚風亦自知人意，時去時來管送香。』」吴幵《優古堂詩話》亦云「方叔李廌喜吴可小詩」云云，與韓駒同。即《藏海集·晚步》詩中語。釋惠洪《石門文字禪·金陵吴思道居都城面城開軒名曰横翠軒作詩贈之》，其詩云：「醉撫琴無弦，乃得琴中意。詩髯軒無山，而有看山味。青山隨意有，那復問城市。柳眠看雉堞，便覺是横翠。因以名吾軒，坐卧增爽氣。春花解言語，風松中宫徵。我來不能辨，夕陰滿窗几。頗怪靈鷲峯，顛狂復飛至。清嘯呼白猿，愧我非慧理。戲題五字詩，平淡出奇偉。君應意挑戰，詎敢摩其壘。大勝賦子虚，夸詞託亡是。」李之儀《姑溪集》有《寄題吴思道横翠堂》詩，即横翠軒。其詩云：「紅塵擾擾功名地，不礙詩人得趣幽。何必千巖連萬壑，能令六月似三秋。茶甌變乳隨湯泛，香篆縈雲盡日浮。

時覺東城添紙價，應知得句勝封侯。」《姑溪集》又有《跋吴思道詩》、《跋吴思道小詞》，稱其咄咄逼人，近時人未易接武，妙處略無斧鑿痕，字字皆有來歷。曹勳《松隱集》、鄧肅《栟櫚集》並有寄送吴思道之作。一時名流，無不推重。是以張邦基《墨莊漫録》、羅願《新安志》、陳起《前賢小集拾遺》皆有吴可思道詩，歷歷可證。《藏海詩話》中論孫詩「雁北還」，「還」字不佳，即指孫覿。又言汪彦章「燈花聖得知」少意味，知孫、汪因論詩不合，因而造謗。厲氏見聞博洽，惜爲孫覿所惑，偶未及考，幾使高逸之士下儕暬御。繼曾懼後人不察，無能補厲氏之闕，遂取《藏海居士集》、《藏海詩話》二書合録諸木，亦金陵詩家之碩果也。

張章簡華陽集

宋參政張彦正綱謚章簡《華陽集》四十卷。章簡自金壇移家句容，晚隱茅山，自號華陽老人，《宋史》有傳。其第三子堅於乾道三年輯外制二百二十二，表、疏九十八，奏劄六十八，故事十九，講議十九，啟八十四，雜文七十六，古律詩二百三十九，樂府三十四，凡三十九卷，其四十卷乃附録行狀也。宣政、靖康間所作，十不存一，詩多晚年致仕歸隱後作。又有《尚書解》三十卷別本刊行，今不可見矣。紹熙改元，知池州孫釜跋云：「先叔寶文欲鋟木，志勿遂，釜假守秋浦之明年，成先叔之志。」寶文即堅，是集爲釜所刻。今傳鈔本「紹熙」誤作「紹興」，考章簡卒於乾道二年正月，年八十四，若紹興在乾道之前，其誤甚矣。附録爲大理寺丞洪箴所作行狀。箴爲洪興祖善慶之子，所載事實較《宋史》本傳爲詳。鈔本卷三十四

《上鄭相生日》詩及卷四十行狀第二十二葉皆闕，余所得宋刊本完善，可寶也。外制同時人轉官、除授多補史闕，如《司寶宋嬌娘賜名從順轉郡夫人知尚書内省事》、《郭安奴轉尚儀蘇迎喜轉司寶宋七娘轉司衣》、《朱倩奴轉掌綵》、《莫氏魏氏轉婕妤》、《江霞帔吕六六轉掌記楊二奴轉掌闈》，可考宋女官之職。奏劄論黨籍推恩太濫。又有《看詳元祐黨人狀》，列一碑九十八人，云王珪不合在籍，餘九十七人，至一碑三百九人，惟上官均、岑象求、江公望、范柔中、鄧考甫、孫諤六人名德顯然，共計一百三人，子孫陳乞恩例。其區别可謂嚴矣。其他，駁吴説除金部郎中領市舶、《繳薛昂復[官]恩澤詞頭》、《駁張公[裕]廨宇指揮狀》、《駁錢稔與郡指揮》、《駁汪若海通判無爲軍指揮》、《駁趙令廌轉行大中大夫詞頭》、《駁程俱知潭州指揮》，皆侃侃直言，無所回護。惟行狀奏「已絶命繼之人視出嫁女等法量許分給」不見集中，蓋不免有所散佚矣。章簡爲侍郎李朝正之甥，見所撰《外祖李華朝奉墓誌》。其卷三十八「輓詩」一卷，多同時句容、溧水之人，其姓字亦籍以傳也。《賀建康李端明啟》云：「秉直節而不回，肅威名之久著。立朝抗論，奸謀既息於淮南；分閫受師，茂略更煩於江左。」《歐陽懋除徽猷閣待制知建康府制》云：「嘉爾名臣之後，用昭遺德之傳。」蓋文忠裔。《書刁倪老挂劍帖後》，刁蓋元賓之裔也。

海陵集

《海陵集》二十三卷、《外集》一卷，宋知樞密院周麟之茂振撰。《宋史》云闕十餘字。紹興十五年進士。周麟之，新、舊《江寧府志》相沿存其名而未能詳。《中興館閣録》亦云：「周麟之，江寧人。」今考集中《呈郫人李簽判》詩云：「錦江煙水春茫茫，錦城遊宴歌舞狂。酒酣緩轡踏花去，尚説當年先侍郎。」自注：「吾家本郫人，先侍郎仕孟蜀。」後來遊宦家因徙，子孫不復歸桑梓。世居淮海二百年，路隔關山七千里。敵兵南下風塵昏，衣冠渡江黄屋奔。淮鄉幾作邊戍地，叢桂舊第無一存。」海陵舊居叢桂坊。《寄伯父元舉》詩云：「故鄉渺歸期，異縣悲久客。」《呈伯父元仲》詩云：「蘭溪得佳致，行築鍾山雲。」蓋茂振先世郫人，仕孟蜀，宋初因官徙海陵。金兵南下，隨高宗渡江，遂以建康江寧籍登第。集名《海陵》，不忘故土也。集中《乞進讀漢書讀本注音切》云蘇晉衆家闕十餘字。顔師古援據精詳。《漢書》多用古字、假借，以師古所立爲定。闕十餘字。言《漢書》者亦從未之及。茂振於紹興己卯使金，知結好不足恃。金亮渝盟，議遣使賀遷，茂振言宜練甲、申儆以觀變，使不當遣。上曰：「彼欲割地，今何以應之。」對曰：「議信之使分畫封圻，故有載書存。願出以示使者，厥請將自塞。」如其計，其人果無語。再命使金，乃上疏争之曰：「臣當竭智畢力，協贊事機，儻使摇尾乞憐，臣竊恥之。」疏入，高宗大怒，責祕監分司南京，居端州。孝宗登極，沛恩復故官，沮之者特許自便。有《論守應之策》一疏，亦見謀畫。《外集·中原民謡》十首：「金瀾酒二瓶，銀魚、牛魚。」銀魚長尺餘，牛魚出混同江，一魚之大如牛，或云可與牛同價。周益公《二老堂雜志》云「金主以所釣牛魚享，糟其首，歸獻於朝」，即此事。但茂振不言金主所釣爲異。《任契丹》序云：「燕趙間豪傑任契丹，居太行山，心懷宋朝。」亦可備異聞。《破敵凱歌》六首、又二十四首，皆言紹興辛巳金亮南侵殞命之事，其自注與員興宗《九華集》中紀采石戰功可以參看。其二十三卷爲子準所哀。淳熙癸卯周必大序。周密《浩然齋雅談》云周茂振詩「醉倒不辭花面笑，詩成親傍竹身題」，此詩集不載，蓋集外佚作也。集内《論禁小報》云：「比年事有疑似，中外不知，邸吏必競以小紙書之，飛報遠近，謂之小報。如曰今日某人被召，某人罷去，某人遷除，往往以虚爲實，以無爲有。朝士聞之，則曰已有小報矣。州郡間得之，則曰小報到矣。他日驗之，其説或然或不然。使其然耶，則事涉不密；其不然耶，則何以取信。此於害治雖若甚微，其實不可不察。」

知稼翁集

《知稼翁集》十一卷、《詞》一卷，宋尚書考功員外郎莆陽黄公度師憲撰。録入《四庫》者僅二卷，此爲其子知邵州沃彙次，其孫惠安縣主簿處權校勘，宋慶元二年刊本也。文集首有陳俊卿、洪邁二序，《詞》有曾丰序。曾丰《緣督集》，余得宋刊四十卷本，此序目次在第十八卷中。公度登紹興八年進士第一，其事迹詳龔茂良所作行狀，林大鼐所作墓誌，與《宋史》合。其集中詩居大半，洪容齋舉其「迢迢別浦帆雙去，漠漠平蕪天四垂。雨意欲晴山鳥樂，寒聲初到井梧知」，以爲謫仙、少陵以還，大曆十才子尚能窺其藩否。其推挹稍過，然五七言律詩趨步唐音，不爲江西生硬之體。如「列郡奔馳紛羽檄，聖朝哀痛下芝泥。盟寒隴隴無來使，春晚江淮有戰鼙」；「傷心廢宅枌榆老，滿目寒塘菡萏秋。馬鬣未平餘葬地，蛾眉不見但妝樓」；「萬里窮途雙白鬢，一尊濁酒對黄花。頻年奔走哀王粲，落日登臨憶孟嘉」等語，與陳去非格調相近。

陳子高詩集

陳子高，國士也，吕安老尚書辟爲參謀，單騎從軍。酈瓊之變，令屈膝，子高曰：「吾爲宋臣，學忠信之道，爲玉碎不爲瓦全。」就焚而死。嗚乎，烈矣。葉石林不識其人，乃曰子高詩人，非國士，勸止其行，豈不陋哉。《北盟會編》略其殉難之勇，然至今台之人祀於瞽宗，是人心之不可泯也。子高進《東南防守利便》，謂「先定都邑，以固根本，後定進取，以復境土」。南北形勢，洞若觀火，豈不諳軍事者。王夜叉與瓊不相下，瓊之叛，張浚激成之，鄂王苦口，猶不悟。安老、子高皆死於浚者也，子高不負安老矣。子高有《天台集》、《赤城詞》，皆不傳。海昌蔣君生沐，博學好古，録所藏宋人小集見贈。其詩多見《聲畫集》，故僅有題畫之作。余向輯建康耆舊詩，頗有可補者，因復録以贈蔣君。蔣君刻《别下齋叢書》，得彙入以備一種，庶幾誦子高詩者，千載下知國士之風焉。道光戊申二月序。

高東谿先生集

《宋史》稱東谿死後二十年，丞相梁克家疏其事以聞。何萬守漳，言諸朝，追復迪功郎。後五十年，朱子爲守，奏乞褒録，贈承務郎。然考《朱子文集》，云「梁克家等援赦書以請，有司拘文，廢格弗下。近守臣傅伯壽又嘗具奏如前，踰年未奉進止」。無何萬言諸朝，復迪功郎事。羅大經《鶴林玉露》云：「乾道間，梁克家始爲之請，傅伯壽、朱文公守漳，連爲之請，皆格不下。朱子爲《東谿祠記》，亦無蒙褒贈語。」羅大經爲容州法曹，亦爲東谿立祠，言當有據。《宋史》所書迪功、承務之追贈，未知何本也。羅大經又言「三山文士吴元美作《夏二子賦》，譏切秦檜，亦削籍，流容州」。李大有爲陳少陽《盡忠録》云：「布衣魏佑，連上六書論汪黄十罪，亦不得其死。」周(暉)[煇]《清波雜志》云：「進士徐暉，乞借官入虜，奉親王歸。」此三人者隻字無傳，尤可慨也。東谿作《鄒正言像贊》云：「公奮不顧，乃進苦口。殺母取子，立孽廢后。」又云：「祖宗堯舜，陛下桀紂。」皆章惇僞撰之疏。原疏藏《哲宗實録》中，東谿未及見也。

緣督集

宋德慶太守曾丰幼度《緣督集》四十卷，首有至元丁丑虞集序，云：「元統初，監察御史燮理溥化命曾氏五世孫德安購得其遺書。」明有詹侍講者，删爲十二卷。《永樂大典》輯本二十卷，較詹本爲詳備。余既得閣本，既而見錢塘汪氏《振綺堂書目》，則《緣督集》四十卷儼然在也。汪本闕二十七、二十八、二十九、三十共四卷，據其目録，以閣本補之，得祭文、行狀、跋、説、銘、贊、謝表十九首，惟《青詞疏》則閣本所無，不能補耳。又得《蠹書魚賦》一首，《鏡香》等題詩二十九首，《重修族譜序》、《同班小録序》、《代廣東帥到任啟》、《通潘經略啟》、《福慶寺始末記》、《窮客達主人問答説》、《叢書銘》、《震齋銘》、《愛山堂銘》，皆原目所不載。虞集序云：「族譜兩卷，翰林學士吴公叙之。」是在集外。今僅得《譜序》。林表元《赤城集》有《東巖堂記》，亦取附末，皆不羼入集中，存四十卷之真也。閣本「李國雄」當作「郭雄」，「季姚季女」當作「姚季安」，「赴秦州有感」當作「赴晉康有感」，「陳養居士」當作「陳養廉居士」，「與劉濟叔論文」當作「與龔濟叔劉薰卿論文」，「坦大夫」當作「但大夫」，非得此本不能正其誤。此本爲閣本不載者甚多。

平庵悔稿

《平庵悔稿》十五卷、《後編》六卷、《丙辰悔稿》一卷、《補遺》一卷，宋括蒼項安世平庵撰，皆古近體詩也。《周易玩辭》、《項氏家説》，世有傳本。《直齋書録解題》載《平庵悔稿》十五卷、《後編》六卷，《宋史·藝文志》作「《丙辰悔稿》四十七卷」。陳氏但言詩集，《宋史》兼詩文全集而言，故卷數多寡不同。松陽項氏有舊藏刊本，殘闕不完，未送省局進呈。是本爲編修余集秋室分纂《永樂大典》摘録，未及編入《四庫》之本。仁和吴長元館於余秋室家，傳鈔以寄鮑廷博，仁和趙魏復從鮑氏得之，其依《直齋》卷數，則魏所編也。詩共一千四百餘首，集中如《陳攖寧刊周左司太倉稊米集於阜陽趙使君復刊攖寧詩於荆門詩家皆美其師徒傳授之懿》、《送董熠歸鄱陽熠爲沙隨先生程迥婿著壽國脈書救荒活民書》、《劉寺張以道新居與約齋夾湖相望新居在行宫側後軍寨右方》、《金陵記遊一百韻》之類，皆足備故實。七言古《夔州永安宫詞》，絶類温飛卿，其餘各體出入劍南、誠齋之間。才力富健，無瑣屑噍殺之音，非四靈、江湖諸人可及也。

雙峯猥稿

靖安舒司馬恭受嘗校其所藏遠祖宋衡州録事參軍《雙峯猥稿》，余見之曰，非足本也。海昌吴槎客拜經樓有原書九卷，查初白有跋語，前有八世孫泰亨及永樂丙申徐鍊、正統元年劉球序，後有七世孫佳、永樂二十二年舒仲誠、洪武癸酉劉鉞跋，高才贊。雙峯先生名邦佐，生於高宗紹興七年，丁巳登孝宗淳熙八年辛丑黄由榜進士。光宗紹熙五年，以疾告歸。寧宗嘉定七年甲戌卒，年七十八。華文閣直學士李大異撰墓誌，載事蹟頗悉。所著《雙峯猥稿》，見宋趙希弁《讀書附志》。當乾隆年間搜採遺書，列於《存目》，係殘闕之本，僅紀干支，無年號，亦無李大異所撰墓誌，以致淳熙辛丑誤爲宣和癸丑，移南宋爲北宋。今觀稿中《壽皇傳位賀表》、《潭帥朱殿撰啟》，及周必大、京鏜、王淮、留正、張杓、余（禮端）［端禮］、謝諤、林栗、袁樞皆南宋人，得此本可證明矣。《和洪龜父歲晏》詩乃追和前人作，至多用蘇詩語，益知非同時人。余傳鈔吴氏槎客本以贈厚庵。越明年，舒自庵觀察化民。分巡杭嘉湖道，自庵爲厚庵之族祖，因以付梓。李大異撰墓誌銘云「手録《皇朝事實》數巨帙」，今新刊本脱「事實」二字，宜補也。初白手跋云：「是集初刻於宋嘉泰四年，公季子邁所編，先生自序題曰《雙峯猥稿》。理宗淳祐七年再刻於連山，章枕山有序。元初，七世孫名世重刊，有歐陽冀公序，未幾版燬。洪武中，八世孫泰亨重刻於南昌，訓導劉鉞志其本末。」〇《知許宰寓武邑賡楊丞靖安八詠》注：「楊方字子直，長汀人，武寧丞，轉靖安知縣，嘗從朱晦庵學。」按陽枋字子直，有《字溪集》，今作楊方，誤也。

自鳴集

宋鄱陽章甫冠之《自鳴集》，《直齋書録》云：「《易足居士自鳴集》十六卷。」張端義《貴耳集》云十卷。今六卷本乃《永樂大典》所輯也。宋江西詩派祖黄、陳，其弊也鬱轖槎枒，讀之不快人意。冠之爲于湖張安國所重，于湖詩學東坡，極有豪氣，冠之詩亦有磊磊英多之概，高出四靈、江湖不可以道里計，故陸務觀、韓無咎、吕祖恭俱聯爲氣類。《即事詩十首》有云：「獨下傷時淚，誰陳活國謀。」又云：「四海當多事，羣公在一心。」《送張玉叔》云：「窮愁度日添詩卷，老病憂時減帶圍。」于湖抱經濟志，冠之從遊，亦有心世道。《得蔡深源信》云：「神魚不信貪香餌，天馬難令駕短轅。」《呈胡德器》云：「舌在莫談當世事，眼明仍是故鄉人。」《蒜山夜歸》云：「多病久無鐘鼎夢，忘機長伴水雲間。」于湖既没，汲引無人，退居終老，其兀奡之氣不減也。《景定建康志》「于湖張狀元墓在上元清果寺側」，載郡人朱曠詩。冠之有《陪韓子雲弔張安國舍人墓》詩云：「頃從武昌守，來哭清果墓。」爲《建康志》所未載。又云：「獲登君子堂，招呼連屋居。」《與北山長老》云「數間破屋城南街」，是冠之居建康城南街，亦可補金陵諸志乘之佚失。

平齋文集

宋翰林學士知制誥端明殿學士於潛洪咨夔舜俞《平齋文集》三十二卷。卷一至六爲《易》豫、隨、蠱、臨、觀、噬嗑《講義》。卷七至八爲故事，論高宗、太祖及史鑑丹書十七銘，宣公税畝皆納牖之義。《宋史》稱端平改元，時登進諸儒以廣講讀説書之選。咨夔言聖學之實所當講明而推行者有六，曰親睦本支、正始閨門、警肅侍御、審正邪用舍、儲養文武之才、憂根本無生事邀功，今不見集中。史稱咨夔所上諸疏，皆略舉其文，併爲集所未載。卷九至十一爲策問，卷十二至二十二爲内外制，卷二十三爲青詞、帖子，卷二十四至二十八爲啟，卷二十九至三十二則序、題跋、墓誌、祭文，俱寥寥無數首，詩、歌、賦之類不見一篇。《宋史》稱有《兩漢詔令擥鈔》、《春秋説》、外内制、奏議、詩文行世，今《春秋説》三十卷有傳本，其奏議、詩俱佚，文亦不止此。余於《梅磵詩話》得《詠王荆公》詩，《咸淳臨安志》得《淳祐臨安志》得《東山婆娑巖壑記》、《留題東山塔院》詩。勞季言權。嘗輯《平齋集補遺》。此集内外制，理廟時臣工除授轉官，多可以補史之闕，足資考證。祕丞檇李錢積《孏窟詩稿序》，沈南疑《檇李詩繫》不載其名。《吏部司封郎官武義鞏嶸仲同墓誌銘》：嶸爲山堂先生庭芝季孫，鞏豐仲至弟。豐名最著，《武義志》不爲嶸立傳，故知者鮮。姚仲芳若。修《武義縣志》，余特鈔吏部墓誌以示之。嶸爲吕成公高弟，余宰武川，嘗修明招山朱吕講堂。原祀紫陽、東萊、山堂、仲至四先生，余爲補太府寺丞吕祖儉及徐一夔、洪無競、張成招，今更當補祀吏部嶸焉。

平塘集

《平塘先生集》三卷，宋陶夢桂撰。夢桂，進賢人，字德芳，嘉定庚辰進士。嘉熙三年，以京湖制機兼通判岳州歸，量值宣諭李曾伯辟知容州，不赴。卷一、卷二皆詩，卷三則辟書、墓誌、祭文、輓章，皆他人作也。輓章諸人如丁師正、危駿、羅一鶚、羅一龍、陳棨、樊夢辰、易中行、胡文學、危彪詩附此以傳。末又附其四世孫以禮字用和墓誌表。夢桂詩八十七首。有景定壬戌九月己丑同年生玉局散仙李義山序、雍正甲辰族孫成序。按《景定建康志》上元縣題名有陶夢桂，淳祐十年十月二十四日到任，另是一人。

金陵雜興

宋蘇泂，字召叟，山陰人，魏公頌四世孫。學詩於陸劍南，著《泠然齋集》，格意清拔，嘗入建康留守幕府。《金陵雜興》二百首，爲周文璞所心折，比以杜樊川、王荆公。其他金陵詩皆絶妙，《詩家鼎臠》僅載其「朱雀橋頭觀鬭紅」一首，餘不多見，金陵志乘亦鮮有載者，可謂珍矣。余既得曾極《金陵百詠》，而此更倍之，不啻鐵網之拂珊瑚也。道光丁酉春三月跋。

附吴繼曾跋

蘇召叟《金陵雜興》二百首，從《泠然齋集》録出，亦文瀾閣傳鈔本也。吾師朱述之先生得自武林，歸以示余。其中詠懷古迹暨感時書事之作，多與曾景建同其悲憤，因刻《金陵百詠》，取爲合璧。《愛日齋叢鈔》曾舉其《龍光寺裏》一首，謂結語慘然，頗類韓昌黎「一間茅屋祭昭王」之句，則固當時所推許也。又《雜詠》題後署李璉名者，半皆周文璞晉仙。詩。爰檢《方泉集》釐正之，并附集中金陵諸詠於末。召叟弟濱，字穎叟，亦能詩云。

金陵百詠

張用鼎《金陵新志》序文列引用古今書目，《金陵覽古詩》朱存、陳軒、楊備、馬之純凡四家，《金陵百詠》曾極、陳嵓凡兩家。乾隆中開四庫館，浙江鮑士恭以曾極詩進，《四庫提要》言之詳矣。然刊本甚稀，余得文瀾閣傳鈔本，僅九十三首，因取《方輿勝覽》、《建康志》補五首，尚少二首，并附《梅磵詩話》、《後郘詩話》於後。李壁注王荆公詩，景建助成之，蓋多聞者也。至陳嵓詩，仍待蒐輯云。道光丁酉春三月跋。

附吴繼曾跋

宋曾景建《金陵百詠》有激昂慷慨之致，詩格在楊備、馬之純上。余於《建康志》讀而喜之，吾師朱述之先生家有藏本，因請而付諸梓。詩中《清涼寺》云：「夷門鐘鼓從天落。」宋趙與旹《賓退録》云：「大梁城十二門，東曰夷門。後人遂直指汴京爲夷門，非也。」《漁父》云：「後主召一隱者，問近曾作何詩，云有《漁父》詩：『風雨揭卻屋，全家醉不知。』」按《南唐近事》、《南唐書》，乃處士史虚白詩，「全家」作「渾家」，未免小有異同，然不害其宏旨。至於《鐵塔寺》云：「此是先皇思子臺。」按蹴爐驚擂之説，諸書皆託以爲諱。《説郛》引《朝野遺記》云：「苗劉之變，植虚器於前星。春宫未辨菽麥，張浚殞之，過矣。當時併乳媪摔鐵塔下。高廟中年不樂忠獻者，蓋追歸來望思之怒耳。」據此則景建所詠，又詩史中之實録也。

自堂存稿

《自堂存稿》四卷，宋陳杰壽夫撰。厲樊榭僅稱爲淳祐十年進士，爲制置司屬官。《提要》云理宗初已能吟詠，下距德祐宋亡，年已六旬。據《重過西湖感事》詩定爲宋末遺老。其《乙丑元旦壽昌拜表》，知宋末曾守郡。余按乙丑爲度宗咸淳元年也。迺（賀）［賢］《金臺集・讀汪水雲詩集序》：「南歸時，幼主瀛國公以下分題賦詩餞行，有提刑陳杰，與吳堅、家鉉翁、文及翁並列。」諸詩有年可考者：四言《春日》詩云「端平以來作」，《題和靖（詞）〔祠〕》云「淳祐十年」，《除夕》云「余已未歲同江古心諸老宿荆江口」，是爲開慶元年，《斗牛山登高望》「辛酉」，爲景定二年，皆理宗時。又云：「予以甲寅冬過弋陽石橋，戊辰重過。」甲寅爲理宗寶祐二年，戊辰爲度宗咸淳四年，至其生平志節，亦可略見。又云《扶傯效死清事久廢奏院郭公應酉以舊翹館客自杭來談江上師潰及京城非才誤著極爲不平》詩有云：「緊官爲餌剛摇手，退處如飴肯動心。」則宋亡時解官已久。《聞履齋丞相再論貶》詩云：「賣論取官方翕翕，吾詩未敢落人間。」則必心非賈似道所爲而不受其禄餌也。《和張通父詩卷》注云「贛舊同官」，有「湘竹恨深聽雨夜」之句，《黄孟博辭往鄂渚贈别》云有「回頭我自愧鱸蓴」之句，則曾仕虔州，久滯荆、鄂，襄陽之圍，目擊憤事。蘇召叟《泠然齋集》有云「陳杰，荆州之役伯文寔約，予聞其没官，愴甚」，此言伯文没於荆州，非杰没也。自堂之詩學，方回萬里尤喜稱之。《瀛奎律髓》論姜堯章《送朝天集歸楊誠齋》詩云：「予嘗與南昌陳杰壽夫論詩。」《桐江續集》云：「南昌陳壽父名杰，爲江西提刑，有詩聲，號自堂先生。」鑄，荆閫同幕，見鑄所和《勸農》詩而賞，而鑄之詩亦進。又「予留荆湘幕府時，和《勸農》詩云：『忽思前夜一犂雨，焉用平生百尺樓。』陳杰自堂宗豫章一派，一見稱歎，指授甚詳，勉予專意古文及詩。」又云：「吾師魏華父，庵以自爲名。自庵有（顔）〔類〕稿，其文世盛行。南昌陳壽父，堂以自爲號。謂予可言詩，玉成有大造。」則自堂乃鑄之所從受詩法，其年必長於鑄。今自堂集中與劉須溪、鄧中齋、徐子蒼、謝疊山倡和，無一字與方回相往來。蓋鑄以嚴州降元，大節已虧，故鑄屢借自堂爲引重，而杰鄙鑄之爲人也。自堂詩原本忠義，音節悲壯，迥非宋季江西之派，更非方回所能窺其堂奥矣。

剡源集逸稿

元戴表元剡源逸文十三首、古詩五十七首、律詩二百七十七首，皆世傳三十卷所未收也。錢塘朱文游家舊鈔何義門校本，黄蕘圃補録於刻本之上。近上海郁氏新刻《剡源集》，惜未得蕘圃所録。仁和勞季言購得蕘圃稿，另鈔以贈余，勞君誠汲古好學士也。文如袁清之考妣葬碣在潘墨、常熟丞奉化王子兼行述，爲《四明志》所宜補。《跋元次山集》、《題高常侍詩文》、《鞏仲至耳目志》皆有理致，《汝南處士秋鶚墓表》足考金源遺獻。詩得三百三十四首之多，如《九日以滿城風雨近重陽爲韻》七詩，今刻本只有陽韻。《嘉興唐氏康樂堂》、《金陵徐氏遠觀亭》之類，皆志乘所未詳也。唐彦謙《鹿門集》多誤收剡源之作，與三十卷詩同者六十二首，開卷《逢韓喜》、《夜坐示友》、《梅亭》、《歲除》与剡源無異。尤可駭者，《剡源集·過應浩然先生墓》，此昌國應傃之後人，應氏爲四明耆舊，故云「人間萬卷龐眉老，眼見堂堂入草萊」。又《戊子歲晚贈應德茂》云：「平生萬卷應夫子，兩世知名窮布衣。」則德茂爲應浩然之子。袁桷《清容居士集》有《題應德茂遊吴紀事》二絶句，其爲姓應無疑。今《鹿門集》前詩題《過浩然先生墓》，去一「應」字，以爲孟浩然；後詩題《贈孟德茂》，注「浩然子」，加一「孟」字，第七句仍作「平生萬卷應夫子」，不知何解。唐茂業雖是唐人，集名「鹿門」，似與孟襄陽夜歸鹿門相涉，然茂業爲懿宗咸通年進士，去開元幾一百五十年，何能有眼見「入草萊」及「故交裹雞」之語，而與其子「船上酒香魚肥」，贈以詩乎。浩然是應非孟，其爲是戴作、非唐作明矣。

桐江集

方虚谷《桐江續集》，今傳鈔本五十卷。其卷一有闕篇，卷三全闕，皆文也。卷十四、卷二十一、二十三、二十四、二十六、三十二、三十四、三十六、三十九、四十、四十一皆全闕，卷十九、二十七有闕篇，皆詩也。其《桐江前集》已佚，余得藏書家《桐江集》，首《石峽書院賦》，終《鄭清所進聖語》，其《論賈似道十可斬罪》、《乙亥上書本末》在焉。《徽州歸附表》僅存六句，非全文。《先君事狀》後載歸元事甚詳，且以《蜀志》霍弋、羅憲自比，又備載至元十三年正月二十日歸附，改授招討使等官，迄十八年六月初一日解任。謂譁士以不死責問，殷有三仁，異於孔子之論仁，何儗不以倫也。其《禘祫感生帝説》、《總角突弁説》、《讀潛虚疑跋》尚有可取。其論詩宗江西派，所標佳句，多生硬拙俚。然如昭武黄濚之《金陵賦》，淩《二都》，轢《兩京》，今金陵志乘俱不言其名姓。孫元京《感興》等詩，樓楚材、孫次皋、汪崇亮詩，劉元輝詩，摘及諸人佚句，皆可誦，補詩話、紀事之遺。戴帥初《桐江集詩序》云「六十五卷」，此本後人掇拾續集之所無者，有文無詩，分爲四卷。虚谷依傍道學，終作降臣，遂爲周公謹所醜詆，然論詩文，亦自成一家言也。

張子淵詩集

《子淵詩集》六卷，元鄞縣張仲深撰。袁桷《延祐四明志》、王元恭《至正四明續志》皆在子淵之先，故不詳子淵之爲人。明以來郡縣志及胡文學《甬上耆舊集》俱佚其名。此集借鈔於文瀾閣，首有鄭弈夫、危素、艾逸、楊彝四序。鄭序云：「子淵明敏嗜學，蚤孤，事母以孝聞。故其詩章累帙，凡愛親之誠，形之於言，當代清要轉聞於朝而旌其門。」今考集中《謝易之自京回》詩有「危太史撰張節婦傳」、「李惟中諭德書貞節字額」，知當世重子淵之詩，以孝見重也。七古有《羊竇》詩，謂羝腸中黑彈可療腸胃疾；七律有《月殼》詩，謂高麗石瑠琉可炙燈，亦可資博物之助。

檜亭集

元金陵詩家有集存者，惟集慶路訓導丁復仲容《檜亭集》九卷。檜亭，天台籍，負詩名。延祐初游京師，與楊載、范梈同被薦，辭不就。浪跡江淮，三徙居，家金陵城北，有園亭之勝，古檜列植左右，名其集曰「檜亭」。《金陵新志》尾校訂姓氏有訓導丁復，知曾官儒學也。其婿饒介之、門人李謹之各有編輯。南臺監察御史張惟遠合編爲九卷，至正十年刊於集慶學。有中山李桓、永嘉李孝先、臨川危素、上元楊翮四序。偶桓《乾坤清氣集》仲容詩《扶桑行送銛仲剛東歸》、《題長江萬里圖》、《蘭堂上人之金陵因寄憲府張使君》三首，爲此集所不載。偶讀朱右《白雲稿》，云李謹之編《檜亭集》「如《瓊花》、《瑞竹》、《送常憲使》、《題長江萬里圖》，皆膾炙人口而不能盡傳。因補所未備，得一百四十七首，與御史王克惠商刻之」。

不知世有傳本否。

木訥齋文集

《木訥齋文集》五卷，元龍泉王毅剛叔撰。《附録》一卷，則家傳、墓誌銘、祠堂記、祭田規式、劄付、祭文之類。卷首有宋濳溪序，家傳亦濳溪作。其略云：「至正中，荆襄兵起，掠七閩，犯縣南鄙。先生畫八策，贊石抹宜孫破之。未幾，盜發青田，揚言來攻縣。長吏台賓忽丁遁，盜遂深入。先生召門人章溢、季汶，部勒鄉民爲兵，遂殺羣盜。大府録功，賚之以金帛，謝不受，曰：『得選賢令以撫創殘民，則毅拜賜侈矣。』俄部使者下令正丁罪，丁恚，集季溪惡少年據險阻以方命，害先生於家。」胡翰爲作墓誌銘，王褘爲作祠堂記。此集凡文五十五首，詩三十一首，明世鏤版者三，旋燬。乾隆二十七年，知龍泉縣關中蘇遇龍重刊之，版藏祠宇，世不多見。顧嗣立《元詩選癸集》癸之戊上僅載其《濟川橋》七律一首，其小傳亦不言其破盜功，及爲台賓忽丁所害。非得是集，不能知其詳也。

書林外集

《書林外集》七卷，元袁士元撰。士元一名寧老，字彦章，宋進士鏞之孫、澤民之子。事父母至孝，嘗爲總戎佛保參謀，御史奥林薦授鄞學諭，調西湖書院山長，改鄮山書院山長，擢平江路學教授。承旨張翥言於執政，授翰林國史檢閲官，不赴。隱城西别墅種菊，自號「菊村」。危素爲之序，稱其清麗可喜，自放於山巔水涯。戴九靈誌其墓。至正十一年，胡世佐序其集。世佐字伯衡，乃三省之孫。余假鈔於范氏天一閣。菊村有《四明袁氏譜圖》，戴九靈序云：「趙宋渡江，曰子誠者自南昌扈駕，爲臨安知府，遂居鄞，四世皆大官。」余考《咸淳臨安志》，高宗建炎元年八月，杭卒陳通作亂，因守臣葉夢得，命錢伯言知杭州。九月，侍其傅知；二年，康允之知；四年，季陵知臨安府。嘉定十三年知府袁韶，慶元府人，後拜參政，改封越國公。韶爲仰南袁氏清容之曾祖，《臨安志》無袁子誠，莫能詳也。菊村父澤民，善詩，好吟詠，有《野航集》，見所作父行實，不可得矣。戴九靈《山房集》：「袁氏居鄞者有三族，曰鑒橋袁氏，有蒙齋、絜齋；曰仰南袁氏，有清容先生；曰西門袁氏，有名鏞字天與者，以忠貞節義著聞於時。」附摘菊村詩句。《送沙(索)[孛]丁平章孫秉彝》序云：「秉彝又名長壽，寓項庵前，監生，江浙宣使軍功舉鄞(魚)[邑]監。有母七十，航海北歸。」詩云：「公孫年少尚輕肥，回首誰知世事非。萬里荒煙迷故道，半江斜日照漁磯。帆開雨後南風正，家指雲邊北斗歸。我亦乘桴浮海去，沙頭白鳥故飛飛。」《和王從素感時》詩云：「十載中原未解兵，生民逃難散如萍。移家楚峽嫌山淺，飲馬淮河厭水腥。壯士守邊頭盡白，老夫憂國淚交零。何時四海還歸一，使我王心喜再寧。」《米貴》云：「去年避寇荒農天，今年捕寇無客船。江頭白米纔一斗，索我三百青銅錢。」《九日後有感》云：「時艱開口難逢笑，事往驚心轉覺愁。」七言佳句：「鶴因無恙老猶健，燕若有情貧亦來。」「閒種石田供鶴料，旋開園沼買魚栽。」「小橋夜静人横笛，古渡月明僧喚舟。」五言佳句：「蜂粘飛絮起，魚噞落花沈。」

蛾術詩詞

《蛾術詩選》八卷、《詞選》四卷，元雲間邵亨貞復孺撰。亨貞雜文有《野處集》，其詩詞未採入《四庫》。此本爲明新都汪稷所刊，有隆慶壬申四明沈明臣(字)[序]。亨貞祖桂子，字德芳，淳安人，咸淳辛未登進士第，教授處州，宋亡不仕。娶華亭曹澤之女，因家小蒸。所著有《慵庵小集》。余曾鈔得其詩，有《蔬屋》詩四言最奇古。父祖義，亦有文名。亨貞生元時，與錢思復、楊廉夫、倪雲林唱和。洪武間以薦爲松江府學訓導，以長子克穎、次子克淳詿誤，戍潁上，久之赦歸，年九十三乃卒。古詩疏秀有骨，無元人穠纖習氣。五言律如「山林藏勝地，天地有遺民」，「雲倚孤村塔，潮生半夜鐘」，「隱几懷南郭，移文尚北山」，「亂離生事拙，漂泊壯心違」，「舉目山河異，驚心草木新」；七言律如「白髮襄陽耆舊傳，黃花栗里義熙年。王孫芳草天涯路，仙子桃花海上山。荒草夕陽多戰鼓，落花春水失漁船」，「黃塵世事悲歌裏，白髮光陰醉夢中」，「百年南國無遺老，千古東陵只故侯」；七言絶句如《李雲山秋林晚步》云：「疊疊青山黃葉村，夕陽喬木幾家存。幽人占得前溪住，不是桃源定鹿門。」《梨花十二紅》云：「雨過東闌淡蕩晴，飛來帶恨寂無聲。宣和殿下清明後，曾向花間見太平。」皆沈著瀏亮，頗得遺山風格。詞近白石、弁陽，與余所得仇仁父《無弦琴》、白樸《天籟集》可並傳也。集中曹雲西翁、曹安雅翁、曹新民、曹升範即小蒸曹氏。《和楊鐵崖曹園感懷韻》云：「曹氏家園百歲餘，承平遺迹久湮蕪。」蓋其祖自宋末依曹氏居華亭，迄明初百年餘也。

東行稿

《東行稿》一卷，元華容劉必宏崇道撰。宋南渡時，有都統制劉寶者，從岳忠武破楊么，屯田岳、鄂間。岳被害，寶遂隱居華容，凡四傳至必宏。元季捍鄉里，倪文俊之黨蹇某攻其鄉，一戰擒之，由是賊不敢犯。元參政潑張者檄必宏究治告變奸民祁毛、王十三之獄，多連邑中大姓，必宏託以五字爲人名號，斬死囚一人，事乃定。明太祖徵之，至金陵，繫獄月餘遣歸，寓於南門外鬻鞍者齊氏，得疾，遂卒。其友嚴伯霖屬骸於齊氏，攜其篋以歸。必宏者，忠宣公大夏之曾祖也。此《東行稿》自楚至金陵紀行之詩，長沙李東陽爲之序。《武昌作》云：「鸚鵡洲前暫泊舟，客懷牢落又殘秋。西風古堞漢陽戍，落月荒基庾亮樓。短帽簪花聊自慰，征鴻叫月不勝愁。相逢莫問興亡事，山自長青水自流。」附《西行稿》一卷，乃忠宣忤劉瑾謫戍肅州往反詩，合爲「劉氏兩行稿」。卷首有宣録弘治十四年忠宣爲兵部尚書時事。

積齋集

元程端學《積齋集》五卷。端學以《四靈賦》爲歐陽元功所賞，今不載，蓋蒐輯時有殘闕也。與單長良能言近世學者好簡厭煩，喜上達而厭下學，且言陸氏之學舍問學而尊德性，朱子之學尊德性而道問學。雖生長四明，不尚永嘉宗派。《序括蒼尹仲明玉井樵唱》云：「括蒼尹君，和靖之諸孫。和靖與去非同時居洛，一則執經程門立雪不倦，一則飲酒吹笛午橋花影之下。京西之變，尹棄家而入蜀，陳攜孥而來南，旋參大政，碌碌無補。尹爲德遠汲引，復爲會之擯卻，晚入經筵，屢疏不合，抗節而去。昔人譏去非大用後不復作詩，不如不大用而賸作詩之爲愈也。」其雜文，如《東湖書院記》云孫友仁講學其中，《祠堂記》爲文安阮侯作，《定海石塘記》爲完顏公帥浙閫鎮四明作，《海運千户所廳事記》爲安達拉公作，《靈濟廟事蹟記》爲納沁公作，《二史公史信父、史射父。倡和詩》云資政、觀文二公創鄮麓廟庭，序昭穆，會拜作。《孫會叔行實》、《杭州路税課提舉杜仁傑墓誌銘》、《處士陳繼翁墓誌銘》、《高於山墓誌銘》、《奉化陳元楷母張氏墓誌銘》、《朱溪里家傳》、《周以韶建縣尉廳詩序》、《送鄞尉周居性序》、《鄞縣阮尹去思碑》，此類皆有裨於四明文獻，可以補延祐、至正二《志》之遺，尤足以資考核。詩雖非道園之敵，然五古詩如《江東精舍》云：「蒼璧衛精舍，輕霞冠崇構。門徑既威夷，竹樹亦森秀。前臨秦淮流，後倚鍾山岫。」《即事呈伯勉》云：「天清露爽浮，夜廊涼月上。披衣出草堂，忽聽風笛響。俄然寸心明，迤邐成孤賞。」《遊建平東湖題石磴》云：「春風曉澄霽，暄日媚芳物。歡言命雙屐，聿來憩脩竹。茂林鬱葱芊，煙雲時出没。一水下縈紆，遠峯聳崒嵂。歲暮遠爲客，經春倦馳逐。豈其得佳趣，幽意淡自足。暮歸沿春流，輕風激商曲。」五律如《次趙子山韻》云：「幽棲自成趣，語默意俱真。事業新吟富，生涯舊食貧。久知莊叟傲，不污庾公塵。花竹看君種，清陰已蔽人。」《次馬伯庸少監韻》云：「吟身還倚馬，歸夢託啼鵑。僻學存書卷，新愁付酒船。文章誰賈董，功業自閎顛。白首從來往，悠悠度歲年。」格調高雅，非宋末江湖派所及也。原本闕十一字，受業武林丁丙檢《積齋集》謹補。

全歸集

《全歸集》七卷，元慈谿張庸惟中撰。庸係出唐孝子無擇，元季方國珍據明州，署爲上虞山長，辭棄去，從里中豪傑習武事，爲自全計，馳刺彈射，曲盡其妙。既而歎曰：「吾儒自有可樂，烏用是哉。」益騖於學。與龍子高、桂彦良、馬易之等唱和，子高見庸所作《琴劍》、《汗酒》諸作，以爲弗及。明興，彦良輩膺薦而起，庸不復有仕進意，以隱終，自號全歸處士。病革，鄉人任氏子乞《歸鴻軒》詩，不能執管，口授烏斯道，書畢，瞑目而逝。集有洪武己巳烏斯道序，稱其律詩渾淪雄偉、鏗鏘典麗，歌行如長江萬里，浩蕩曲折，滚滚不已。正統辛酉秦王府教授同邑馮益後序，載其生平頗詳。此集爲庸孫琳所刊，歌行如《王山人歌》、《搏虎謡》、《殺犬謡》、《遠遊行》皆不愧烏繼善所言，律詩無柔豔之態，亦元末作者。《慈谿縣志》：「張無擇，字君選，官司農卿。父叙卒，結廬馬胛山，有醴泉芝草之瑞，邑立專祠。」而《文苑》、《清(標)[操]傳》不著庸名。顧氏《元詩選》未採。《明詩綜》録其詩九首，稱其《送胡淮舟金陵歌》云：「金陵帝都天下壯，萬國會同天浩蕩。昔年聘我我曾遊，曾上鳳凰臺上頭。」以爲明初嘗受聘幣而未通籍者。

小小齋詩集

《呂徵君小小齋詩集》四卷，元新昌呂升德升父撰，其元孫明南京兵部侍郎獻所輯。弘治癸丑刑部尚書彭韶序云：「小齋先生性至孝，養親百餘齡，韜光不仕，耕釣沃洲山中。洪武龍飛，三以孝廉徵，奉使山西，辭官終隱。」詩凡三百十四首，有《庚子三月八日被擄脱身生還》詩，注云：「遭元兵火，負父避鸕鷀山。出覘賊，爲賊得，知爲孝子，留賊中。與之飲，不飲，坐而涕。賊哀憐之，請歌，乃爲《青天歌》、《浩浩歌》，賊聞之感動，送之歸。」此彭所云被擄脱身生還也。又洪武十三年應聘至京，受敕諭出使山西，同舟行者婺源令唐茂□、新昌典史□□□□，此彭所云奉使山西事也。又有《三節女詩》，一爲新昌狄氏妻、天台青溪徐氏女，一爲餘姚□□□□□□□□□□，一爲新昌張師遠妻謝氏，皆死於兵亂，節烈賴詩以傳。此集□□□□□□□□□□□□□□□末采。《和鮑仲孚寄黄草堂韻》云：民樂堯天貢九州，此時□□□□□□□□□□□□□□□盧仝屋，一葉飄然范蠡舟。霜徑菊花方爛漫，石□□□□□□□□學前朝士，清興還能到此不。此彭所云辭歸終隱也。

鄧伯言玉笥集

元人《玉笥集》有二，一爲張憲撰，凡十卷；一爲鄧雅撰，凡九卷，皆詩集也。鄧集有何淑、丁節、梁寅、戴正心四序。鄧有《寄石門梁先生求删近稿》詩。梁云：「沖澹自然，華不爲媚，奇不近怪，雄不至放，求合典則。」戴云：「新淦鄧伯言氏，工於詩，舍於同里黎季敏氏垂十年，而情好甚篤。季敏率同志哀其所著，鋟梓以傳。其詩清遠條達，不爲險艱藻繪之語，澹泊和平而無忿懥哀怨之意。余讀其《讀陶詩》云：『憑几誦陶詩，詩中有深味。』又云：『誰能起公死，執鞭向柴桑。』蓋其性情相近也。」劉思敬《存徵録》云：「鄧伯言，金陵人，幼遊玉笥山，詩有『洞天明月一雙鶴，澗水碧桃千樹花』之句。宋潛溪賞之，言於高皇，得召見，令作《鍾山晚寒》詩，有『鼇足立四極，鍾山盤一龍』句，上拍案大喜。伯言伏丹墀，誤疑上怒，遂驚不能起。扶出東華門，始甦。次日授翰林檢討。」今集中《寓玉笥山》詩云：「樓上一簾青雨，洞中千樹碧桃花。」與劉所載稍異。末一卷爲《朝京紀行》詩，首爲《應制賦鍾山沍寒》，「鼇足」一聯在第四韻，知「晚寒」爲「沍寒」之訛。據此知梁石門所删、黎季敏所哀止前八卷也。《朝京紀行》詩多用《洪武正韻》，《早朝》詩云：「頭白趨朝沾聖澤，幾回吟對萬年松。」《贄周參議》云：「春風倘借吹嘘力，寒谷春生槁朽蘇。」無崛强不屈之辭。所云「授翰林檢討」，非無稽也。伯言本貫新淦，曾賓谷《江西詩徵》竟漏其名。余因金陵志乘俱采高皇拍案一事爲佳話，亦鮮有見其全集者，故録之。

益齋亂稿

《益齋亂稿》十卷、《拾遺》一卷，元高麗李齊賢撰。齊賢字仲思，高麗雞林府院君領藝文春秋館事，謚文忠。考鄭麟趾《高麗史》，忠宣王謜改名璋，母元世祖女，留王京師，傳位太子燾。延祐六年，忠宣請於帝，降御香，南游江浙，至寶陀山而還。時權漢功、李齊賢等從行，令記所歷山川勝景，爲《行録》一卷。又云忠宣留元，構萬卷堂，姚燧、閻復、元明善、趙孟頫等諸學士咸遊於王門，齊賢周旋其間，學乃益進，自號益齋。其孫時發以亂後内外文集蕩失殆盡，獨此編僅免，乃裒聚改刻曰《亂稿》，非初名也。豐山柳成龍爲跋，至正四年九月刊。明宣德壬子再刊於原州，金鑌爲之跋。柳跋云：「《孝行録》一卷，疑衍『孝』字，即進香寶陀之《行録》。」余假鈔於劉燕庭方伯，無《行録》，卷首有年譜一卷。其詩格調頗近趙、姚，顧俠君《元詩選》癸之壬下載其《鄭瓜亭居士戀處客》七絶三首，未見此集也。雜文卷九上下《忠憲王世家》、《史贊》多爲鄭麟趾《高麗史》所取裁。末爲《拾遺》，則自《輿地勝覽》、《東文選》、《東國通鑑》采補其詩。《二陵早發》云：「將如成都，内翰趙松雪以古調一篇相送，云『勿云錦城樂，早歸乃良圖』。」載其全首，今《松雪齋集》未收。又附張希孟、元復初詩各一首，亦逸作也。齊賢《黄土店聞上王見譖不能自明》云：「世事悠悠不忍聞，荒橋立馬忽忘言。幾時白日明心曲，是處青山隔淚痕。燒棧子房寧負信，翳桑靈輒早知恩。傷心無術身生翼，飛到雲霄一叫閽。」「咄咄書空但坐愁，式微何處是菟裘。十年艱險魚千里，萬古升沈貉一丘。白日西飛魂正斷，碧江東去淚先流。滿門簪履無雞狗，飽德如吾死合羞。」「寸腸冰炭亂交加，一望燕山九起嗟。誰謂鱣鯨困螻蟻，可憐蟣蝨訴蝦蟇。才微杜漸顔宜厚，責重扶顛鬢已華。萬古金縢遺册在，未容羣叔誤周家。」《秋興》云：「西風落日坐樓頭，一笛聲音萬杵秋。詩酒生涯雙鬢雪，江湖文字十年愁。山中有約堪投老，海上忘機可狎鷗。白首永懷芹曝志，四年惆悵困炎州。」趙松雪《古調》云：「三韓望巴蜀，胡爲萬里餘。棧閣如登天，劍門不可踰。誰令觸炎熱，鞍馬事馳驅。王事有期程，吾敢求安居。道路何緬邈，山川亦盤紆。賴彼多古迹，庶可慰躊躇。勿云錦城樂，早歸乃良圖。秋高天氣清，矯首西南隅。」張希孟詩云：「三韓文物盛當年，刮目青雲又此賢。壯志玉虹纏古劍，至誠石虎裂驚弦。一鞭嵐翠遊山騎，滿紙珠璣詠月篇。此去院花春正好，白鷗應爲子來前。」元復初詩云：「峨眉山色夢中青，人自雞林使錦城。九域圖經歸一姓，四川風物契三生。捫參歷井真虚語，詠月吟風足此行。細問孔明當日事，遼東卻對幼安評。」

佩玉齋類稿

楊博士名翮，字文舉，上元人。曾祖遂，宋知黄陂縣。祖公溥，宋鄉貢、元進士，婺源州知州，追封上元縣男。父剛中，字志行，師事導江張須，爲世名儒，與兄敏中友愛，家貧力學，辟主江寧縣學，升郡學録正、徽州路教授，擢閩海廉訪司照磨，遷江東照磨，兩主浙闈文衡，不濫取以充額。丞相脱歡薦爲翰林待制兼國史院編修，月餘，謝病去。著《易通微》、《説詩講義》、《霜月齋集》，學者稱「通微先生」。翮少承父訓，元末官休寧主簿，歷提舉江浙學校、太常博士，元政亂，還金陵。明太祖徵爲纂修，後以謫死。謝肅《密庵集》自注纂修同事有楊翮名。楊孟載《悼文舉博士》詩：「白髮蕭蕭老奉常，亂離終喜得還鄉。八分書古追東漢，七字詩成到盛唐。謫死已無書滿屋，病多惟有藥成囊。我慚同姓曾聯職，宿草西風淚幾行。」見《眉庵集》。今所傳《佩玉齋類稿》十卷，皆官主簿以前雜文也。《成化杭州府志》紹興、嵊縣俱有楊翮所撰《學宫碑》，皆不載。楊孟載稱其詩與八分，劉仔肩《雅頌正音》録其詩八首，《元詩選》從《正音》以備一家。盛仲交《玄牘記》云：「羅原父藏《瞻儀堂記》，楊翮八分書。」其可見者如此。余見《佩玉齋類稿》凡三本，初從文瀾閣傳鈔；繼假汪氏振綺閣本十一卷，文無加增；後得武原馬氏舊鈔十卷，以論爲首，較前兩本多十之三。余更采《上虞水利序》、《白雲稿序》、《續復古編序》、《杭州府學》及《嵊縣學宫碑》、《陳少陽集跋》、《雅頌正音》所載詩附録於後而未已也。翮弟牖，字文開，亦有集。吴復興寓其鄰魏景仁家，見牖文集，其語載《類稿》跋中。此跋惟馬本有。妹柔勝，適龍興路學正孔友益，讀書通大義。翮妻父孫怡老，官集慶路府判。母吴氏，見陶安《學士集》。子元碩，見《至正直記》。翮集中其耆舊姓名可考者，楊宗訓爲撫州守楊公孫，劉建中爲南臺御史，楊公之徒陳希賢以薦爲贛州學正，王中父以薦爲信州照磨，明道書院山長張子逸，寓官馬彦翬，中山處士王某。其著述可考者，胡天祺《譯史》，余東卿《秦淮棹歌》，江永之《雷鍾小稿》，唐本道《九曲韶語》，王仁甫《卹菑詩》，孔肅夫《自然亭詩》，丁復《檜亭詩集》，李謹之詩稿。其堂宇可考者，趙漢章居秦淮發源處，築松澗堂；葛信民居溧水，起索齋；孔肅夫居岊山，作静齋；柳翼居秦淮，造有融齋；及翮自建長宜軒，以貯鼎彝。翮集傳，元代金陵之文獻亦留一綫也。張用鼎《儒籍志》：「元平章阿朮占居明道書院，軍士揉躪書院，儒人古之學等詣丞相、淮安王前告，給榜文，還復書院，招安秀才，由是諸學弦誦不輟。集慶路儒人一百六十五户，明道、南軒書院，上元、江寧縣學各有儒籍。宋末故家，如包秀實、國華、陳仲謀、吴季申外，有董烈、宋丞相文清公槐之後，知池州。房元龍、宋進士，承議郎懷遠軍節度判官。李垕、宋太師襄國公琮之後，制司判官，沿江屯田分司。王良耜、宋荆國文公之後，貢士，沿江制司幹官。趙崇回、宋進士，累官句容令。楊公溥、進士。戴俊卿、謝克仁，皆宋進士。子孫相繼以科第儒術仕進，顯榮其家。」元志所載如此。今郡乘志不載古之學其人者，況其餘乎。翩同時金陵有燕敬、廖毅、馮椿、李懋、李桓、王造、王諶、嚴瑄、雷秉義，皆有詩而其集無考，惟《佩玉齋類稿》及丁復《檜亭集》傳。

溪園集

《溪園集》十卷，周启撰。启，吉水人，字公明。博學工文，洪武中以薦司訓廬陵，預纂修，廷試《大明一統賦》稱旨，擢第一。周忱爲制哀詞。范氏天一閣有此書，題「元周启撰」。余假鈔於天一閣，以備元末明初之一家。「启」即「啟」字，取「東有啟明」之義，故字公明。《説文》：「啟，教也。」訓「開」者當作「启」。《廬陵縣志・名宦》誤「启」爲「召」，作「周召」，非也。

臨安集

《臨安集》，詩五卷、文五卷，明國子博士錢宰撰。詩文皆有洪武二十九年自序。此十卷乃其手訂也。其序述古今作者源流，自命甚高。論詩謂盛唐可以繼漢，至晚唐，與陳、隋無異。《讀史擬蘇李》、《後讀史擬古》諸作皆戛然獨造。《歷代帝王廟頌》四言爲《南京太常寺志》、《金陵名祠志》所未載，雜文如《金陵形勝論》亦《應天府志》、《南畿志》所未采，皆足備掌故。《徐烈婦傳》載己亥明兵圍越，徐允讓被游兵所殺，欲污其妻潘氏，潘紿兵焚夫屍，投烈焰死。與《保越録》所載張正蒙妻韓氏女池奴、馮道二妻抗節事可並傳。《永樂大典》輯本僅六卷，此洪武中舊刻，可貴也。《南雍志》：「宰字子予，紹興會稽人。洪武二年，以儒士舉爲國子助教。十年，以年老乞休，授國子博士致仕。二十七年四月，上觀蔡氏《書傳》象緯運行與朱子《詩傳》相悖，其他註説與鄱陽鄒季友所論間有未安者，催宰四月至京師見上，語以正定《書傳》之意。時建酒樓初成，賜宰等鈔宴其上，人各霑醉，獻詩以謝。書成，賜名《書傳會選》，令馳傳歸。又三年卒，[壽]九十六。宰刻意古調，擬漢魏而下諸作及《古詩十九首》，各補其未純。」

育齋詩集

《育齋詩集》十七卷、《歸田集》三卷，明高穀撰。穀字克用，揚州興化人。永樂乙未進士，官至工部尚書、謹身殿大學士、東閣大學士。致仕歸，自號檜軒老翁，贈太保，謚文義。卷首載正統、景泰、天順敕諭四道，像贊，景泰七年翰林學士門人華亭錢□序，景泰二年自作詩引。觀其自引，知生平精力一萃於詩。當明運極盛之時，各體詩佩實銜華，春容大雅，有佩玉瓊琚之度。竹垞《明詩綜》於景泰閣臣極稱陳循《芳洲集》，於高文義僅録其《送倪廷用致政歸嘉興》五言律一首，不盡所長，亦不言其有《育齋詩集》，蓋未見也。《育齋詩集》乃其門人户部員外闕十餘字。《歸田集》有弘治庚戌門生興化魏秀麒序。闕十餘字。門生萊軒陸礩編次。其自引云：雜文百篇，詩千首。今此其詩集。卷四闕十餘字。詩韻云：先人當洪武初過呂梁，題詩壁上，有曰：「千塊萬塊□□□□□□□□□□□□□□□□□春雷聲直立，蛟龍飛不起。險哉天下有龍門，未必與二硔。□□□□□□□□□□□□□□□□□□」未仕時，亦從呂梁歸，喻先人曰：爾題二硔詩甚好，吾以闕十餘字。被薦，乃知詩有顯晦，趣向不同，是亦《靜志居詩話》所未采。七言如「□□□□□映雪，病攜三策尚朝天」，「高情別後都成夢，薄宦年來欲□□」，「□□□□□□□，山空積雨長新苔」，「萬井人家春色裏，數聲啼鳥夕陽中」，「□□□□□□□，□□□里到山城」，「紅日半窗鷗鳥外，青山一帶酒杯前」，「河汾未老猶傳道，貞曜雖貧不廢詩」，「三尺功勳安社稷，□□□□□□□」，「□□□□曾報國，一官投老勝歸田」，「潮聲帶雨長通海，樹色邊淮半入雲」，「小艇夕陽湖上□，□□□□□□□」；五言如「江聲連雁遠，樹色帶秋分」，「斷橋行客騎，細雨賣魚船」，「去路衝殘雪，離筵對暮雲」；「寶劍非潛器，青氈是隱名」，「人家臨水近，客路傍山多」，「杏花沽酒店，楊柳渡江船」，「殘星隨雁影，落葉伴鐘聲」，「□□□邊渡，江流雨外聲」，「風月黄堂夢，雲山碧嶂心」，「野樹明秋色，江帆逗晚風」，非景泰十才子所及。

清風亭稿

《清風亭稿》八卷，明童軒撰。軒字士昂，一字子佩，號雪厓。先是鄱陽人，父碧瑄以欽天監天文生遷居南京，家秦淮之西。軒，應天學生，景泰辛未進士，官至南禮部尚書，卒贈太子少保。倪文毅岳誌其墓，焦文端竑《京學志》有傳，所載皆同。《明詩綜》謂官至吏部尚書，誤也。文淵博雄麗，有《枕肱集》二十卷，未見。此詩稿八卷，門人李澄編，陶元素、項麒、張楷皆有序。卷一四言、賦、楚辭，卷二樂府，卷三至卷八五七古、五七律、五七絶、聯句、集唐終焉。《長安道》一首頗近四傑，《感遇》六十六首力摹伯玉。自跋引吴才老《韻補》，以江陽、真庚相通，杜詩《玉山草堂》一首用真文通韻，謂今韻爲近體作，非所以施於古詩，最爲確論。其各體皆宗法唐人，出於景泰十才子之上。張楷序云：「似玉川，乃偶據一二首言之，非盡如盧仝之怪澀也。」《送陶希文校文浙江》，陶名元素；《和鄒允達懷仙吟》，鄒名和；《酬丁鳳儀》，丁名鏞；《寄賀友菊》，賀名誠，皆金陵詩人。其全集俱不可見，惟兹《清風亭稿》僅存，急宜傳之也。《青陽道中》詩自注「有蟲名蠓[illegible]」，亦類書所未及。于忠肅公謙集附《湖上隴樹圖》詩在此八卷之外，今補遺於後。尚書之父瑄，有《玉壺集》，曹學佺石倉《明詩次集》載其詩四首，今取冠卷首，用《戴石屏集》載其父詩例也。

正氣録

《正氣録》一卷，高麗高由厚與弟用厚編。萬曆二十年壬辰，倭僞王平秀吉遣行長、清正等破朝鮮，朝鮮王李昖棄王京走義州。其臣高敬命舉兵圖興復，兵潰，與次子因厚死之。長子從厚起兵復讎，城陷，投江死。五子由厚編父兄軍中書檄，哀毁，服闋逾年而歿。六子用厚，乙巳進士第一名，登丙午文科，爲泰仁縣監，合成此録。惟《明詩綜》録高敬命詩一首，載其官司膳寺僉正，不言其死節事。今考神道碑云：「敬命字而順，號霽峯，又號苔軒、苔槎，系出耽羅。戊午，恭憲王擢甲科第，拜成均館典籍，移户曹佐郎，拜世子侍講院司書，遷司諫院正言，授刑曹佐郎，移兵曹佐郎、知製教，拜司諫院獻納，充文館修撰，遷獻納、充文館修撰，遷獻納、轉司憲府持平，授弘文館副修撰，升副校理，復升校理，左遷典籍，補蔚山郡守，罷還鄉里。萬曆辛巳起廢，拜雲巖郡守，以成均館直講兼司憲府持平朝京師，復除瑞山郡守，拜宗簿寺僉正，遷司膳寺僉正。秋，翰林院編修黄洪憲、給事中王敬民來頒詔，遠接使李珥薦敬命爲從事官，與華使酬唱，用公詩最多。」《静志居詩話》：「葵陽黄公使朝鮮，自李珥、金瞻、高敬命、許狀元，皆充館伴。」録敬命《别正使黄公》詩也。碑又云：「癸未春拜漢城府庶尹，尋爲韓山郡守。冬拜禮曹正郎，辭不就。甲申夏曆拜宗簿曹正郎，冬拜司藝。乙未春超三階拜軍資監正，夏補涼昌郡守。戊子坐罷。庚寅拜内贍寺正，拜承文院校判、知製教兼春秋館編修官，秋升通政階，拜東萊府使，夏坐罷，匹馬還鄉。壬辰，倭難作，起義兵，授工曹參議、知製教兼招討使，爵命未至，已殁。從事柳彭老與儒生安瑛俱死之。次子因厚，己丑文科，授權知成均館學，從公死。長子從厚，丁丑文科，臨陂縣令，起兵復讎，轉戰嶺外，晉州城陷，投江而死。初贈敬命資憲大夫，禮曹判書兼弘文館大提學、藝文館大提學，知經筵、義禁府、春秋館、成均館事，世子左賓客，後加贈議政府左贊成。」自庶尹以下則竹垞未及詳也。海平府院君尹根壽爲序，晉原府院君柳根、鼇城府君李恒福、禮曹判書李廷龜、議政府領議政李德馨俱爲序，神道碑、祭文附焉。鄭經世、申欽爲之跋，朴承宗《復高參仁書》、金尚憲《褒忠祠歌引》，尹根壽之子暄綴語於末。《明詩綜》有柳根、李廷龜、申欽、金尚憲。

荷谷詩鈔

《荷谷詩鈔》一卷，高麗許篈撰。《明詩綜》云：「篈舉進士第一，萬曆壬午官成均司成。」録其詩三首，其《熊州引》慶尚道領郡七，有熊州。一作《牽情引》，詩載錢受之云：「朝鮮祖述唐宋故事，驛亭皆設官妓。篈以弘文館遷臺諫按部行縣，其所遇歌妓若此。」今考集中《牽情引調金仁伯》，則以臺諫按部者乃金仁伯，非（筠）〔篈〕贈妓詩也。首句「雄州」亦不作「熊州」。篈有《寄舍弟》、《贈舍弟》、《寄妹氏》、《送筆妹氏》詩。弟筠，字端甫，亦舉進士第，《詩綜》録其詩三首。妹景樊，字蘭雪，八歲作《廣寒殿上梁文》者。《静志居詩話》云：「景樊詩似七子體裁，疑其贋鼎。」然篈古今體摹擬盛唐，如《醉歌行》、《鏡囊詞》、《古城秋懷》，置之空同《大復集》中，亦復同聲相應。即權韠《石洲集》、朴誾《挹翠軒稿》鏗鏘瀏亮，宗法唐人，不得獨疑景樊爲贋鼎也。竹垞未見《荷谷詩鈔》，故篈詩不著集名。

石洲集

《石洲集》八卷、《外集》一卷，高麗權韠撰。《明詩綜》有韠《清明》五言律一首，不詳其字及仕履。考集中聯句，知韠字汝章，兄韡字汝晦。集前有張維謹序云：「一當華使，奇禍之譖，竟亦繇是。」惜序闕首葉，亦莫能詳。《詩綜》韠詩從《朝鮮采風録》編入，不言時代。張序作於壬申，蓋萬曆、天啟間人也。《詩綜》有李子敏詩，云子敏未詳何官。韠有《寄李子敏先達》詩，云子敏廷試乙科第一名。是子敏爲字，非名也。

挹翠軒遺稿

《挹翠軒遺稿》四卷，高麗朴誾撰。誾字仲説，高靈縣人。官進勇校尉、龍驤衛司果、知製教，遇禍而歿。友人李荇擇之序以傳，詩三卷、文一卷。《明詩綜》有李荇詩三首，云荇官議政府右贊善。《詩話》載賡酬之人不及朴誾。今觀荇序云：「仲説事親孝，與人交以信，位於朝，直己盡言，卒以是遇禍。家又被没，寸簡尺牘略無遺者。平生辱以余可與言，數酬唱，余唱什襲而藏之唯謹。雖在奔竄流離，亦不敢失墜。」據此，則荇之詩友無親密於誾者，竹垞蓋未之見也。

厚岡文集

《厚岡文集》二十卷、《詩集》四卷，萬載李榮陛奠基撰。榮陛乾隆丙子舉人，出翁學士方綱門。雲南呈貢知縣，因公降調，開復署恩樂，補嶍峨，宦滇十餘載。己酉分校鄉試，嘗運銅入京，值開四庫館，天下遺書輳積京師，日與翰苑諸公考辨疑義，問以銅事，不對也。文中考證經史及地理者居十之八，皆繁稱博引，詳述始末異同，加以論斷。《呈貢水利古蹟考》、《火把節考》、《者樂考》、《雲緬山川志圖説》、《大侯考》、《猛緬考》，尤足以補《滇志》、《蠻書》之闕。遊記頗近柳州，詩不求工，亦無俗韻。同時宦滇者禄勸知縣譚萃默齋，稱其生平執正，不喜飲，同列呼爲太上老君。與臨安太守張蔭堂不合，遂引疾去。蓋生平廉静寡欲，惟以考證爲事。又以山城僻地，政簡民安，故得遂其讀書之功。若夫脂韋捷徑自不屑趨，即文字聲氣亦不求廣。遠宦滇南，萬里豫章，人亦罕有詳其著述者，良足重也。仍有《禹貢山川考》五卷、《年曆考》三卷、《圖風解》二卷、《禮經考》五卷、《學庸考》四卷、《論孟類》四卷、《孔聖考》二卷、《孟子游歷考》二卷、《三皇通考略》一卷、《三皇彙典》七卷、《黑水考》一卷、《地脈》一卷、《運銅記》四卷、《游歷稿》十卷，見郭如藩跋。譚默齋有《禄勸縣志》，亦典雅有法。

青溪文集續編

吾鄉程徵君《青溪文集》，緒既得而讀之，既而其家復裒其未刻者爲《續編》。徵君治經之法，姬傳、瑟庵兩先生序之既詳，茲不復贅。然緒竊謂徵君之學，深於性命者也，其《救佛論》曰：「欲知性命者不可不學《易》。」原本易知、簡能，各正性命之理，於焦、京、陳、邵，悉辭而闢之，所謂醇乎其醇也。其《論性學書》曰：「窮經所以致用，使措諸身而不效，則章句訓詁之末而已。性學則學之尤貴者。」斯言也，非思誠者所以擇善而固執之者乎。其《(諭)[論]經學書》曰：「能自靖其神明，而後能見聖人之權度。」則又可以警世之一知半解、喧争門户者矣。夫學以聖人爲歸，而學聖非以耳口爲務。内有主敬存誠之力，斯外有致知格物之功。徵君鍵户讀書，足跡不出者十五年，蓋深有得於静存之學，而於性命有獨契其微者，故其考證之文皆見道之語也。讀其文而知得力之由與夫爲學之次第，所以統精粗本末而一貫之者，庶幾無遺憾也夫。道光戊戌六月既望謹序。

德風亭初集

《德風亭初集》，文九卷、詩三卷、詞一卷，金陵王貞儀德卿撰，知府王者輔惺齋之女孫，宣城詹枚文木之室也。惺齋遺戍吉林，德卿年十一，侍祖母董氏於塞外，能讀書，兼習騎射，年十六回江南。又隨父自都中至關西，由楚之粵東。年二十五適詹，年三十而歿。數年，詹亦亡，無子。德卿精梅氏天文之學，有《星象圖釋》二卷，及《籌算易知》、《重訂策算證訛》、《西洋籌算》、《增删女蒙拾誦》、《沈痾囈語》各一卷，《象數窺餘》四卷，《文選參評》十卷。其卒也，以書託於吴江蒯氏。蒯之侄嘉興錢儀吉衎石，序其《術算簡存》五卷，備詳其事。余向牧海昌，嘗從衎石之弟泰吉警石索觀之。時衎石主講大梁書院，驛書求之，未獲也。今年乙卯，始見此《初集》十(二)〔三〕卷。其《二集》六卷、《繡紩餘箋》十卷，瞿穎山有其書，余未見也。雜文如《勾股三角論》、《日食論》、《歲差日至辯疑》、《盈縮高卑辨》、《經星辨》、《黄赤二道辨》、《地圖論》、《地球比九重天論》、《歲輪定於地心論》、《五星隨天左旋論》、《籌算易知自序》、《曆算簡存自序》，皆足以見天文、算學之大略。其《讀詩私箋序》、《韻學正訛序》、《論史偶序》、《葬經闢異序》、《醫方驗鈔序》，原原本本，見聞該洽。詩五古如《吉林塗中》頗近《選》體，七古如《飼蠶詞》、《擣練圖》、《枯樹歎》皆有篇法，近體佳句亦多可采。其《書先大父惺齋公讀書記後》云：「吉林捐館，手藏書七十五櫃，德卿護持而涉獵焉。」可謂女子中能汲古者矣。

高春卿投濁集

高瓊春卿，劍南諸生，落魄游江南，朱半塘刺史爲之延譽，陳秋霞、□□。金瀛仙安瀾。兩司馬遞館於袁浦。縱酒不羈，一夕作書，以生平詩稿付弟子陳藴山，懷玉。又作書與魯通甫一同。孝廉，屬以删訂付梓，書中有長訣語，遂投黄河死。詩名《投濁集》，乃未死時所自名也。余至袁浦，寓洪濟祠，蘊山亦僦居，因出其師集。余披之，五言律如「酒非長命物，燈有未灰心」，「風微人語聚，江遠市燈浮」，「寺荒齋鼓鬧，市小酒旗多」，「見燈疑有寺，聞鼓漸知城」，「黄花瓜架雨，紅豆草棚燈」，「晚風停桂槳，明月上瓜州」，「聞風先唳鶴，喘月盡如牛」，「樹影依山轉，人聲近市多」，「塔高低郭影，雲矮溼炊煙」；《晚泊湖口》云：「落日斜湖口，炊煙隔樹生。江迴不見縣，船到始知城。草冷黏螢火，燈殘聚鼠聲。夜聞兒女哭，無限故鄉情」；七言律如「名從貧賤傳非易，書到窮愁著亦難」，「幾年湖海無家客，兩字頭銜太瘦生」，「杯中酒好難爲醉，夢裏魂摇似在舟」，「明月照來都是夢，楊花落盡不知愁」，「稱身衣好貧常典，隨意詩成懶再謄」，「把酒頻看長佩劍，挑燈忙讀借來書」，「手拈僵管頻呵硯，夜理殘書數翦燈」，「世事迷茫原是夢，人情荒誕不如潮」；《紅橋絶句》云：「雨後新荷開滿塘，青旗飄處酒初香。可憐一帶隋隄柳，半是春愁半夕陽。」以上各詩，頗似放翁。古詩《小船歎》、《大船喜》二首，雖近俚而有香山遺意。《小船歎》云：「大官小官滿一城，官去官來差不停。官差畢竟有多少，江中日見官船行。江中官船不知數，又見官符捉船住。大船買脱中船藏，小船倉皇避無路。前船已被吏爭捉，後船索錢吏更惡。官差所用船無多，船户家家受劫磨。既應官差又壞錢，如此生涯亦可憐。殺人爲盜尋常事，何必區區守此船。吁嗟乎，馬頭不少大船在，棄大取小亦何怪。商量别覓好營生，歸來大家拆船賣。」《大船喜》云：「海上烽煙久不息，羽書飛到徵兵急。官吏持符將捉船，馬頭船已如林立。大船一載千萬擔，十分之中三分賺。沿江關稅不能逃，關徵稅取去其半。惟有兵差差得過，上載官兵下載貨。油柴鹽菜不須錢，歸來還免各關課。船户家家操此權，纔聞差到即爭先。行中使費包私貨，衙内夤緣送例錢。兵差差罷船仍在，去也如飛來亦快。不怨兵差歲歲多，只願兵差得常載。兵差兵差來不來，免得大家覓買賣。」

開有益齋讀書志卷六

上元朱緒曾述之

玉臺新詠與文選考異

《漢書・藝文志》歌詩二十八家、三百一十四篇,《隋書・經籍志》漢魏六朝各家集今原書皆不傳,其藉以考漢魏六朝樂府詩歌,惟《昭明文選》及《玉臺新詠》二書而已。然二書亦有不同,所當考也。《文選・古詩十九首》無名氏,編在李陵之上。《玉臺新詠》枚乘詩九首,取「西北有高樓」、「東城高且長」、「行行重行行」、「涉江采芙蓉」、「青青河畔草」、「庭前有奇樹」、「迢迢牽牛星」、「明月何皎皎」八首,俱在《十九首》中,惟「蘭若生春陽」一首不在其數。至「冉冉孤生竹」、「凜凜歲云暮」、「孟冬寒氣至」、「客從遠方來」四首,《玉臺》列於古詩,不云作者名氏。李崇賢《文選注》云:「古詩不知作者,或云枚乘,疑不能明也。詩云『驅馬上東門』,又云『遊戲宛與洛』,此則辭兼東都,非盡是乘明矣。」今考《玉臺》取枚乘作,亦無「上東門」、「遊宛洛」之篇,則徐孝穆之選擇精矣。按《漢・藝文志》枚乘有賦九篇,《漢志》歌詩自高祖、臨江王及車忠數家外,皆以歌詩概之,即《雜作各有主名歌詩》十篇,亦未標爲何人。此八首徐陵以爲枚乘作，非無所據，昭明則存疑耳。《文選》蘇武雜詩四首，《玉臺》取「結髮爲夫婦」一首，標題曰《留别妻》。《文選》班婕妤《怨歌行》，《玉臺》作《怨詩》，多序「昔漢成帝」二十六字，則後人所加，非原詩所有。《藝文類聚》亦云「班婕妤《怨歌行》」，與《文選》同。郭茂倩《樂府解題》云：「班婕妤作賦及《紈扇》以自傷悼，後人傷之，而爲《婕妤怨》也。」《文選・飲馬長城窟行》無名氏，《玉臺》以爲蔡邕，《藝文類聚》樂府古詩《飲馬長城窟》，亦無名氏。郭茂倩《樂府解題》云：「古詞，傷良人遊蕩不歸。或云蔡邕之辭。」宋《蔡中郎集》十卷、《外紀》一卷，取此詩入《外紀》，蓋歐陽静據《玉臺》以採之耳。「青青河畔草」，《文選》、《玉臺》俱作「河邊」，《藝文類聚》本作「河畔」。「誰肯相爲言」，《文選》、《玉臺》俱作「爲」，李《注》「皆不能爲言也」，《藝文類聚》作「相與言」，則字句小異耳。張衡《四愁詩》，《玉臺》無序，《文選》有序，但序非衡所自作。豈有爲相斥言國王驕奢、不遵法度，自稱下車治威嚴，郡中大治者，乃編集者約舉史辭。序言「陽嘉中出爲河間相」，而史言永和初出爲河間相。按順帝陽嘉四年改永和，衡本傳：「陽嘉中遷侍中，永和四年卒。」詩序謂陽嘉中出爲河間相者誤也。五臣《文選注》曰「陽嘉元年爲河間相」，更誤也。《玉臺》魏武帝樂府《塘上行》，此標題最確。此詩爲武帝作，好事者增入「甄皇后造」四字，於是《玉臺》有作魏文帝者，有作魏文帝甄皇后者。《文選》陸機《塘上行》，李善引《歌録》曰：「古辭，或云甄皇后造，或云魏文帝，或云武帝。」考沈約《宋書・樂志》，《塘上行》，歌魏武帝《蒲生》曲。所云「莫以豪賢故，棄捐素所愛。莫以魚肉賤，棄捐葱與薤。莫以麻枲賤，棄捐菅與蒯」，即此曲中語。休文作史志必有依據，不取《鄴都故事》之雜説。至曹子建「浮萍寄青水」一篇，即和武帝作。黄初二年，甄后賜死之時，即灌均希旨之日，文帝日以殺植爲事，敢和甄詩以速禍耶。《鄴都故事》云：「甄后賜死，臨終爲詩。」此事陳壽《魏志》本傳所無，裴松之注采掇極博，亦無此詩。梅鼎祚《古樂苑》疑詩中「猶幸得新好，不遺故惡」，非臨終詩。按此詩云「結髮辭嚴親」，更與甄氏先嫁袁熙後爲文帝納不類。謝靈運《山居賦》：「《唐上》奏而舊愛還。」自注：「《唐上》奏《蒲生》詩，感物致賦。」亦不云甄作。況其末四句曰：「邊地多悲風，樹木何脩脩。從軍致獨樂，延年壽千秋。」甄后居鄴，何得云邊地，又何爲有從軍之語耶。元左克明《古樂府》依《宋書》題爲魏武，是也。曹子建「明月照高樓」一首，《文選》云《七哀》，《玉臺》云《雜詩》，《藝文類聚》列於《閨情》，郭茂倩《樂府解題》列於相和楚調曲，題曰《怨詩行》，引《古今樂録》曰：「《怨詩行》，歌東阿王『明月照高樓』。」《宋書·樂志》：「《怨歌行》，七解晉曲所奏。」「賤妾常獨棲」下多「念君過於渴，思君劇於飢」二句，「濁泥」下多「北風行蕭蕭，烈烈入吾耳。心中念故人，淚墜不能止」四句。「願爲西南風，長逝入君懷」作「願作東北風，吹我入君懷」，「君若清路塵」作「君爲高山柏」。又「賤妾當何依」下多「恩情中道絶，流止任東西。我欲竟此曲，此曲悲且長。今日樂相樂，别後莫相忘」六句。至若「客子妻」一作「宕子妻」，「孤妾」一作「賤妾」，則字句之異耳。曹子建「微陰翳陽景」，《文選》作《情詩》，《玉臺》作《雜詩》。《美女篇》，《文選》「柔條」，《玉臺》作「長條」。「珊瑚間木難」與「求賢良獨難」，「難」字重韻。宋王觀國《學林》引古詩「蟋蟀傷局促」，又云「絃急知柱促」，兩押

「促」字；曹子建《美女篇》一篇押二「難」字；兼引謝靈運《述祖德》詩「展季救魯人」，又云「厲志故絶人」；陸士衡《擬古詩》「思君徽與音」，又云「歸雲難寄音」；阮籍《詠懷》「磬折忘所歸」，又云「中路將安歸」爲證。《太平御覽》：「《南越志》：木難，金翅鳥口結沫所成碧色珠也，大秦土人多珍之。」引曹植樂府詩「珊瑚間木難」。是各本皆作「木難」。馮己蒼《玉臺》本作「珊瑚間朱顔」以避「難」字，宋永嘉陳玉父《玉臺》本作「木難」，與《文選》同，乃知作「朱顔」者妄改耳。「西北有織婦」作《雜詩》，無異也。其餘各家詩，有《文選》多而《玉臺》少者：《文選》曹子建樂府四首，《玉臺》惟有《美女篇》；《文選》阮籍《詠懷》十七首，《玉臺》惟有「二妃遊江濱」、「昔日繁華子」二篇；《文選》潘岳《悼亡》三首，《玉臺》無「曜靈運天機」一首；《文選》陸士衡樂府十七首，《玉臺》惟有《豔歌行》、《前緩聲歌》、《塘上行》三首，《豔歌行》，《文選》作《日出東南隅》；《文選》江文通《雜詩》三十首，《玉臺》惟有古體，即《古別離》、《班婕妤》、《張司空離「情」》、《休上人怨别》四首。有《玉臺》多而《文選》少者：魏文帝樂府《玉臺》二首，《文選》惟有《燕歌行》；張華《情詩》，《玉臺》五首，《文選》惟有「清風動帷簾」、「遊目四野外」二首；陸雲《爲顧彦先贈婦往反》詩，《玉臺》四首，《文選》惟有「悠悠君行邁」、「浮海難爲水」二首；劉鑠《雜詩》，《玉臺》五首，《文選》惟有《擬行行重行行》、《明月何皎皎》二首；鮑照《雜詩》，《玉臺》九首，《文選》惟有《翫月城西門》、《白頭吟》二首；謝朓《雜詩》，《玉臺》十二首，《文選》惟有爲《和王主簿怨情》一首。至於《文選》謝惠連《七月七日夜牛女》，《玉臺》作《七月七日詠牛女》；《文選》顔延年《秋胡詩》一首分九段，《玉臺》作九首；石崇《王昭君辭》，陶潛《擬古詩》，則《文選》、《玉臺》相同，如此之類，不復贅也。《玉臺》宋陳玉父本爲佳，紀容舒有《玉臺新詠考異》；《文選》宋尤延之本爲善，胡克家有《文選考異》，然二書如金海玉淵，汲引不竭也。

宛陵羣英集

集前有汪澤民叔志、張師愚仲淵二序，云施璇明叔昆弟請叔志、仲淵編輯，蓋此集爲施明叔所蒐采，其摘警策、類分而臚列之則叔志、仲淵也。梅都官詩刻本於學宫，不復載。自宋李少卿、梅侍讀，洎施景仁、周少隱詩，以迄元代，凡一千三百九十三首，爲二十八卷，惜序中未言共采幾家之詩也。《永樂大典》輯本存詩七百四十六首，作者一百二十九人。五言古以陳天麟爲首，梅詢次之。陳爲紹興中進士，梅爲端拱中進士，陳不應在梅先，梅不應在陳後。李少卿含華登太平興國進士，歷至太常少卿，原本少卿爲始，今五古詩全佚，惟第五卷始見其五律。周少隱僅有絶句一首，既多闕佚，并失其次序矣。汪叔志及其長子用敬、弟子梅致和，張仲淵及其弟師魯、師濂、次子知言，施明叔昆弟琪、璛，皆録其詩，當時采例不拘存殁。梅實字仲實，堯臣九世孫，官集慶路照磨。至正末，明兵破城，不屈死。此人當祔祀衛國公福壽之廟。梅實《寄李遵道》詩云：「與君相别後，湖海久無書。聞在龍舒郡，新開馬隊居。斯文欣未墜，客況近何如。自昔鄒陽學，何門不曳裾。」《送董憲使》詩云：「金甌玉鉉舊家聲，使節南來此按臨。家有春秋三對策，囊無暮夜四知金。東風忽動歸田興，今日難忘卧轍心。蔽芾甘棠休翦伐，江東父老去思深。」近施愚山輯《宛雅》，乃元時先有施璇明叔，人所未知也。

敦交集

《敦交集》一卷，元上虞魏仲遠壽延録其友酬和之詩也。朱竹垞得明李君實册本，跋云作者二十四人，詩七十六首。今核其數，作者二十五人，詩止七十五首。首爲李孝光《宿魏仲遠宅》詩，爲《五峯集》所不載，顧嗣立《元詩選癸集》庚之下多采其詩，有魏弜詩五首，云：「弜字仲剛，上虞人，兄仲仁、仲遠，俱隱居不仕。」今集中弜詩見唐處敬名下，而無魏弜之名，然唐詩第一首云《有懷竹深高隱》，次首云《奉和竹深兄長》，其稱「兄長」者，定爲仲剛之作。取《丹厓集》考之，凡不載者當爲仲剛詩，顧氏所見本或别有據也。諸人顧氏所未采，皆明初作家，事實可考。其陸德陽，字景龍，錢唐人，則顧氏偶遺也。竹垞取王元章、唐處敬、釋宗泐、李繼本、戴九靈、凌彦翀諸人詩爲仲遠作者附於後。羅鏡泉復取宋景濂《見山樓記》、李孝光《福源精舍詩》、張蜕菴《識趣齋詩》、貝清江《竹深記》補其闕。余更得張惟中《福源精舍詩》，知仲遠《敦交集》亦顧阿瑛《玉山草堂》之亞也。

唐氏三先生集

《唐氏三先生集》三十卷，婺源唐氏三世之集也。卷一至卷十三爲《筠軒稿》，元唐元撰。元字長孺，元平江路儒學録，調分水儒學教諭，升南軒書院山長，以徽州路儒學教授致仕。卷十四至卷二十一爲《白雲稿》，元唐桂芳撰。桂芳字仲實，元明道書院訓導，後爲崇安教諭，選南雄路儒學正。卷二十二至卷三十爲《梧岡稿》，明唐文鳳撰。文鳳字子儀，洪武中以薦爲歙縣訓導，再薦贛州興國知縣，永樂初爲趙府紀善以終。附録三卷，乃行狀、墓誌、贈答詩文、序、記之類。首有成化丁未程敏政序，云：「梧岡曾孫三人：曰佐希元，成化戊子鄉貢進士，同知寧波府事；曰相希愷，乙未進士，官御史；曰弼希説，丁未進士。」末有筠軒七世孫皋跋。皋，正德甲戌進士第一人，翰林院修撰。是集爲皋所刻也。筠軒宋末以詩示方萬里，萬里許以格高，名曰《藝圃小集》。父虞，字梅癯，嘗詠機舂有「水落一階翻碎玉」之句，本李氏子，出繼唐氏。筠軒有《易傳大意》十卷、《見聞録》二十卷，惜不傳。筠軒久居金陵，與楊志行友善，有《送楊志行廣文歸金陵》詩、《寄金陵滕義夫》詩、《句容杜彬叔菊泉堂記》、《金陵祭楊待制文》，又有《古意二首寄示金陵第五兒》，又云「近第五男桂芳自金陵歸，喜而有作」，蓋其父子居金陵最久也。仲實少從洪杏庭學，僑金陵，從丁仲容游覽，坐檜亭，相與吟咏。仲容以爲類己，每出一篇，目之曰「小丁」。又自號「酒狂」，有《金陵雜著》。後館句容杜叔良家塾，以薦擢閩南教諭。告歸省親，諸御史於南門外天禧寺祖餞，命陳清鑒圖其像而題之。洪武戊戌，太祖至徽烏聊山，與朱升同召問，對以「不嗜殺人故能定天下於一」，復言「民未生息」，太祖善其言，罷鄧愈築城之役。有《代王鵬舉之茅山》詩、《笪本可爲祖母病行禱中途五鶴導舞》詩、《留别句容江伯仁》、《送權生丙章遊金陵》詩，又《送族侄李士宜歸叢田》詩、《激長兒文虎次兒文鳳》詩。文虎以明經舉瀘州江安縣丞，調梧州北流縣丞，早卒，故集不傳。梧岡，其次子也，有弟文麟，侍兄宦廣西；曰文奎，爲柏府經廳；曰文楷，授徒於家。梧岡去興國，有餽笋而匿金其中者，弗知也，償直而售焉，行三百里始覺，亟回舟，併筭還之。在趙府，王有賜非所宜者，悉辭不受。宮僚有以苟得被咎，獨無所染，其能自立者如此。卷後有正德戊寅王疇跋。此三先生乃元明儒家卓然可傳者也。

皇華集

《皇華集》，上一卷、下二卷。上卷弘治五年兵部郎中艾璞、行人司高公出使高麗，艾璞與安州户曹盧公弼倡和，高無詩，亦不著其名。有議政府右參贊洪貴達序。又正德元年正使翰林院侍讀徐穆詩，嘉靖元年正使翰林院修撰唐皋、副使兵部給事中史道與高麗相國李荇、禮賓寺副正李希輔、内資寺正鄭士龍、刑曹判書李沆、成均館司成蘇世讓、承政院右副承旨徐厚、承政院都承旨尹希仁、議政府領議政金銓倡和詩。有議政府左議政南衮序。下二卷：一爲弘治元年正使翰林院編修董越、副使給事中王敞與館伴吏曹許琮、成俔倡和，一爲嘉靖元年唐皋、史道與麗臣成雲、洪淑、南衮、尹希仁、徐厚、金銓倡和。上下卷各有雜文。凡六册，高麗刊本。其弘治五年、嘉靖元年在上卷，其弘治元年乃在下卷，又嘉靖元年之作互出上下兩卷，編次殊無義例。吾鄉王宮保敞有家藏集，不傳。朱竹垞《明詩綜》録其詩三首，云宮保與董文僖越同使朝鮮，迭相倡和諸詩，蒼老頗勝董公。今《皇華集》中宮保詩三十首，余亟録入《金陵詩徵》。憶舊藏高麗人詩集凡四十餘種，俱付兵燹之劫，録此良用喟然。

顧東橋鞠讌倡和詩

吾鄉顧東橋，以右副使御史巡撫江西，乞終養，忤旨，勒致仕，於是有《歸田集》。歸後築屏山小隱、松塢草堂，以修祀事託棲隱，於是有《山中集》。陳洓序《山中集》云：「丁酉，詔起公於山中，節鎮全楚。」是爲嘉靖十六年。此卷《乙未菊讌倡和》蔡九逵引云「中丞解政之五年」，則知乞養忤旨在十年辛酉。路青岩《人文略》謂：「嘉靖壬辰巡撫湖廣。」脱去江西乞養，非也。此《菊讌詩》當在《歸田集》中，朱竹垞、劉覺岸俱有「歸田」之目，今《浮湘》、《山中》、《憑几》、《息園》詩存有傳本，惟《歸田集》獨佚。卷中諸老先後不以爵，亦不以年。蔡孔目，吴郡人，引後即繼以詩；九峯，以諸生武宗賜金魚袋，不受官；印岡，以石阡知府致仕，是年七十一；攝泉，亦諸生，爲會元穀之父，是年六十七；石亭，終太僕寺卿，是時官侍講，故稱學士，年六十八；東橋，終南京刑部尚書，是時巡撫江西，乞養歸，故稱中丞，年五十八；横涇，以河南副使歸里，故稱副憲，年四十九。諸老年齒，各據墓誌生卒推而得之。九峯得壽八十，惟乙未不知其年，未見墓誌也。愛日亭者，《息園記》云：「以奉驗封公養。」驗封公名紋，字廷繡，有二子：長琮，字方玉；東橋爲其次。横涇則東橋叔父縉之子，爲從兄弟也。王逢元字子新，號吉山，爲少僕卿韋南原之子。東橋、南原、石亭，爲金陵詩家三傑，南原先殁。東橋廳事、書室屏幛必子新之詩與字，作《過秦樓》詞以美之。子新爲東橋作《松塢高士圖》，何柘湖謂其「無畫家谿徑，鳳龍骨力，出於天成」。觀此卷繪菊、石，誠如所品。文壽承爲衡山伯子，書八分「鞠讌」二字於幀首，皆一時翰墨之極選也。卷後有康熙丁亥程京萼跋。程字韋華，上元諸生，爲程廷祚緜莊徵君之父。朱氏貽經堂，未詳何人。道光十一年，湯雨生將軍觀於洞真道院，則此卷不知何時入於武林，得脱咸豐癸丑金陵之劫。余購得於吴山，重爲裝潢。息園不可復問，此卷巍然魯靈光矣。自嘉靖乙未至今咸豐丙辰，凡三百二十二年。

越南詩選

《越南詩選》六卷，安南裴璧編。璧字希章，號存菴，青池定功人。事黎氏屋盛烈，景興三十年正進士，累官入侍行參從。丙午夏，出爲監軍，亂後以疾退休。安南舊有潘孚先《越音詩集》、楊德顔《精選集》、黄德良《摘豔集》，至黎貴懷編《全越詩録》，自李氏有國至黎氏洪德，蒐采特備。經亂後，璧取而節之，自景統迄璧自作及阮廷簡、范立齋、裴軸終焉。鄧陳琨、阮梅軒二字云「待選」。分上集卷一爲李、陳、黎三朝國主十二人之詩，中集分卷二、卷三、卷四，爲李、陳、黎諸臣一百一人之詩，下集卷五、卷六爲黎氏景統以後至景興中晚諸臣五十四人之詩，共詩五百六十二首。陳晃《挽少師陳仲微》詩見《安南志略》。國主陳昑詩「雲山相遠近，花徑半晴陰」，「齋堂講後僧歸院，江館更初月上橋」；陳烇詩「山家雨脚青松月，漁國潮頭紅蓼風」；陳奣詩「滿山花色春三月，一枕泉聲秋八分」；陳暊詩「七陵回首千行淚，萬里捫蘿兩鬢斑」，俱有風格，是其漸染中國之聲教，與朝鮮比盛矣。有明命六年山南鎮督學習中伯阮榴序。國主有兩名，一以達於天朝，一以行於其國，故陳氏諸王與黎崱《安南志略》不同。柳子厚《送交州詩人廖有方序》云：「詩有大雅之遺。」黎崱所載安南名人陳遂、陳普、黎泰、黎休，皆以博學稱，今俱不見其詩。䵣所採安南名人詩，如陳太子虛、安南國公善樂老人、輔義公陳粹山諸作，多出此集之外，豈䵣書入元行於中國，裴璧或未之見耶，抑黎氏亂後典籍失傳耶。然䵣録老國叔昭明樂道先生詩二首，非披是選，亦無由知爲陳光啟也。李氏當宋時，陳氏當元時，黎氏當明時，是《選》所載多《宋元詩會》、《明詩綜》所未收。且裴璧當黎氏失國時，獨搜累世之文獻，其自作《小齋卧病》詩云「清夜聽蟲兼聽雨，病身憂國又憂家」，亦可見其志節矣。諸人詩如阮億云「貧交食欖方知味，世事摶沙只謾勞」；阮忠彦云「斗南宫闕瞻天近，漢北關山過嶺高」，「雲藏岳麓疏鐘遠，天近衡陽獨雁來」，「極目長沙成弔古，飄零空憶賈生才」，「江山信美非吾土，杖屨重來又幾時」，「江湖滿目孤舟在，獨抱先憂後樂心」；朱安云「身與孤雲長戀岫，心同古井不生瀾」；黎膺詩「每歎百年同過客，何曾一飯忍忘君」，「往事難尋時易過，國恩未報老堪憐」；李子晉詩「弄巧徒勞蛇有足，横行誰悟蟹無腸」；李子構云「煙雨漸親青蒻笠，風塵已厭黑貂裘」；阮孚先云「陋巷僅容旋馬地，薄田擬學相牛書」；阮秉謙云「光景逐人年似矢，危時憂國鬢成絲」；范立齋云「茫茫天地還逋客，擾擾風塵自腐儒」，皆有格調。《明詩綜》、《静志居詩話》：「安南國曾爲郡縣，漸文治者深，又詩選家多置不録，從李文鳳《越嶠集》擇詞旨馴雅者著於篇。」録國王黎灝、即聖宗。黎景微、阮直、黄清、黎念、阮澤民，及安南使臣七人詩，與《安南志略》所載諸詩爲此選不載，録以補之。朱安謚文貞，從祀文廟，申仁忠賜號「騷壇副元帥」。書中「種」作「穌」，「飛」作「𩾾」，「断」作「㫁」，「郭」作「𩫏」，「勢」作「𫡐」，「闊」作「濶」。

洛如詩鈔

平湖陸奎勳暨其從子載昆爲洛如雅集，洊歷再期，得詩二千二百有奇。朱竹垞太史選存十之三，釐爲六卷，康熙戊子序而傳之。序云：「陸氏凡十二人，親知十五人。」今按陸氏曰世耒，曰奎勳，曰升嶙，曰邦掞，曰載昆，曰大復，曰時杰，曰邦烈，曰王孫，曰凌勳，曰汝錦，曰載霍，曰競烈爲僧德衡，凡十三人。又潘應奎、范雲逵、葉之溶、葉之淇、劉炡、邵暠、劉仔鉅、張培源、沈堣、沈崃、柯煐、柯壽坤、周朱耒、吴淳還、李旭、魏少野、沈塄、馮幾、程枚吉、沈樹本、沈昌祚、沈用濟、沈修齡、劉宸、朱丕戩、僧覺苑，凡二十六人。又附沈皞日、沈岸登、孫眉光、胡紹安、元璟五人，人數溢於竹垞之所序，亦不盡當湖之士，蓋不免有所增入也。姜實節、蔡方炳、魏少野爲之跋。其詩皆音節和平，色澤妍秀，不愧竹垞之所稱。竹垞序云：「甲子、乙丑之交，陸義山與李期叔、沈南疑、陸嬾真著有《當湖倡和詩》。」嬾真即陸競烈，逃禪易名德衡，洛如雅集亦有其詩，於諸人最爲耆宿。奎勳有《陸堂詩文集》四十四卷，餘俱賴此以傳。竹垞序文不載《曝書亭集》。刻本精緻，與《曝書亭集》初印相同，傳世甚稀。朱墨林輯《外集》，惜未見也。

梅里詩輯

《梅里詩輯》者，輯嘉興梅會里人之詩也。徐碩《至元嘉禾志》大彭、嘉會兩鄉俱有梅會。姚桐壽《樂郊私語》：「王店鎮，有工部尚書王逵者，世居大彭都官灘里。逵購屋於梅溪，聚貨貿易，因名王店。尚書公子曰令安，孫曰延福，皆成進士，簪纓相繼，王店日就殷庶，遂成巨鎮。」今其地去嘉興縣南三十六里，朱竹垞太史曝書亭在焉。王文簡公《送竹垞南歸》詩有「梅里幽棲」之句，金註引仲雍葬梅里，惠註引吳城梅里平虛，皆未深考《嘉禾志》、《樂郊私語》，故未免誤解。《静志居詩話》云：「歲己丑移家梅里，亦名王店。或曰晉時鎮遏使王逵居此，或曰宋尚書居正之宅，或曰元學士綸也。」采里人詩人王鏞以下二十家入《明詩綜》。鏞詩云「吾家舊住梅谿上」，以爲王店著名之證。晚年欲修《梅里志》，尤拳拳於里人著作，編輯未竟。余所見楊未孩《梅里志》、李蜕庵《梅會詩選》，皆因竹垞之稿以成書也。道光戊申，余自海昌移宰嘉禾，因事至梅里，愛其風俗淳厚，里人皆彬彬禮讓，慨然慕竹垞之遺風，訪所謂曝書亭者憩焉。桑濃竹萋，甌舫半傾，相與摩撫柱石，談往哲詩事，娓娓入聽。里人因告余曰：「乾隆中，詩人許晦堂有《梅里詩輯》之作，亦因竹垞之舊稿廣爲蒐輯，較蜕庵《詩選》爲更備。」余深歎竹垞之不可作，而猶幸梅里之文獻不泯也。因議修曝書亭、甌舫，建三忠祠，而晦堂《詩輯》僅傳鈔之本，尤不可不刻。里人莫不欣然樂之，遂覓得《詩輯》稿本見贈。余暇即披閱，潛心抉擇，删其繁蕪，復得其所未采者十數家，按時代以增入，屬孫君次公讎校付梓。共得詩人三百三十四家，得詩三千四百七十三首，分爲二十八卷。里人多以編輯之名屬於余，余謝之曰：「晦堂以三十年精力成此編，余何敢掠其美耶。惟余所增入管見所及者，加按語以别之可耳。」原本每家不滿五首者爲「輯餘」，今悉依次纂入，不復另標門目，以省繁碎。夫梅里一鄉鎮耳，得竹垞領袖風雅，而詩人衆多遂如此。然非晦堂之編葺，則竹垞而外亦多淹没不彰；非里人之能談先達，珍藏稿本，余又何能知竹垞未竟之志得晦堂而始就。使《梅里詩輯》不公諸世，雖博如惠定宇者，猶不知梅里之在嘉興，又誰知嘉興梅里詩人如此其衆且多耶？然則是編之刻成，不亦大慰乎竹垞之志乎？後之人得以觀感而興起者，又將何如乎？道光三十年歲次上章閹茂相月既望，序於拳石山房。

續梅里詩輯

余既梓許晦堂《梅里詩輯》，沈君遠香又以別本《詩輯》至，爲李薌沚廣文所藏，眉間有阮文達公筆，則輯《兩浙輶軒録》時所選擇者，後有薌沚所續輯凡十六家。余因與謷石學博、味根山長、兩錢君論梅里詩人後先接跡，仍當廣爲搜采，以衍竹垞之詩派。於是徐君硯芬、曹君玉儔、王君芑亭、王君春漁，及竹垞後人西舲、欣甫兩君，各有所得。余又屬沈君遠香合薌沚所輯，彙而續之，孫君次公助爲討論，共得一百五十四家一千二百五十六首，爲卷十二，自李晴峯以下是也。蓋梅里之詩人，於是乎略備矣。後有作者，續之勿替可也。然余有感焉，始余之至梅里也，修亭建祠，鋭意興舉。迨己酉夏大水，邑中田廬淹没，議撫議賑且不暇，而修建與剞劂之事幾爲中輟。乃梅里八月有天蠶成繭之異，濟活者萬人，里中謂竹垞太史佑我也，且謂工作者亦濟我飢黎也。今年庚戌八月，亭舫焕然矣，祠宇巍然矣，而余《詩輯》之刻亦哀然成帙矣。是皆里人恭敬桑梓，以成竹垞太史之志，余何力之有？然余因是以采風謡，明教化，亦爲政之助也，又何幸歟？竹垞欲建三忠祠，余易以四忠者，祀明王公允昌、李公士標、李公自明，復增以李公毓新也。祀吴越鎮遏使王公逵者，王店之開先也。《詩輯》自元學士王綸始，即鎮遏使之裔。至里中之詩人，又爲之建清芬祠以祀焉，亦皆竹垞太史之遺意也。道光三十年歲次上章閹茂壯月朔，序於槐蔭書屋。

朱氏家集

朱氏先世之可考者，曰紫山公，即南仲公之父也。紫山公嘗與南仲公應南都鄉試，因爲長孫嗣宗公締何氏姻，約江繼泉共移居金陵。繼泉之孫開溟。南仲公入蘇郡庠，與周忠介友善。六合宰米萬鍾及中翰孫國敉延主講席，弟子最著者江正言、湯允繩、孫宗岱、孫阿匯、沈子遷、宋搗之、葉令植等。南渡後，面折馬、阮，不求仕進，著《孝經》、《左傳》、《史記》注，《海運備考》，此鹿岡公筆記所載者也。次郊公稱南仲公有手寫《古今書目》，爲黄俞邰、名虞稷。龔蘅圃名翔麟。所得，以備史料。按黄虞稷家富藏書，著有《千頃堂書目》三十二卷，蓋即參取南仲公書目而成，而公原書不可得矣。近刻《春雨堂雜録》，并非《古今書目》所稱外舅沈公，乃明貢士盛仲交之妻父，盛名時泰。因「春雨堂」三字偶同，故致誤也。孫伯觀著《棠邑枝乘》，南仲公爲商確，交最相契，今始得孫輯文略，有南仲公詩及《示門人語》等篇。今謹編出，冠於家集之首，餘俟搜采云。南仲公葬吉山。道光庚子正月敬跋。《春雨堂集跋》。紫山公名失傳，南仲公諱廷佐。桂模謹注。

嗣宗公《洗影樓集》，憶癸巳秋，先君子命男緒曾謹録副本，冀得他種而合録之。越五年丁酉，先君子捐館舍，不孝讀禮之暇，敬披累世遺集，爰承先志，以《洗影樓詩》恭授剞劂，附鹿岡公《雪浪集》於後，藏諸家塾，以示族人。嗣後歲久版漶，當隨時補葺，以期勿替云。道光己亥夏五月朔謹跋。《洗影樓集跋》。嗣宗公諱應昌，又諱蔭昌，南仲公長子也。桂模謹註。

伯高祖父鹿岡公諱墉，又諱城、諱堪，嗣宗公長子也。順治乙未入武庠。公兼文武才幹，豪於詩歌，尤善擘窠大書，使筆如劍，雄快無匹。著述甚富，《武經彙解》、《綱鑑策題》世有傳本，餘俟蒐輯付梓。晚年授徒攝山雪浪庵，故集名《雪浪》。生平事迹詳先渭求所作傳中。康熙乙酉卒，年七十八，葬鳳臺門外龜山。子二，長諱元會，字紹先；次諱元擢，字繼芳。道光庚子正月謹跋。《雪浪集跋》。

伯高祖次郊公諱圻，自號研北老生，嗣宗公第二子也。上元廩生。直諒古道，忠告於親友不治窮人生産，救人急切，重義渺利。書法逼古，人争乞之，公曰：「以字遺人，必以稱謂，必署名，非其人不可以書，非天氣晴和、紙筆相適，不可以書。」江寧令陳以重賂乞書，公怒，立碎其絹，摽使者出。嘗遊六合，河南人争以識面爲榮。著《夏雲堂稿》、《天放居集》，刊行於世，傳本久希，後人蒐輯墨蹟，百不得一，今擇其可信者爲一卷。又有《自叙年譜》、《七十自壽記》，俟得全集，當謀合梓。家有「麟償樓」，其印文有云「淵明形神似我」。康熙壬午，公卒，年七十二，葬東陽曹家邊。子六，長諱元英，字師晦；次諱元璧，字位子；次諱元鼎，字呂臣；次諱元璽，字尚符；次諱元掌，字鳳綸；次諱元律，字夔聲。女諱玉芝，適袁芳林，亦能詩。道光庚子正月敬跋。《夏雲堂稿跋》。

高祖父季升公，諱堂，又諱埈，嗣宗公第四子。上元庠生。性岸異，不樂干時，喜讀書。歲除，糴米於市，見鬻古書法帖者，以米錢易之，不足，解身所著綈袍。天雨雪，市人懔栗，公且誦且吟，不知其寒也。

歸而家人問米安在，持書曰：「膏粱安及此。」嘗數日屋無炊煙，鄰人訝其徙居，竊視之，歌歗自若，面無饑色。制府于清端公成龍。聞其名，微行訪焉，燕談移晷，設杯水以待，欲延講虹橋書院，固辭，歎息而去。生平不苟言笑，落落寡合，見人危苦，輒忘己濟物。歲暮，路有人伏而哭者甚哀，公傾囊與之，其人泣如故，固問之，曰：「吾鬻女以養母，又恐母聞而不下咽也。」公曰：「可贖否。」對曰：「身將斃矣，無以贖女。」公急歸，罄家所有，典十數金，令贖女，且以餘金贈，而公是歲幾無衣食矣。其高誼如此。有文集數卷，杜蒼略紹凱。亟稱之，多散佚。公配袁安人，處士述周女。安人弟名瑛，字古香，有《聽雪齋集》，見《邑志·隱逸》。博通經史，治家有法。有《掃室歌》曰：「先除中堂，徐環四方。繞隅索隙，移几拂牀。神息氣斂，塵垢不揚。帚隨心運，下視周祥。」曰：「非欲潔吾室，將潔吾心也。茲雖細故，凡人立身行己，皆當作如是觀。」季升公生明崇禎癸未，十六年。卒康熙己丑，四十八年。年六十七，葬板橋光宅鄉周府墳。俗名近華山馬廠溝，本前明郢靖王第三女儀賓周贛山。公詩爲杜蒼略、袁古香所選，殘本蠹蝕，可辨者僅二十餘首，名曰《吉光集》，其全集尤俟搜訪云。謹跋。《吉光集跋》。

伯曾祖師晦公，諱元英，一字荔衣，師亭，自稱虹城子，次郊公長子也。上元廩生，康熙庚午舉人，考授中書，己丑進士二甲第一名，翰林院編修。公學以朱子爲歸，躬行實踐，文章不事藻繪，以昌明博大爲主。著有《左傳博議拾遺》，《欽定四庫全書提要》採入，刊本行世。此外，《牧民通考》、《治河要略》俱有關實用。古文直逼韓、蘇，曾有刊本，近亦散失。詩集惟《楚游》、《乙酉》、《又歸草》及《詩學金丹》存，

《南舟集》亦佚。公之次子皋聞公輯遺詩，爲《夏雲堂存稿》，公之孫安齋公彙刻爲《春雨堂全集》，然亦僅十之一二也。今哀合各詩，稍有增益，至古文則鴻篇巨製，史論、傳議不可盡得，所採序文及酬應之作較多，亦不忍棄也。制藝有《先庚》、《歷試》、《濠上》、《任城》諸草，《近稿》、《助語小品》俱存，惟《詩經制藝》、《六科薦卷》殘失，異日得獲全璧，當梓以藏家塾。而於《牧民》、《治河》及古文集，尤惓惓於心云。公康熙癸巳卒，年五十四，葬西善橋。子二，長諱松年，次諱鶴年。道光庚子正月謹跋。《虹城子集跋》。

伯曾祖位子公諱元璧，次郊公次子也。少穎悟，體素弱，次郊公命與從弟昭樸、錫韓公之子。族弟西成無考。讀書寶華山中，寄朱子《自省編》，俾靜中玩味。嘗製文，爲王儀將、張真樸、胡豹文所折服。以用思太劇，致嘔血不起。康熙丁丑卒，年二十九，葬鳳臺門白家水洞。或云後遷祔於吉山。詩文皆散失，今獲二首，亦可珍矣。道光庚子正月敬跋。《錦囊集跋》。

伯曾祖紹前公諱元會，一諱琤，又字紹先，鹿岡公長子也。上元庠生。考劉旂錫《白下餘談》載朱紹先先生云「文章反正，在增減不字法耳」。此語能開悟人，可爲教弟子法。公文望甚重，從遊多英才。兼工相墓術，與黃太史越齊名。子諱炳年，字啟盛。道光庚子謹跋。《紹前集跋》。

曾祖父景略公初諱元度，季升公長子。上元庠生。高安朱文端公名軾，字可亭。素重公書。雍正初入都，館文端家。以大興籍、祖籍江寧充會典館謄録，考授州同，分發湖南，歷署黔陽、桑植知縣，新隄通判，武岡州州同，代理武岡知州。公負才明決，黔陽龍吴珠殺人，買凶以抵罪，案既定，視其正凶可疑，宿文廟，禱於仲子側，夢龍張皇於庭。醒而檢糧册，呼龍吴珠至，色戰，遂鞫得其情，抵於法。時夏旱，忽甘雨沃野，邑人謂之「朱公洗冤雨」。後乾隆戊戌，四十三年。任曾孫紹曾銓魯甸通判，過黔陽，見邑民頌公匾，詢其人，曰「壬戌七年。折獄致雨」。其文云「澤印天心」，是時公久卒，而民思未置也。桑植舊設土司，與保靖土司彭御彬結黨。雍正間朝議摘印，公嘗上策於福制軍敏、楊副戎凱，聲言攻桑植，彭御彬悉鋭助守，遂潛師入保靖，擒御彬，桑植自潰。永順土司亦納地，因設永順府，統永順、保靖、龍山、桑植四縣。苗民多骫法，桑植尤凶悍，易數令，皆不協，至是遂檄公。公曰：「向令以猛治，非也。勿與苗争小利，疏節闊目，明示以恩，則治不難矣。」蒞縣，釋可原之囚，給小盜地令種，擇馴謹子弟俾入苗學。民大悦。武岡貧者葬地，富人以爲美，欲强掘之。貧者訟於官，富人請託於權要，遂命公起貧者柩。廉得其實，諭富人曰：「此壙果佳，必無葬而復掘之慘。若可掘，必不佳矣。吾聞陰地不如心地，掘人墓，心地傷矣，陰地何益。」富人慙謝。一日乘輿，有婦迎拜馬首，舉見婦無下齶，俄失所在。戊辰，十三年。公弟文安公任天門縣丞，罷。公曰：「吾與弟因家貧親老而仕，今母卒弟罷，吾年六十六矣，歸與弟拜掃親墓，此吾志也。」遂告歸。友人湯聘三泣止之，曰：「君歸，何以生？」不答。弟子王錦爲河南汝寧守，亟以賸金餽。居石板橋宅，儉素如諸生，晨起必誦五經，曰：「他物帶不去，此帶得去。」又嘗啟笥以語子孫曰：「吾無贏餘以遺爾輩，亦無遺累以遺爾輩。」公生康熙辛酉，二十年。卒乾隆丁丑，二十六年。年七十五，葬板橋。正室金安人，生子諱堯年，字封三；側室楊孺人，生子諱逢年，字大有。大有公生子諱（壽）［濤］，字錦江，即緒曾之祖父暨先考也。景略公官終武岡，故以名其集云。道光己亥仲冬謹跋。《武岡集跋》。

叔曾祖繼芳公諱元擢，一諱元庠，鹿岡公次子也。上元庠生。文藝見推時輩，與徐典升友善，性俱峭潔。公通三命消息。師晦公官京師，命弟夔聲公應北闈試，公言兄處無人，宜速行，必五月十九日方至，而師晦公竟以是日卒。公亦預書其卒年月日時，皆驗。公與紹前公鋭意著述，後皆散佚，可慨也。葬鳳臺門。長子諱鵬年，字北溟；次子諱富年，字春華。道光庚子正月謹跋。《繼芳集跋》。

叔曾祖夔聲公諱元律，字竹坡，晚稱嶰谷老人，次郊公第六子。幼師事張照人、秉亮。季宏舒，咸若。日誦經史數千言。康熙乙酉，南巡召試，知府衛淇以名應，上命學士揆叙試，取一等，將授京職，以母老辭，不覆試。庚寅補弟子員，師晦公爲加監使試北闈，亦以母老不往。師晦公歿後，喪亡相繼，父次郊公、母李淑人、嫂陳淑人、師晦公繼配，後移西善橋。尚符公、羅孺人、薛孺人、俱尚符公配。林孺人、呂臣公配。王孺人、陳孺人，俱夔聲公配。共九棺未葬。呂臣公年耋，公垂涕痛言。乾隆壬戌，倡議售住宅爲葬費。舊宅在二郎廟。東陽墳地爲豪姓所佔，賂公二百金，公卻之。訟諸句容令宋公，事得理。獨往返東陽十八次，風雪勞瘁，手胼足胝，葬皆克。舉宅既鬻，寓通濟門外龍華庵，王恭蒼訪焉，公鶉結欣然，問何樂，公曰：「前此家徒四壁，今則壁亦無，傳食親友間，夏無帳，冬無褥，出無知心，入無骨肉，窘甚矣。然父母兄嫂皆得歸土，此心自怡然耳。」詩文字畫皆成家，弟子劉敦、戴瀛等並知名。卒年七十四。子敬聞公，諱遐年。居東陽墓側，公有年譜，筆記，《觀我生》、《述祖德》二賦，二賦待訪。《嶰谷詩集》。今梓其詩九十四首，庶幾孝弟傳於世云。道光己亥仲秋謹跋。《嶰谷集跋》。

叔曾祖文安公諱元象，一字月峯，季升公次子也。精行楷，嘗摹孫過庭草書，高安朱文端公驚爲神品。以國學生大興籍、祖籍江寧充會典館謄録，考職縣丞，署天門縣丞。公天性孝友，遇人無忤，戚友喜見其顔色。乾隆辛巳卒，年七十七，葬板橋。子諱有年，字燦西，改諱夢棠。道光庚子謹跋。《月峯集跋》。

叔曾祖姑諱玉芝，次郊公次女也。適袁芳林，即袁古香先生之子。或云古香長子景昉，幼子芳林出嗣弟暘谷。芳林早逝，遂守志撫子女，治家嚴肅，居馬路街再一層樓，篝燈吟詠，臨歿，手碎其稿，曰「此非婦人事也」。婿端木正禮存舊時鈔録者數章，正禮之孫從恒猶藏之。袁氏後人在利濟巷，其孫婦陳氏，守節，年八十餘，能言其先世。道光庚子正月謹跋。《霜筠集跋》。

伯祖父枚長公諱松年，一字眉長，師晦公長子也。受書於沈道初，府庠廩生。性仁孝，幼失恃，事繼母甚謹，食未奉者不敢嘗。大功諸父兄弟婚喪大事，皆身任之。餘盛德事載公墓誌銘中。雍正辛亥卒，年四十六，葬鍾山紅馬羣。公嘗繪《江村圖》，與戴樗園濬。倡和，曰《江村集》。子諱瀾，直隸清河道。孫紹曾，湖南布政使。曾孫桂楨，廣東巡撫。贈公皆如其官。道光庚子正月謹跋。《江村集跋》。

從伯祖皋聞公諱鶴年，改諱露鶴，字睫人，師晦公次子。倜儻有才識，狀貌頎異。康熙辛亥，戴雪村督學閩中，邀公閱文。既而入粵，以商籍入學，補廩膳生，候選訓導。時新會令車公敏來爲公配車孺人之兄，敏來父名鼎晉，官翰林。遂久居粵。乾隆庚辰卒，年五十六，以喪歸葬姚坊門。子二，長諱漢，字倬雲，早卒；次諱漣，字文若。公詩、古文皆博奧繁富，今多散佚。道光癸亥謹跋。《朱雀橋邊野草跋》。

從伯祖萬斯公諱延年，鳳綸公之次子，出嗣尚符公。貧而教讀，乾隆中爲友人所累，幾被逮，事白，愈窘，嘗謂子弟曰：「文章、詩歌，其禍最烈，汝輩宜慎之，而交遊更不可不擇。」公有《懸磬集》，吟詠頗夥，散失罕見。晚遊獻縣，歸老於家。乾隆壬辰卒，年六十三，葬紅馬羣。子諱漪，殤；次諱溶，字漸東，出嗣兄希賢公諱彭年之後。道光庚子正月謹跋。《懸磬集跋》。

叔祖敬聞公諱遐年，一字居敬，夔聲公之子也。從外祖王燕嘉學，甚奇愛之。容貌豐碩，和易無怒色。姻親宮兆麟爲安陸太守，延公至署，公不耐繁華，遽歸。遊浙東、直隸，皆暫往。嘗曰：「貧者，士之常，他非所願也。」夔聲公葬親東陽，念侄輩皆居金陵省城，艱於拜掃，公體親志，遂家東陽，爲村塾師。乾隆癸丑卒於太子洲，年七十四。子諱潮，字平江。孫紱曾、純曾、耀曾。今惟純曾存，病瞽。道光庚子正月謹跋。《洲居集跋》。

先祖考大有公諱逢年，一字雲圃，景略公側室楊孺人之所出也。金安人先卒，景略公捐館，楊孺人誓守墓板橋十餘年，公迎歸，備極孝養。既歿，懸像，朝夕瞻拜如生。公工書法，嗜《爾雅》，嘗手寫之。公卒道光辛巳，年八十，葬鍾山紅馬羣。子諱濤，字錦江，太學生。敬跋。《雲圃集跋》。

從伯父問源公諱瀾，字安齋，一字待潮，枚長公之子也。幼孤，事母至孝。長幕遊，方敏恪公督畿輔，以北河需員奏公名，以從九用補武清縣主簿，歷獻縣知縣，務關，保定、天津同知，正定知府，通永道。淀河溢，魚葦課附以災請，純皇帝東巡，詢災賑各事，上面諭曰：「魚葦皆利於水，何以爲災。」奏曰：「水小則魚聚於塘，葦出水面，民獲其利。水大則魚溢四出，無能網取，又葦没水底，無能刈穫，是以報災。」上大喜，曰：「朱瀾頗似方觀承。」嗣後蘆課得以災請，自此始也。五署臬司，有宗族涉訟者，必諭之曰：「人之一家猶身之四體，豈可戕旁體而自以爲安乎。」公政績甚夥，詳墓誌銘中。尤篤於族戚，依以舉炊者數十家，按時有例給之費，嘗謂子孫曰：「族姓雖有親疏，而祖宗視之均是子孫，其憐愛之心初無二致。苟能養贍宗族，即所以仰答祖宗。」又云：「一飯之德不忘，厚意可師；睚眦之怨必報，未免狹量，不可學也。」又愛舊聯「但願眼前生意滿，須知世上苦人多」二語，鐫玉佩之。著《待潮存稿》、《待潮雜識》、《歷官紀要》。嘉慶丙辰卒於北門橋居安里，年七十三，葬紅馬羣。子六：紹曾、繼曾、續曾、顯曾、述曾、丞曾。今梓公詩一卷，附《訓子帖》於後焉。道光庚子正月謹跋。《待潮集跋》。

從伯父見虞公諱濬，封三公之子也。大興籍庠生。公雄於詩文，偕從子紹曾遊滇、楚，詞翰極富，多散失。生平酷嗜醫術，有神效，輯《本草紀同》、《脈法集成》，自謂精力畢於此書。又著《朱氏宗支傳》五卷。嘉慶丁丑年卒，年七十一，葬神策門外上元門岡。子麐曾、鳴曾、泰曾、啟曾。道光庚子春二月謹跋。《倦遊集跋》。

從伯父文若公諱漣，一字居敬，皋聞公次子也。幼從舅氏車繩遠學，性仁厚，訥於言，里黨稱爲長者。嘉慶癸亥卒，年五十八，葬清風鄉。子維曾、綬曾、裕曾，以綬曾出嗣漸東公諱溶後。從子續曾官甘肅通判，貤贈承德郎。道光庚子春正月謹跋。《居敬集跋》。

先君子錦江公少困苦，年八歲時，祖父雲圃公出遊直隸，依祖母以居。嘗絶炊，及祖母卒，益困。伯父安齋公察其謹篤，資以貿易，族中孀居三人，令以餘息贍養之，四十餘年無渝志。祖父雲圃公晚年歸，承志色養極誠敬，雲圃公愛園居，特置别墅於城北。凡雲圃公之所契，不惜竭貲以助之，故雲圃公年八十康强考終，人皆羨其福厚也。先君子生平勤儉，言出必信，不損人以利己，宗族友朋多倚仗之。婚姻喪葬，尤喜濟人，不飲酒、博弈，延師教子，至恭且敬。其陰德事不欲表見於人，故不悉載。生平不多爲詩，喜讀《爾雅》、《論語》。晚年課孫，作《家訓》一篇，子孫當世世守之也。公生乾隆乙酉，三十年。卒道光丁酉，十七年。年七十三，葬太平門外紅馬羣雲圃公墓之右下。子緒曾，道光壬午舉人，今官浙江知縣。孫桂楷、桂模、桂渠、桂植。道光庚子春三月謹識。《楹書集跋》。錦江公諱濤。桂模謹註。

從姑母諱蘭皋，文安公女孫、燦西公女也。適庠生汪鼇。嘉慶丙寅卒，年未三十。子祥天。女適上元庠生方先甲。道光庚子春三月謹跋。《葛覃集跋》。

從兄魯門公諱紹曾，字衣言，一字用矩，一字贊化，安齋公之長子也。以國學生充方略館謄録，議敘通判，歷雲南維西、魯甸通判，雲南中甸同知，順寧知府，迤東道，直隸霸昌道，山西按察使，安徽、湖南布政使，太常寺卿。兄體貌豐偉，讀書目下數行，博涉子史，韜略、周髀、占候、藝術，無不研究。雲南牛肩山野猓搶掠，督兵往勦，官兵但恃鳥鎗，賊多仰卧，貼地搬弩，俟鎗子過，發弩傷官兵。兄乃每伍設火兵一人司鎗筒，其四人空身持矛，入箐追殺，遂破其砦，凶魁札那死。又廣西苗匪自混水掠師宗，自清水逼五嶆，腹背受敵，兄乃躬率鋭勦黑耳嶆羊街之匪，大捷。復委統兵赴羅平，會鶴麗鎮德於金雞山，分兵三路夾攻，復馳回師宗，至五洛河魯克嶆，三鼓乘雨進攻，破三十餘寨。總督勒公保復命解捧鲊之圍，於是由羅平之魯布革江造船，乘夜渡江，亟據鶯歌嘴山梁要隘，且戰且進，直抵捧鲊，圍立解。湖南大旱，投詩汨羅，明日大雨。生平無疾言遽色，篤於族戚，每歲時、四季分俸以贍貧乏。詩文揮灑立就，著有《華峯文集》、《滇行日記》、《威遠紀略》、《著德軒時藝》。嘉慶乙亥卒，年七十三，葬紅馬羣習家凹。子桂棟、桂樞、桂樑。道光庚子春正月謹跋。《華峯集跋》。

從兄序之名續曾，字似堂，一字芝園，問源公第三子也。以國學生充四庫館謄録，議叙布政使經歷，藉補湖北襄陽縣丞，歷署鄖陽、德安通判，枝江、應山縣事，遷知穀城、孝感縣，升山東沂州通判，署鄒縣、濱州、德平縣，遷甘肅西寧通判，升靈州知州，改廣西上思州知州，移署龍州同知，以老疾致仕歸。生而誠篤，神明内斂，才識明決。應山嫠婦與傭姦，毒斃其子及孤孫，誣告孫婦殺夫，廉得實，雪其冤。湖北、臺灣協濟軍米十萬石，大府議碾倉穀。兄以軍儲跂俟，碾運需時，穀陳不膏，弗饜軍食，後時買補又將擾民，市米解兑，旬餘集事。上思州武舉班壽昌言「州南十萬山太平洞姦民結添弟會，册列五百人」，太守王公國元委往勘，力言皆愚民，非嘯聚，糾罪首懲治，餘皆省釋。官龍州時，撫藩議編保甲，因言龍州民茅竹爲屋，歲無常居，且内環十九土司，外界越南涼山、牧馬二鎮，官吏紛出，來往無時，易滋邊擾，毫無詰姦之實，請勿編查。總督蔣公攸銛是其論。生平酷嗜吟咏，有《潢中草》、《歸來草》，總名曰《璞疑集》。道光甲申卒，年七十六，葬南門外趙家凹。子三：桂楨、桂森、桂榮。道光庚子春正月謹跋。《璞疑集跋》。

從兄毅堂名丞曾，問源公第六子也。豐頤廣顙，步履矜重，王葑亭通政愛賞之。以國學生應京兆試，納粟從九品，苦志讀書。嘉慶丙寅卒，年二十，葬紅馬羣。道光庚子正月跋。《毅堂集跋》。

余以「北山」名集，客曰：「君非以周彦倫自況乎？」余曰：「否否。」客曰：「彦倫隱鍾山，君家淮水，其處同；彦倫令海鹽，君宦淛，其出同，非自況乎？」余曰：「是何言歟。彦倫官中書兼著作，極親顯，築隱舍爲休沐地，及出爲令，孔德璋《移文》乃代作解嘲耳。余喜涉獵，思入東觀讀未見書不可得，及宦淛，幸覩文瀾閣，亦天禄石渠之亞也，非彦倫辭禁近出宰者比矣。烏乎同。」客曰：「曷名乎北山？」余曰：「余金陵人也，故家文獻不聚則散，慕南唐朱存、宋朱舜庸之風，妄思綴拾，附二家後，故雖舟車南北而春韭秋菘未釋於懷，偶以吟咏自怡，未敢爲獻嘲騰笑資也。孟子曰：『我猶未免爲鄉人而已。』何敢比於彦倫。」道光庚子春三月自序。《北山集跋》。

幹臣名桂楨，一字樸庵，從兄芝園公長子也。幼不好弄，容止肅然，居祖父安齋公署中，時演劇歡笑，獨閉户讀書不出。寓京師隆福寺，不窺廟市。寶應朱武曹彬。歎曰：「此人於世味淡如，殆不可量。」乾隆戊申中北榜舉人，從邵二雲晉涵。遊，學益邃。嘉慶己未會試成進士，授吏部主事，戊辰補稽勳司主事，丁憂服闋，壬申復補考功司主事，癸酉授文選司員外郎，甲戌授考功司郎中。在吏部先後十七年，無所瞻徇，掌文選印，堂官服其正。丙子授山東道監察御史，出補貴州鎮遠知府。教民織布，歲旱出糶，活民數萬。鎮江寺有木龍爲祟，嘗溺殺人，叱鋸之，血出，害遂除。思南民變，總督白公麟欲用兵，勸令撫諭，總督始不從，繼乃大服。道光辛巳授潼商道，壬午授浙江按察使，親行海道勘南田。八月升授甘肅布政使，飭州縣掘井，以供民飲。癸未調山東布政使，甲申授山西巡撫，丁父憂歸。丙戌服闋，署禮部右侍郎，丁亥授倉場總督，己丑授漕運總督，庚寅授廣東巡撫。粤東風俗奢靡，香山、東莞多悍族跋扈，示以恩信，有法必行。紅夷建埠樓，私侵馬頭地，立毁之。在粤三年，不受一錢，悉皆讋服。癸巳，積勞乞病歸里。道光己亥卒，年七十三。加總督銜，賜謚莊恪，葬神策門外清真寺側。生平持身廉潔，服食如寒士，接物和易無厓岸，然義所不行，雖三軍不能奪。少精漢儒注疏，晚喜吕新吾《呻吟語》，束身名教無玷行。長子照麟，先卒；次子鎮，欽賜舉人。奏議不以示人，忠言讜論，不欲表著以干譽，故所輯未能賅備云。道光庚子春三月跋。《莊恪集跋》。

翰臣一字澹持，名桂森，余兄芝園公次子也。出嗣賢仰公諱景曾之後。上元監生，屢試不售，援例官山東壽光縣典史，湖北廣濟縣龍坪司巡檢，署沔陽州同。喜談論，涉獵羣書。道光癸未病假歸里。在楚時爲《黄鶴樓》詩，嘗屈其坐客。讀《項羽本紀》、《桃花源記》，皆戛然獨造。辛卯卒，年五十八，葬牛首白山。子兆登，庠生。道光庚子春二月跋。《澹持集跋》。

艇齋詩話

《艇齋詩話》一卷，宋曾季貍撰。季貍字裘甫，南豐人。此書見《直齋書録解題》，論詩主江西派，多稱徐東湖、吕東萊二家。東湖名俯，字師川，山谷外甥。東萊者，吕本中居仁也。東湖集已失傳，季貍書引東湖言荆公《桃源行》前二句倒了，當言「秦人半死長城下，望夷宫中鹿爲馬」。余謂築長城者始皇，指鹿馬在二世時，然荆公詩正以倒裝爲妙，若一换易，則神味索然。又言東湖「芙蕖漫漫疑無路，楊柳蕭蕭獨閉門」，荆公「漫漫芙蓉難覓路，蕭蕭楊柳獨知門」，唐劉威「遥知楊柳是門處，似隔芙蓉無路通」，同一機杼。余謂劉詩自佳，荆公已遜，若東湖襲荆公語，更無味矣。又言荆公「細數落花因坐久，緩尋芳草得歸遲」，東湖云「細落李花那可數，緩行芳草步因遲」，自題云：「荆公絶句妙天下，老夫此句偶似之。」余謂荆公用唐人「興闌啼鳥散坐久，落花多意己不逮」，若東湖偶似之句，更下一等。東湖年十三《紅梅》詩云「紫府與丹來换骨，東風吹酒上凝脂」，爲東坡所賞。范石湖《梅譜》、方回《瀛奎律髓》皆以爲方子通惟深《和周楚望紅梅韻》，方回以艇齋爲雖幼作，不失爲佳句。至東湖詩學《選》體，惜未能録一篇，故方萬里謂裘甫詩詞多諛師川也。韓退之《樹雞》詩「(炊)[煩]君自入華陽洞，割取乖龍左耳來」，以爲事兩出柳子厚《龍城録》、馮贄《雲仙雜記》。然茅山吴綽采藥華陽洞，與韓詩意相附，若崔奉國家李，與韓詩更無涉。此二書皆僞撰，洪慶善注韓文不引，未可譏爲漏落。至如顧陶《唐詩類選》二十卷，杜詩多與今本不同，《長干行》「憶妾深閨裏」一篇爲張潮作；王荆公詩手稿與集本不同。如此之類，未始不可資考證也。《直齋書録》有艇齋《師友尺牘》二卷，云其子灊輯。自吕居仁、徐師川以降，下至淳熙、乾道諸賢咸在焉。裘父蕭然布衣，而名流敬愛之若此，足以知其人之賢。曾季貍，文定公弟宰之曾孫，舉進士不第，師事韓子蒼、吕居仁。張南軒有「探古書盈室，憂時雪滿巔」，汪應辰有「四海曾裘父」之句。郡守張孝祥、劉珙薦於朝，皆不起。著《論語訓解》。放翁序其集，曰「文詞簡遠，讀之者遺聲利，冥得喪」。

蔡寬夫詩話

余於吴山書肆得宋《蔡寬夫詩話》三卷，舊鈔本，前無序。《宋詩紀事》云：「蔡居厚字寬夫，熙寧御史延熙子。第進士，大觀初拜右正言，累官徽猷閣待制。有詩話。」余考《苕溪漁隱叢話》前集卷九引《王直方詩話》，載蔡寬夫啟爲太學博士，《和人治字韻》詩有「先生萬古有何用，博士三年尤不治」。《詩話》自言崇寧初爲檢點試卷官，《景定建康志》引《南窗紀談》：「蔡寬夫侍郎治第於金陵青谿之南，今貢院基是。」據此，似寬夫名啟，官太學博士、侍郎，與樊榭所言俱未合。鄒浩《道鄉集·和韻蔡寬夫解元暮春見懷》詩有「千人筆掃見君才」之句，是未第以前早以詩名。其論詩，考證詳贍，淹習掌故，無一時愛憎之私，迥出諸家上。勞季言云《寬夫詩話》俱在《漁隱叢話》，似當日全部收入。此本勘驗悉合，蓋爲當時所重如此。《治字韻》或以爲蔡天啟作。

劉壽曾跋

上元朱述之先生，起家巍科，服官兩浙，以研經博物聞名東南。所著《開有益齋集》，都十餘萬言，佚於兵火，此《讀書志》六卷、《金石文字記》一卷，蓋全集三之一，嘉興王君春漁福祥。得於寧波，以致先生喆嗣崇嶧，桂模。別題今名者也。崇嶧之言曰：「先君子藏書至富，每遇祕笈，尤喜傳鈔，金石刻之佳者，亦多儲庋。咸豐癸丑，粵寇陷江寧，先君子方官浙中，慨收藏之灰燼，因取旅次所存數十篋日夕闢覽，掇其大旨，若考證之詞筆於別簡，其叚自友朋者亦爲題記。嘗曰：『吾集序跋最夥，與《甘泉鄉人稿》相類，無空言也。汝其志之。』辛酉浙中寇亂，所謂數十篋者與生平著述並佚。今序跋之文佚而復顯，會有天幸，抑先君子精神所憑依歟。乞子編次，將寫定付築氏。」壽曾曰：此先生之志也。《隋志》之贊《別録》、《七略》曰：「剖析條流，推尋事迹。」目録家之繫於乙部，其體蓋最尊。其傳於今者二十餘家而已，而廑記書名、別無解題者强半焉，辨版本之良窳、覈傳印之早晚，當別屬鑒賞家言者又强半焉。先生四庫在匈，言成典則。其叙録宗旨以表微扶佚爲先，大者在經訓儒術、典章法制，次者亦多識前言往行，爲徵文考獻之資。旁涉校讎，亦多精審。方駕晁、陳，殆有過之，誠有得於目録家之原者。其以金石之文推證史傳，亦與近儒王氏、錢氏、畢氏、阮氏相近，可謂大雅閎達之選矣。既依類排比，並取先生自著書序附各類後，復於崇嶧而志其緣起如此。先生著書滿家，已刊行者有《北山集》、《梅里詩輯》，未刊行而手稿尚完者有《曹子建集考異》、《昌國典詠》、《金陵詩徵》，其湮佚者又五六種，尤以未能盡見爲惜也。光緒元年夏五月，後學儀徵劉壽曾謹識。

朱桂模跋一

道光庚子春，先君子以《北山集》附梓《家集》内，嗣有著作名《開有益齋集》未分卷數細字底稿，成厚本者三，序跋居一。庚申冬，集已散失。嘉興王君春漁福祥。從寧波檢一本寄還，皆序跋也。模手録一通，屬江陰繆子柚岑佑孫。校字，原書殘闕處不敢妄補，以還舊觀。同里甘君建侯元焕。見之大喜，録副以藏，並言凡係序跋見於他本者宜彙輯之。模韙是言，薈萃成篇，而卷數、門類未能分晰，爰請儀徵劉君恭甫壽曾。排纂前後云。惟先君子手著《續棠陰比事》書佚未見，他日再附，故未及列。光緒丙子二月朔，男桂模謹識。

朱桂模跋二

咸豐辛酉冬，倉皇避地，僑滬瀆，僦湫隘屋以居，無過問者。同里翁子謙以巽。先生徒步來訪，索讀先君子書，數日持還，曰：「烽火警矣，余將他往。」意悵然不適。戊辰春，路過秀州，先生已歸道山，彼都人士頗能道遺愛，獨惜其志意未得展，齟齬起而抑鬱終也。嘉、秀同城而城内無嘉興地，明兵備道湯日昭議中分嘉、秀城内地以重筦轄，會遷去不果。同治丙寅，先生握秀邑篆，申湯前議，具圖説，達之撫部。今爵相左公將議行，同官力格之，寢不用。先生蒞任兩載，招流亡，撫彫瘵，減田賦，修學校，利益於民者靡弗舉，故入民者深。模抑有感于道光戊申、己酉間，先君子宰嘉興，修曝書亭，續《梅里詩輯》，振菑勸分，民氣懽樂，獲報王店鎮桑巔生野繭，窮黎攸賴，邑人歸功先君子。事隔十稘，先生與先君子握符相後先，雖所遭不同，而見稱則一，模竊感喟於中而弗能釋。己卯冬，侯杏樓明經過敝齋，喜見斯編，曰：「此子謙大令嘗命其子得是則速梓者也。」徑攜以往。翼日，鐵梅茂才述先生之言曰：「吾昔見《開有益齋集》，其中有裨於政治及桑梓文獻者爲最鉅。灰燼所留，危若一綫，它日訪得其書，宜索之以付手民。」刻既竣，模重感其誼並杏樓襄校之力，用詳誌顛末於尾。光緒六年仲夏既望，男桂模謹再跋。

開有益齋讀書續志

上元朱緒曾述之

同文尚書　詩切

牟庭，初名廷相，字陌人，號默人，山東棲霞縣人。乾隆乙卯優貢，觀城縣教諭。生平多著作，其解經有《同文尚書》，謂《史記》孔安國家逸《書》多十餘篇，而本紀不載，必朽折散絶，摩滅之餘，篇有數句，句有數字，文義不可復知。《史記》所載篇名六十有三，除伏生所傳二十八篇外，凡三十五篇。《漢書·藝文志》以爲多十六篇，袁宏《漢紀》誤爲六十，皆不可據。今百篇之序乃衛宏僞作，賈逵助而成之。牟氏既不信《書序》，乃自撰《書序》三十一篇，以《堯典》、《禹貢》、《皋陶謨》、《甘誓》爲《夏書》四篇，自《湯誓》至《洪範》爲《商書》八篇，自《牧誓》至《秦誓》爲《周書》十九篇，謂《同文尚書》者，同古文、今文共三十一篇也。謂箕子勸微子出奔，謀於樂官太師疵、少師彊，遂行，太師作《微子之誥》。謂召公聞《梓材》之誥，有不悦用德之言，懼開好殺之漸，乃因周公以進戒成王，勸王以殷民祈天永命，作《召誥》，而《君奭》不另爲一篇。謂晉文公誅叔帶，納襄王，王命爲伯，賜之圭鬯弓矢，作《文侯之命》。

牟氏又作《詩切》，云魯申培受學荀卿門，浮丘伯、齊轅固、燕韓嬰非別有師受，各就魯詩自推其意，最後趙人毛萇託名子夏，最叵信。衛宏爲《毛詩》作序，鄭康成拾其燕石，強名爲寶，當劾鄭《箋》、黜衛《序》，尋博徵浮丘、申培之墜義。牟氏改作《詩序》，《關雎》「刺康后晏起」改云「刺周南夫人晏起」，《芣苢》謂「夫有惡疾」，《行露》「折酆人獄詞」，《小弁》「孝子尹伯奇見放」，《式微》「傅母傷黎莊夫人不得意」，此類皆有所本。至《兔罝》「刺周南君私養士也」，《葛覃》「去婦詞也」，《鵲巢》「刺召南君以妾爲妻也」，《騶虞》「刺輸禽而獵也」，《麟趾》「刺世族自矜大也」，豈以《關雎》之例，遂皆以爲刺乎。《簡兮》「刺大夫獮猴舞也」，《泉水》「衛女爲須句夫人，思歸也」，《新臺》「賢婦人既嫁，不答而自悔也」。定成公夫人遷帝丘而思楚丘也」，《有麻》「遺民祭忠臣劉子也」，《擊鼓》「迎喪也」，《女曰雞鳴》「悼亡也」，《風雨》「問疾也」，《揚水》「刺人用婦言薄兄弟也」，《出東門》「巫臣喜得夏姬也」，《匪風》「刺叔妘賣國也」，《十畝》「刺人悦桑女也」，《渭陽》「刺康公納公子雍而無備也」，《萇楚》「老人刺其子長而孝衰也」，《菁莪》「伯奇之弟伯封作也」，《車攻》「刺王欲襲鄭而不能也」，《吉日》「刺王欲襲秦而不能也」，《黃鳥》「鄭莊公怨王貳於虢也」，《采薇》、《出車》、《杕杜》「閨思也」，《十月》「責賢相皇父避位居向也」，《巧言》「鄭公子忽刺虢公也」，《鼓鐘》「徐偃王竊尊號也」，《巷伯》「刺黨讒也。宮人有讒，人曰巷伯也篤」，《公劉》「諫王欲北巡不窋之地也」，《有聲》「止康王議遷都也」，《桑柔》「芮良夫刺共和也」，《雲漢》「刺共和禱雨無應也」。如此之類，或影響依附，或憑空結撰，豈浮丘伯之説乎。其尤可怪者，《桑中》「刺醜夫欲得美室而不諧也」，《有蓷》「詠醜婦欲去其夫也」，《有狐》「童子宦學，其友作詩戒之，以衛多女閭也」，《葛生》「刺寡婦不謹也」，《魚麗》「刺衆客無廉恥而嗜飲食也」，《東門池》「觀美女戲舟也」，《東門楊》「詠夜遊張燈也」，《澤陂》「嘲人怕婦也」。鄙俚不經，徒污簡策。以是爲《魯詩》之傳，恐豐南嵎亦見而駭異，以爲《魯詩》世學之作俑至斯極也。牟氏又作《詩意》，以《禮》、《左傳》、《國語》、《史記》、《爾雅》、《四書》、《小序》爲説《詩》之害，謂風、雅、頌外横出比、興，正變分什，箋詩協韻，悉辭而闢之，獨自信其所作小序，俛焉孶孶三十餘年，手稿六易。其自序云：「莫與商論。」誠哉，莫與商論也。

春秋屬辭辨例編

《春秋》，魯史也。孔子修之，史而經也。《春秋》天子之事者，明天子之義也，非孔子以天子自居也。筆削之義，孔子自言之矣。禮樂征伐自天子出，魁柄下移，篡弑争奪，禄去公室，三桓式微，故成《春秋》而亂賊懼，所謂義者，如是而已。《左氏傳》稱凡者五十，其别四十有九，或謂「凡者即言例之始」，不知乃魯史之例，非孔子獨創之例。經不離乎史也。如謂《左氏》史學，《公》、《穀》經學，孔子因史以成經，後人能捨史以言例哉。後人好以例言《春秋》，泥一字褒貶之説，以字字皆有例，其説愈煩而愈謬。趙郡蘇和仲云「求之繩約中，乃近法家者流，苛細繳繞，竟亦何用」者是也。然或曰不修《春秋》，可以例推之而得修之之義，是大不然。《公羊》引不修《春秋》「雨星不及地尺而復」，君子修之曰「星霣如雨」，以是爲筆削，真賣餅家言。《隋志》所載賈逵《朱墨例》、(穎)〔潁〕容《釋例》、鄭衆《條例》、方範《經例》、吴略《説例》、劉實《條例》、刁氏《例序》、何休《諡例》、范寧《傳例》及《例義》、《例苑》，今皆不傳，惟杜元凱《釋例》存，尚不失傳旨。嗣是捨傳言經，陸伯紳《纂例》、劉原父《説例》、崔子方《本例》、張大（亨）［亨］《例宗》，標異争新，各樹一幟。自是以後，紛紛言例，始謂《左氏》不及《公》、《穀》之密，繼謂《公》、《穀》不及己説之精，例有未通則改「三傳」以求《春秋》，例仍有未通則又改《春秋》以就己説。甚至僞撰事實、誣衊古人，以慘刻之論設羅織之條，不僅如商鞅之棄灰於道有刑，步過六尺有誅也，是何心哉。例之爲害於《春秋》大矣。自孫明復後，繼以胡文定《正例》之外，又生變例，而《春秋》幾亡。幸逢國朝經學昌明，一洗前明合題之陋，斥胡《傳》不用，兼立「三傳」，於是名儒蔚起，亭林補正征南，半農尋源董相國，有顧氏震滄之《表》而事始詳，有張氏彝歎之《辨》而義始正。此外各家皆徵實立論，一切妄作聰明、臆説褒貶者，辭而闢之，廓如也。錢唐張君仲甫以名孝廉官中翰，不赴職，著書不倦，尤鋭意於《春秋》。其初仿沈文伯、趙東山、傅士凱之體，爲《屬辭》一書，分别部居，多前人所未發。既而見聞愈廣，論説愈詳，採掇研索愈不已，稿五六易而未定也。仲甫厭俗，余抗塵走俗者也，迺不鄙余，每晤談輒終日娓娓。室中堆几塞案皆《春秋》稿本，欿然不足，余謂之曰：「前人之説，君既論定之矣；君之説，願成焉以俟後人之論定，可乎。」仲甫韙之，閉户益勤。余鞅掌於原鄉舟山、海昌之間，時時以書問君，索觀《春秋》。蓋君之治《春秋》者三十餘年，余之見君治《春秋》而增損之者亦幾十餘年矣。今年己酉夏，君以書至嘉禾，而始知君之《春秋》有定本也。首載凡例，已揭其要，大抵以屬辭該比事，據辭之同異斷義之是非，由是以求筆削之旨，不求新，不立異，不架虚以肆詭，不迂曲以求通，舉前人所謂「一字之褒、一字之貶」，斤斤乎以例繩之者糾而正之，是豈好辯哉。君又云此書不願他人序，而獨爲知者道，迺屬序於余。將謂余知《春秋》耶，余非敢知《春秋》也，知仲甫而已，知仲甫之治《春秋》而已。桂樸按：此序得之同里翁長森茂才處。

經典釋文

陸德明《經典釋文·叙録》云：「《爾雅》有犍爲文學註三卷，闕中卷。」《七録》云：「犍爲文學《爾雅》三卷。」《爾雅疏》引「舍人」，《文選·羽獵賦》注引作「郭舍人」，一云「犍爲郡文學卒史臣舍人」。陸元朗云「闕中卷」，故自《釋訓》以下《釋草》以上並無一語見《釋文》及諸疏，惟《齊民要術》引《釋器》一條、《水經注》引《釋水》一條。賈、酈二人著書在前，必見全本也。翁方綱以「文學舍人」爲二人，張澍以爲即《東方朔傳》被榜呼暑之郭舍人。其考證文學掌故，及《漢官儀》「河南尹百石卒史」，又辨《水經注》改作「百夫吏卒」及《通典》、《三國志》訛爲「百户吏卒」之非，謂「犍爲郡文學卒史臣舍人」當爲初爲郡文學，後補太守卒史，以能詼諧、善投壺入爲待詔舍人也。余謂張氏考證「郡文學」及「卒史」詳矣，如淳引《漢儀》甲科補郎中、乙科補太子舍人、丙科補文學掌故，但《東方朔傳》之「郭舍人」不云太子舍人、犍爲文學轉官爲舍人，姓郭者不著其名，安知漢時爲舍人姓郭者不容有二人乎。若偶見《東方朔傳》有郭舍人，謂即注《爾雅》者，亦不敢信，況其人乃被榜呼暑之人，既非叔孫通、梁文之比，不得與識鼮鼠之終軍同論也。

九經古義

惠士奇《九經古義》：「《穀梁・桓九年》經：『天王使南季來聘。』傳：『南，氏姓也。』《白虎通》引《詩傳》：『文王十子，末云南季載。』《左傳》作『聃季』，《史記》作『冉季』。南（采）〔季〕也，猶祭伯、毛伯，聃季未改封，世爲卿士。余按《國語》富辰諫襄王以狄女爲后，歷舉諸亡國，云隱之亡也由仲任，密須由伯姞，鄶由叔妘，聃由鄭姬。韋昭注云：「聃，姬姓，文王之子聃季之國。鄭女爲聃夫人，同姓相娶，亦其嬻姓，所以亡也。」據此，則聃季之國與隱、密須、鄶諸國俱亡，故史遷云冉季載其後世無所見，惠氏蓋未考《國語》耳，豈聃季未改封，世爲卿士耶？若南季，乃南仲之後。

羣經補義

《左傳・昭二十八年》：成鱄曰：「昔武王克商，光有天下，其兄弟之國者十有五人，姬姓之國者四十人。」江慎修《羣經補義》謂兄弟爲婚姻之國，如宋子、陳嬀之類。其説非也。成鱄因魏獻子與魏戊縣，故成鱄舉兄弟姬姓之國，此兄弟列在姬姓之前，即指管、蔡、郕、霍、魯、衛、毛、聃、郜、雍、曹、滕、畢、原、酆、郇之類，所謂文之昭也。惟衛封於滅武庚之後，故云兄弟十五國耳。姬姓之國則所謂同姓，大封五十國，如漢陽諸姬之屬。「周之宗盟，異姓爲後」，成鱄無由先言婚姻之國，若異姓曰伯舅，則異姓之國何止十五。《襄九年》：「請及兄弟之國而假備焉。還及衛，冠於成公之廟。」然則魯、衛亦婚姻之國乎？《爾雅》雖有「婚兄弟」、「姻兄弟」之文，《周禮・大司徒》「聯兄弟」，鄭云：「兄弟，婚姻嫁娶。」《曾子問》：「不得嗣爲兄弟。」俱不必援釋成鱄之對。惟《穀梁·宣十一年》傳云：「公娶齊繇以爲兄弟友之。」此明有娶齊之文，則兄弟爲婚姻。若成鱄以比魏戊爲梗陽大夫，先婚姻後同姓，無是理也。

三國志

韋昭《吴書》：「甘寧本南陽人，其先客於巴郡。寧爲吏舉計掾，補蜀郡丞，頃之，棄官歸家。」按陳壽《志》：「寧，巴郡臨江人。」《江津志》：「漢甘寧墓在縣西五里洛溪上，謂之甘谷。寧爲吴將，殁，歸葬於此。」此説非也。《建康志》：「直瀆山有甘寧墓，或云有王氣，孫皓鑿之。」寧不在蜀明矣。《太平寰宇記》：「甘寧墓在永興縣東六十里軍山之陽。」永興在鄂州，其説亦誤。

唐書

《唐書》：「黎、邛二州西百里有三王蠻，謂之凌蠻，蓋白馬氏之遺種。有楊、劉、郝三姓爲雄長，稱王，部落疊甃而居，號⿰多周(金)［舍］。」史炤曰：「⿰多周，大也，多也。音丁幺反。」按史説非也。《後漢書》：冉駹夷「皆依山居止，累石爲室，高者至十餘丈，爲邛籠」。注云：「今彼土夷人呼爲『彫』也。」蓋「碉」本作「彫」，《廣韻》無「碉」字，今則呼爲碉樓，《唐書》所云「⿰多周(金)［舍］」即「碉樓」也，非「多」、「大」之訓。「凌」字原闕，後學王鴻圖檢《唐書》補。

徽州府志

宋羅鄂州願《新安志》十卷，趙不悔序稱其「博采詳摭、論正得失，皆有依據」。端平乙未，教授四明李以申纂《新安續志》。元延祐己未，郡人休寧縣尹洪焱祖纂《新安後續志》十卷，凡例悉依前志。明洪武丁巳，郡人禮部侍郎朱同纂《新安府志》，合三書爲一編。今羅《志》有單行本。趙吉士《徽州府志》引《續志》如「張順之，婺源人，遊鄉校，以詩名。《吴思道見訪》云：『簷鵲數聲清夢斷，出門一笑遇詩仙。』《過清泉寺》云：『聊將遮日手，松下弄清泉。』《送春》云：『暗緑不遮春去路，亂紅翻作雨來天。』此近體中佳句。《遊白水》云：『白水一泓澄，兹山定玉骨。』《林鶯》云：『金衣數公子，端是賢友生。羽毛元自好，喉舌向來清。』《薔薇》云：『照我胸中筆，吐出江淹文。』此古風中佳句。有《練溪集》傳於世」。「方省元恬初築書室於茅田松林中，水環如帶，號曰『師古林』。嘗因雪賦詩云：『睡起眼光的爍，擁衾縮頸高吟。推轉小窗驚看，松林翻作瓊林。』後應鄉舉，在場中有詩曰：『長驅筆陣渾無礙，掃盡春蠶食葉聲。』是歲預計過昱嶺，題云：『直上最高頭，無人獨少留。萬山皆在下，千里入雙眸。馬傍松邊立，雲從脚底浮。倚天一長嘯，紅日滿滄洲。』至杭都遊湖上，吟一絶云：『春闈試罷且徘徊，十里荷花渾未開。笑指西湖且歸去，閒時應待我重來。』乾道己丑果爲南省第一人。其平生抱負，已於題詠見之矣。」「又吴思道，金陵人。以詩爲東坡、元城諸公鑒賞，聲價頓起。官至團練使，宣和末，亟挂冠去，責授武節大夫致仕。詩思益超拔，如『風前有恨梅千點，江上無人月一痕』，『夢回飛蝶三千里，月照高樓十二闌。別鶴唳長秋露重，老龍吟苦夜潭寒』等句，尤爲名流推許。後寓新安，野服蕭然，如雲水中人，其高逸如此。」《金陵新志》同，但不引其詩句。皆可備宋人詩話之遺也。洪焱祖嘗爲《爾雅翼音注》，其《後續志》當於徽州藏書家求之。原本闕「朱同」二字，後學洪子栲檢《徽州府志》補。

溪蠻叢笑

《溪蠻叢笑》，宋朱輔撰。《四庫提要》云：「輔字季公，桐鄉人。不詳仕履，惟《虎丘志》載其詩，知爲南宋人。」按是書有慶元乙卯葉錢序，云：「通守朱公瀟山先生之季子，風流博雅，手録《溪蠻叢笑》。」是輔乃朱翌之子也。

《直齋書録解題》：「《鄞川志》五卷，中書舍人龍舒朱翌新仲撰。寓居四明，故曰鄞川。」

唐律疏義

《唐律疏義》三十卷，唐貞觀中詔房玄齡等刪定舊文，是爲《唐律》十二卷，依隋之舊；高宗初年又詔無忌等撰爲《義疏》，永徽四年十一月十四進。今按首有《進疏表》，注引《唐》本傳，長孫順德乃太宗文德順聖皇后長孫氏之兄，自李勣至來濟，皆引傳作注；辛茂將至司馬鋭十人，云無傳。永徽者，唐高宗年號。《名例》「大唐皇帝以上」，注言高宗皇帝云云，則此注不出唐人之手。每卷後有釋文，卷一題「奉訓大夫江西等處行中書省檢校官王元亮重編」。

桓譚新論

桓譚《新論》：「揚子雲好天文，問之於洛下黄閎以渾天之説。閎曰：『我少能作其事，但隨尺寸法度，殊不曉達其義。後稍稍益愈，到今七十，乃甫適知，已又老且死矣。令我兒子受業一作受學。作之，亦當復年如我乃曉知，已又且復死焉。』其言可悲可笑也。」按君山所言黄閎，即《漢書》所云撰《大初曆》之「洛下閎」也。是洛下閎姓黄也。《華陽國志》：「文學聘士洛下宏字長公，閬中人。」是字長公也。《史記·律書》注：「徐廣曰，陳術云徵士巴郡落下閎。」又引《益部耆舊傳》：「閎字長公，明曉天文，隱落下。」巴郡之地名也，顔師古以爲姓洛下，名閎，誤矣。歷世相沿，莫知其非。林寶、鄭樵輩遂增洛下一姓，是未據諸書以考之也。《晉書》云「落下黄閎」，《益部耆舊傳》：「巴郡洛下閎改《顓頊曆》爲《太初》，云後八百年差一日。」又《華陽國志》叙陳壽，云壽遂卒洛下，則洛下之爲閬中地無疑。《漢書》洛字不從草，應劭《風俗通》字從草，云「落下，姓出於臯落」，亦誤。洛宜出於有洛氏也，見《周書·史記解》。

仕學規範

張鎡《仕學規範》，首列編書目、太祖及欽宗九朝名臣傳，多史所未採事跡。《名臣四科事實》、魏彦惇德允編。《宋景文雜志》、祁子京。《王氏談淵》、陶樂道。《杜氏談録》、滋務之。《倦遊雜録》、張師正。《南都道護録》、胡珵。《名賢遺範録》、《曾魯公軼事》、公亮明仲。《和氏談選》、平時。《韓莊敏遺事》、縝玉汝。《李氏詩話》、錞希聲。《陳氏詩話》、輔之。《吴氏詩話》、聿子書。《涪陵記善録》、尹焞彦明。《分門詩話》、李頎。《藝苑雌黄》、嚴有翼。《潛溪詩眼》、范温元實。《蒲氏漫齋録》、大受。《樂(語)[善]録》，李昌齡伯崇。其書今多不傳。《古今類事》今有鈔本，不著撰人名氏，惟編中自稱宋姓，此引云委心子編，蓋原書隱其姓名耳。桂模按：《讀書志》前集《分門古今類事跋》云：「作者爲宋如璋之子。」

甕牖閒評

劉向《别録》:「揚信字子烏,雄第二子。幼而聰慧。雄算《玄經》不會,子烏令作九數而得之。雄又擬《易》『羝羊觸藩』,彌日不就,子烏曰:『大人何不云荷戟入榛。』」按烏爲字,信爲名也。袁文《甕牖閒評》以揚子「育而不苗者,吾家之童」爲句,「嗚乎」爲句,謂子雲歎其子童蒙而早亡,故曰「烏乎」,即「嗚呼」字,且以蘇東坡、張芸叟用「童烏」爲錯。考《文士(簿)〔傳〕》桓驎答客詩曰:「伊彼揚烏,命世稱賢。」客示桓驎詩亦云:「揚烏九齡。」《郎中鄭固碑》云:「大男孟子有揚烏之才。」此豈作歎辭乎。常璩言烏童七歲預玄文,九歲而夭。《問神篇》則言九歲預玄文,徵以元龍之時,言九歲者是。桓譚《新論》云:「揚子雲爲郎,居長安,素貧,比歲亡其兩男,哀痛之,皆持喪歸葬於蜀,以此困乏。」

雲麓漫鈔

趙彦衛《雲麓漫鈔》「公山弗擾以費畔,佛肸以中牟畔。公山弗擾、佛肸皆季氏之臣。季氏,叛魯者也。二人叛季氏,則必歸魯」云云。按佛肸乃趙氏家臣,中牟乃趙地,乃謂與弗擾同皆季氏之臣,誤矣。又云「子由《古史·商紀》有曰:『自夏殷以來,天子雜稱帝王,至夏去帝號稱王,與殷、周爲三王。』按《禮記》『措之廟立之主曰帝』,則自商以前,生曰王,立之主曰帝,非是生稱帝也」云云。緒曾按:《易》有帝乙歸妹,《史記》帝禹東巡狩,益讓,帝禹之子自帝啟、帝太康至帝履癸,夏一代俱稱帝,殷亦俱稱帝。周武王爲天子,其後貶帝號,爲王。《索隱》曰:「夏、殷天子亦皆稱帝,後代以德薄,不及五帝,始貶帝號,號之爲王。故本紀皆帝，而後總曰三王。」趙氏云「商以前生曰王」，亦不確。又云：「《爾雅》曰山南曰陽，水南曰陰，故華陰、山陰皆在山之北，淮陰、濟陰皆在水之南。」緒曾按《爾雅》：「山西曰夕陽，山東曰朝陽。」無「山南曰陽，水南曰陰」之文。惟《大司樂》疏引《爾雅》「山南曰陽，山北曰陰」，亦與此不同也。又云：「『色斯舉矣，翔而後集。』此言夫子與弟子遊行所見，聖人豈有機心哉。禽方回翔，亦識其顏色而後集。言『集』，則非一雉矣。方春（飲）［領］雛而食，非雌而何。夫子歎其得時，子路取飲食之餘以飼之，乃三嗅而飛起。今解者云：『子路捕而共夫子。』子路雖好勇，烏至是哉。或云聖人寓意於人物，亦未必如此。嘗舉似東萊呂先生，云此説甚通。」緒曾按：此云「子路取飲食之餘以飼之」，食可言飼，飲不可言飼，以嗅爲雉啄亦無所本。惟辨蕭翼賺《蘭亭序》云：「開元二十二年初置採訪使，至德二年改爲觀察使，太宗時焉得有觀察使。龍朔二年改門下省爲東臺，中書省爲西臺，太宗時焉得有西臺御史。《三藏記》『貞觀十九年翻繹經文，《心經》預焉』，右軍時焉得有《心經》。」辨證分明，足闢小説丹青之謬。

李義山集

李義山《韓碑》詩「陰風慘淡天王旗」，注家未得其解。按唐時繪毘沙門天王於旗，出師則祭之，宋時猶沿其法。許洞《虎鈐經·祭毘沙門天王文》云：「維年月日，某官謹以香火蔬菓祭於毘沙門天王：惟天王神靈通暢，威德奮震。據太陰之正位，降普天之妖魔。左手擎塔，尊神顯於西土；右手伏戈，一作戟。天威游於北方。一舉而羣魔駭，再舉而沙界裂。目激電以日暗，髮聚藍而雲委。卓犖萬古，鬱稱亢神。今妖孽未除，生靈塗地，凶聲逆氣，溢天而浮，星帝命某領雄師，權剿戮羣黨。大勳未立，壯心從奮。天王受佛救印，廣揚神通，尚能卷大地於掌中，納須彌於芥子。今此小醜，豈不能袪。伏惟降慈悲心，救衆生苦，開大神力。神兵右回左旋，翦滅賊衆。脱苦惱於刀兵之劫，發濟投於風火之輪。則某也處心皈依，實在此日。尚饗。」

歐陽文忠集

歐陽文忠公《居士集·隴城縣令贈太常博士呂君墓誌銘》云：「君諱士元，字佐堯，江寧人也。咸平二年舉明經，爲潭州醴陵尉，廬州司理參軍，寧州彭原、廣州四會縣令，又爲湖州司理，泗州録事參軍，吉州太和、秦州隴城縣令。以疾卒於官，享年六十有五。娶閻氏，生子四人：曰淵，曰溱，曰淙，曰淇。閻氏年七十三，後君十五年以卒。子淙，後其母三月卒。以慶曆八年十二月二十日，以閻氏之喪合葬於揚州江都縣東興鄉馬坊村先塋之後。君爲人剛介有節，長於爲政。醴陵、太和皆大邑，民喜鬭訟，往往因事中吏以法，吏多不免。而君日與長吏争曲直，下爲邑民伺候，終無毫髪過失可得，而民卒愛思之。四會近海，俗雜蠻夷，君尤知其人之利害，事所經決，後有欲輒改更者，民必自言於廷，曰：『此呂君所決，豈可動耶。』後人亦莫能改也。君仕三十年，以一縣令之禄衣食其族四十餘口，雖薄而必均。夫人閻氏，尤能爲勤儉。子淵、溱皆舉進士。溱有賢才，以文學選中第一。今淵爲祕書丞，［溱］著作郎直集賢院。以溱官得封贈，贈君太常博士，母夫人封天長縣太君。嗚乎，呂君官雖卑，惠於其民，足以爲政；禄雖薄，周於其族，足以爲仁；身雖不顯，而有子以大其門，足以彰爲善之效。君之皇祖諱裕，贈兵一作工。部尚書；皇考諱文膺，官至太子左贊善大夫。自宋興百年間，呂氏之族五顯於世，君之叔父刑部侍郎、集賢院學士文仲，實爲先朝名臣，而今君有賢子，又將顯呂氏之族於後。於其葬也，是宜銘以誌其墓，曰：『善無不報，報不必同。或在其後，或及其躬。積久發遲，愈遠彌昌。如其不信，考此銘章。』」余集曾以「北山」名，序云：「余金陵人也。故家文獻，不聚則散，慕南唐朱存、朱舜庸之風，妄思掇拾。」今讀是集，遂録呂公佐堯事，亦敬恭桑梓之思也。《陽江縣志》：「孫自修，字搴玉，上元人。崇禎十年由舉人知縣事，禮士愛民，勸輸革耗，聽訟明決。前此江俗輕生，投繯、赴水、服毒者無虚日，誣實無辜，動至傾家，隨嚴反坐之法，而刁風頓息。時學宮與各祠宇及四門城垣率多傾圮，捐俸次第修葺。至文采詞章，又其餘事也。」

晁説之景迂生集

晁説之《景迂生集》云：「古人之訓詁緩而簡，故其意全，雖數十字而同一訓，雖一字而兼數用。至隋唐間，何妥、二劉輩好異務華，訓巧而逼，使其意散，兩字兩訓而不得通。或者則又紛然辨剥，累數十言而不能訓一字，畫蛇既成，紛然多足也。毫髮輕重，密於商君之治秦，前人幾不容轉喉矣。夫五經之訓，皆緩而簡，惟《易》爲甚。如《豫》：『六五：恒不死。《象》曰：中未亡也。』《艮》：『六四：艮其身。《象》曰：止諸躬也。』《兑》：『九四之喜，有慶也。』今人之辨此六字同異，學如之何哉。《豫》之九四所謂『朋盍簪』，由漢以來諸儒皆曰：『簪，疾也。』雖王弼不知牛在古非稼穡之資，而及乎簪，則亦曰『疾也』。至侯果始有『冠簪』之訓，適契今日穿窬之學，不知古者禮冠未知有簪也。若此者甚衆，可勝言哉。且古人之語多倒，學者不可不知。必如今人之語法，讀《山海經》之類多所不了，爲其語多倒故也，況夫《易》之作於中古乎。《坤》：『初六：履霜，堅冰至。《象》曰：馴致其道，至堅冰也。』《夬》：『初九：壯于前趾，往不勝，爲咎。《象》曰：不勝而往，咎也。』夫子順其辭，以告人如此，奈何後之人樂於穿窬，必爲之辭哉。夫文字，有科斗、籀、篆、隸書相仍之訛舛，或其授受之不同，則具在别録。」又云：「聖人之意，具載於經。而天地萬物之理，管於是矣。後世復有聖人，尚不能加毫髮爲輕重，況他人乎。譬如日月光明，莫知其終始，寧辨其新。故彼一己之所謂新者，迺六經之所故有也，尚何矜哉。是以昔之人遑遑然，惟恐其不得於故焉。卜子夏首作《喪服傳》，説者謂『傳者，傳也，傳其師説云爾』。唐陸淳於《春秋》，每一義必稱『淳聞於師曰』。《詩》則有《魯故》，有《韓故》、《齊后氏故》、《齊孫氏故》、《毛詩故訓傳》。《書》則有大、小夏侯《解故》。前人惟故之尚如此。」據是集而觀之，則晁氏之邃於經，確有本原矣。

程俱北山集

程俱《北山集·延康殿學士中大夫提舉杭州洞霄宫信安郡開國侯王公行狀》：「公諱漢之，字彦昭，衢州常山縣人。宣和元年，江東水災，朝廷擇帥安集振廩之，起公知江寧府事兼江東東路兵馬鈐轄，加食邑三百户，實食封一百户。明年十一月，方賊起青溪，踰月陷睦州，聲摇江東。承平久，士不知兵，一旦狗鼠輩叫讙陸梁、横潰四出，守將往往茫不知所爲。遠近相蒙，初不以實聞上，及事急，則日爲遁逃計，至則委城去。公初聞賊勢張甚，即具奏不少隱，且下令曰：『賊來，以死守。敢言退避者斬。』於是練士卒，募丁壯，據走集，遠斥候，明賞罰，賊爲少卻，就差江南東路安撫使，詔奏事皆逕達上前。正月，賊攻廣德，焚宣州之寧國縣，事益急，公日夜訓撫，且守且禦。時兵裁數千，賊徒動以數萬計，人爲公危，公命當賊衝除地爲場，曰：『賊來力戰，共死於此。』吏士皆感泣。外督守將進討，數獲賊將，敕書褒獎。蓋自十一月至二月，會大兵至境，由江東入賊峒，取渠魁以獻。賊平，以功遷龍圖閣直學士，加食邑三百户，御前遣使賜茶、藥、合金鍍銀鞍轡。四年，引年告老，優詔不許，轉大中大夫。九月，以疾力請，進職延康殿學士、提舉杭州洞霄宫。金陵之人流涕遮道。頃之，以守江東日他路糧運留境上降官一等。五年正月，上章請老，命未下，以二月四日卒於鎮江居第之正寢。」余曾得孫淵如所刊《景定建康志》，云：「宣和元年乙巳，王漢之以顯謨閣直學士知府事。」嗣借宋本讀之，「乙巳」當作「己亥」，載王漢之政蹟較多，録補孫本，并叙入《景定志》跋中。此集更爲詳盡，且程俱在掖垣以抗直稱，時代亦與漢之相近，言必不誣。

連南夫知泉州表

宋寶文閣學士連南夫，字鵬舉，安陸人。紹興初知饒州，捍禦有功。及和議成，南夫知泉州，上表，略曰：「不信亦信，其然豈然。」又曰：「雖虞舜之十二州，昔皆吾有；然商於之六百里，當念爾欺。」由是得罪，惜不見其全篇。《直齋書録解題》有《連寶學奏議》二卷，必多可觀，恨不傳耳。此人與岳忠武王俱字鵬舉，且有捍禦功，使與鄂王共事北伐，當對飲黃龍也。陳開虞《江寧府志·歷官表》：「建炎三年，連南夫任建康府知府事。」

韋齋集

朱靖獻公《韋齋集・録曾祖父作詩後序》云：「唐人陶雅爲歙州，初克婺州。天祐中，吾祖以雅之命主婺(川)[州]輸賦，總卒三千人戍之，邑屋賴以安，因家焉，是爲婺州吴郡朱氏之始祖。邑有朱氏，沛國郡。蓋初來於歙之黄墩，今歙民有朱氏秋祭或用魚鼈者，皆族也。家婺源者貲産甚富，有三子事南唐，補承旨、常侍之號，其後多有散居他郡者。家父歙溪府君即其曾孫也，即歙溪府君諱甫，字全美者，曾祖之父也。繼其居第二百年不徙。今普濟寺前。府君有從兄，諱陵，字貫之。少孤力學，有時名，咸平中以鄉薦試南宫不利，遷家，隱於卜，不求聞達，天聖中老死，無嗣，府君爲治後事。今未知其墓。歙溪府君少倜儻，事繼母甚謹，嘗從兄學詩，知其大要。大中祥符甲寅歲，宫贊杜公爲婺源，使居吏籍二十年，明於律而鄉里無怨言。景祐甲戌辭吏事，歸治生業，雖煩劇中賦詩自如也。嘗自集其詩，得三百餘篇，自爲一序，効王元之爲潘閬詩序體。其詩立意教化而不苟作，識者以爲自成一家。享年七十有六，三男二女。松行曾祖蘆村府君，其季子也。惜其無以自發於世，因序其後，以貽子孫，有起家者爲光揚之。嘉祐五年庚午仲春既望男從壬、從辰序。見蘆村府君所作序也。丁酉政和八月十二日重録。」緒曾按：吴郡朱氏始於吴大帝時，所謂朱、張、顧、陸，吴中四姓也。《韋齋集》有淳熙七年傳自得序。吴郡干文(傅)[傳]守婺源，文公故宅與其先墓之爲豪右奪者，皆取而歸諸朱氏，仍俾遠孫之居建安曰勳者來掌祠事。勳以《韋齋集》爲獻，文(傅)

［傳］以付賓佐廬陵曹汝舟，遺劉性梓之。詳至元三年廬陵劉性序。

《玉瀾集》，靖獻公之弟逢年撰。尤延之跋稱其「《春風》一篇雍容廣大，有舞雩氣象；《感事》三篇，慨然見經世之志。自作《挽歌詞》齊得喪，一死生，友淵明於千載」。近刻爲海昌袁花鎮朱昌辰、景辰所梓，文公支裔也。附《蜀中草》，崇（正）［禎］時朱昪方庵作。

趙昌父稿

宋趙蕃昌父《乾道稿》二卷、《淳熙稿》二十卷、《章泉稿》五卷。《宋史》本傳：「蕃補信州文學，調浮梁尉、連江主簿，皆不赴。爲太和主簿，調辰州司理參軍。受學於劉清之，清之守衡州，求監安仁贍軍酒庫，因以卒業。至衡而清之罷，即勾祠，從清之歸。理宗即位，以太社令召，不拜，特改奉議郎，直祕閣，又辭。奉祠，得致仕，轉承議郎，依前直祕閣。卒，謚文節。」劉漫塘宰爲作墓表，叙其仕履同，其奉祠，則主管建昌軍仙都觀、華州雲臺觀也。今讀其集中屢言官白下，《淳熙稿·衡山道中懷清江舊遊寄長沙諸公》云：「昔我官白下，屢到清江上。清江衆君子，我友或我丈。至今過其邦，眷戀若鄉黨。幾思結廬居，風流共來往。奈何懷玉山，挽我不我放。去年五溪歸，泊家長沙國。長沙今洙泗，不但談賈屈。梁吳兄弟游，兩周新舊識。咸能不我鄙，更復成我益。其餘或一見，往往情如昔。自疑長沙人，宛類清江時。官期縱卒卒，行計猶遲遲。出門即風雪，悵此將安之。然薪旋燒酒，借筆追索詩。詩成何所屬，興落古湘西。」又《明叔有詩贈贛丞曾幼度次韻簡明叔并寄幼度爲明叔賦買江天》詩云：「詩成要落天地間，太虚明月相往還。聲名或覺四海隘，身乃憔悴窮閉關。詩中妙理超生死，何但不以彼易此。我來白下豈徒然，簿書鼂鶩非吾事。陳君一見投紵衣，刺天翼并青冥垂。楚人不誤玉在璞，山川終用騂之犁。曾侯願識今已後，因君示我詩到手。不惟我輩獨識真，異饌珍羞甘衆口。幾思插翅飛墮前，漫看璧月缺復圓。符移催來定不遠，跫音不見聞擔肩。世人千金買嬋娟，我視棄去如浮煙。萬言杯水世所捐，顧欲賴以無窮傳。」又《贈楊左司》云：「白下初逢使廣軒，始披雲霧覩青天。黃花紅葉蒙深賞，白髮青衫又十年。舉室尚爲湖外客，一身還上浙江船。蓴羹鱸鱠雖佳矣，不是東歸重惘然。」又《章泉稿・送莫萬安》云：「西江十一州，我所歷者半。紛紛墨綬徒，十有九頑懦。使者金閨彦，用意人物中。見我輒詢我，稱首不數公。我時官白下，與公未相識。何以知其然，雞犬相接跡。無何困流轉，卒歲下風趨。看其日所爲，自喜言不誣。人皆竭民脂，我獨求民瘼。上官雖喑嗚，民氣得和樂。體用夫何如，動静惟以誠。夫豈今人歟，古人斯與并。朝廷重縣令，不減用儒盛。六察與郎官，遷除匪它徑。公行始發軔，九萬當自玆。侍從近臣間，況復多已知。」以上四詩皆有白下之語。又有《溧水道中回寄子肅玉汝并屬李晦庵》八首、《自溧陽達上塘官河》詩。按楊左司即誠齋，《景定建康志》轉運司：「楊萬里，紹熙元年。直龍圖閣運副。」蕃蓋與誠齋同時在建康，如主管文字，準備差遣，酒庫、糴場、都錢庫監官等職官守，志不載其姓名也。曾茶山，幾之子槃，字樂道，蕃有詩贈曾云：「我居懷玉山，茶山非一游。每觀文清竹，凜若人好修。往來道嘉禾，詩曾長公投。十年再建業，問勞加綢繆。中歌殄瘁詩，尺疏去莫留。雖微荆州論，感歎自不休。今日復何日，蘭溪繫歸舟。典型君尚有，一見寫余憂。」觀此詩中「十年再建業」之句，知昌父之官金陵確然可據，惜《宋史》及漫塘俱遺之也。《淳熙稿·呈季承》云：「發舒言笑非關酒，慰藉辛勤一以詩。往日追從雖舊矣，祇今夷險更同之。真仙巖壑君行訪，原注：古融老君巖，張安國題云「天下第一真仙之巖」。快閣江山我亦披。原注：快閣在白下。但恐衡陽無過雁，書何不至費人思。」《寄俞玉汝》云：「晦庵寄我溧陽書，報道今爲建業居。作客遽經三歲久，賦詩應盡六朝餘。莫將明月誇魚目，自昔鹽車羨蹇驢。期子歸來趁鮮健，老無筋力盡犁鋤。」此晦庵亦指李處全，非朱文公也。俞玉汝，溧水人，名珹。又云「十二月初六夜，夢客溧陽半月而未見晦庵，夢中以見遲爲媿，作詩謝之，首句云：『平生知己晦庵老，歲晚方懷見晚羞。』寤而診曰：『羈於一官，久去師門。精神之感，形見如此。』即用其句賦詩一章寄上」，云：「平生知己晦庵老，歲晚方懷見晚羞。題詩寄公夏始盛，遣弟持書春又浮。謝安東山豈我舍，迂叟洛中當國憂。蟠桃結實動千載，朝菌不與晦朔謀。」晦庵亦指李處全，「羈於一官，久去師門」，蓋嘗從處全遊也。昌父集中如五言絶《讀朱先生雲谷詩》乃朱紫陽先生也。《別范建康》詩、《范參政自建康得資政宫祠》六詩、《孟夏唱酬陳子高詩》、《別朱子大蘇召叟昆仲》，知其與范成大、陳克、蘇泂等倡和。范嘗帥建康，陳、蘇皆嘗爲幕官者也。

攻媿集

《攻媿集》：「曾炎字南仲，南豐人。淳熙八年，知建康府江寧縣事。江寧軍民雜處，治訟多牽制，公不以利害回撓，一意字民，獄犴屢空，催科無擾，民感其惠，皆先期樂輸。推排升降，悉得其實，至役有不俟差而願充者。公先於暇時摭前輩賢令嘉言善行，與法令之所當守者，爲《邑政總類》一書，講畫既詳，故施於臨民，迎刃而解，父老詣臺府借留。參政錢文忠公良臣帥江東，偕監司上治最，吏部侍郎沈公揆繼將漕，又請亟加獎拔，以爲天下治邑者勸。」謹按《四庫全書目録》：《州縣提綱》四卷，不著撰人名氏，皆論牧令馭民之道，於釐姦剔弊縷述頗詳。是集所稱曾南仲《邑政總類》一書，存佚雖不可卜，然躬膺民社者，俱宜景仰前修也。

絜齋集

《絜齋集·龍圖閣學士尚書黃公行狀》：「公諱度，字文叔，新昌人。嘉定二年十月，進龍圖閣待制、知建康府兼江東安撫行宮留守、江淮制置使。辭不獲命，過闕請對，言：『盜賊固所當急，饑民尤不可緩。若饑民不能全活，則盜賊得以爲資。賑恤之令所宜速行，興發之請亦宜速應。國力固不可使屈，民心尤不可使離。與其後而無益於事，孰若早而能全其生。今事勢已亟，米運難待積粟，藏鏹不可不發。安固民心，使知尊君親上之義；銷弭寇盜，使無扇摇結集之憂。此臣之至願也。』又言：『江淮命使，正欲表裏形勢，州郡奏請朝廷施行，務在關通，使血脈相應。若所部敢有狃習故態、苟簡輕蔑者，容臣奏劾。』上并從之，賜帶以寵其行。二年正月，公至建康，僵殍相望，室廬半空，官司科糴雖稍輸送，未免苛擾，公悉罷之。精思所以救民者，具有成式，面授郡縣官，俾躬其勞，又請於朝，選置官屬以分董之。誠心惻怛，約束堅明，人皆樂爲盡力，無敢欺者。窮閻委巷，山巔澗曲，家至而人撫之。病者予藥，亡者葬焉。異時鈔録不親，多所遺落，勺合小惠，僅活朝夕，日日伺之，他業遂廢。公既盡得其實，仍併給之，得以自營，其利始溥，活饑民百六萬八千三百餘人，厥費錢以緡計四十六萬有奇，米以石計九萬五千有奇。民仰哺於官，布滿僧舍，而來者不絶，又收養之，置場十九，被其惠者滋衆。時商販不通，米價甚貴，雖有主業之家不免艱食。公命發廪平之，且以帥司招糴監鈔，下元估三之一，誘致米商。又念賑施催科，不應并行，錢十五萬九千八百餘緡、米四萬四千五百餘石，應停忽催，尋奏蠲之。比三歲，蠲閣緡錢凡七十萬。郡境西接當塗，横山、鬱山，羣盜所聚，私立名字，剽略行旅。公初至之日，有盜夜劫城東居民，列炬嘯呼。越二日，城南盜作，亦如之。發於倉猝，觀公設施，或不能制，將肆其毒。公賞厚而信，不日禽之。繼禽横、鬱之盜，誅止渠魁。奏援龔遂渤海故事，宥其黨與，俾復田里。數月之間，民氣和豫，境内清肅，田夫野老相率拜庭下。既立公祠，且家繪其像尊事之。語留都之政者，咸曰：『劉忠肅公之績，今無愧焉。』嘉定四年正月，詔以職事修舉進寶謨閣直學士。公篤於仁政，增養濟兩院，以安窮民之無告；益南北義阡，以葬死者之無歸。大江津渡，薄其征税，繕修舟楫，以利民涉；海舟剽劫，精選偏校，嚴於遏絶，以肅江面。秋苗之輸，無或淹留，乃得自潔，以防侵刻。此皆金陵之美政也。是冬，更定楮令，金陵得新會三百萬，公謂楮幣不通，至此極矣，不可以不變。若惟以新券一易舊券二，人皆能之，恐非朝廷軫念留都之意。乃遣官僚巡問閭里，諭以朝廷本旨惟欲便民，使咸曉然無疑，且悉書所藏多寡，許易於官而示之均；發銅錢，兑如朝旨優潤之數而示之信。隨苗輸錢，聽以舊會一千五百當新會一千以優農民，期令新會散於細民，使得展轉相易，以便行販，委曲周至，上遵君命、下爲民利者如恐不及。金陵軍民雜處，舟車輻湊，米、麥、薪、炭、鮓、茗之屬民間日用所須者悉資客販，商賈逆知舊會將廢，人所不惜，驟增物價，以術籠之，米、麥一旦絶市，舊會無所售。公急救之，發官米三萬石，下舊直之半，許民以舊會赴糴，招米商平其價而糶於官場，所得舊券，易之以新，大約如前日所以收鐵錢救饑民者。及其他物價，種種裁定，人莫敢增，視舊或反賤。至於今賴之。儀真商旅所萃，山陽屯兵，安豐互市，事關邊徼，敵國所覘，皆以新會給之，由是四境通行，自金陵始。民有訴交易違令者，公詰曰：『汝何自知之？』曰：『吾與之爲契券，算陌折閲。』公曰：『鄉民何知，汝設此陷之。恐喝不從，則訴於官耳。』詞屈，杖之。自是良民謹守新令，而姦猾無敢告訐。迄公之去，鞭背估籍之法未嘗輒施。在金陵三年，日益整暇，則與其屬登覽江山，訪求六朝遺迹。即王逸少、謝安石悠然遐想之地，創治城樓。又以卞驃騎之藏於斯也，闢忠孝堂，棟宇宏傑，景物呈露，遂爲此邦偉觀。晉元帝故有廟，公復新之，以嵇侍中紹侑坐東房，王丞相導、謝太傅安配食西房，兩廡繪從祀劉司空琨至陶彭澤潛三十有二人。又葺卞祠，嚴像設，劉侍中超、鍾將軍雅并侑，以旌青溪三賢死事之節。作通史，仿《春秋》葬劉子例，書謝公卒葬，以表抗温卻秦、再安晉室之功。皆所以興起人心，扶助風教也。公雅意巖壑，加以上氣之疾，懷思故鄉，引年之請至於十上，累詔不允。五年十月以禮部尚書兼侍讀召，再辭，詔趣入覲。」余昔跋黄文叔《知稼翁集》云：「事迹詳龔茂良所作行狀、林大鼐所作墓誌。」與

《宋史》合讀，此知更定楮令委曲周至。其餘善政尤多，與絜齋江壖賑濟均爲澤被金陵者，遂備録之。袁絜齋爲右司郎中，尋將指江壖，賑濟流徙。至金陵，閲寺觀中僵尸枕籍，存者僅有餘息，而來者纍纍不已，公蹙然曰：「是救災之時。曾子固《河北救災議》可行也。」先是，朝旨人日給米二升、錢二十。公與留守徐侍郎誼計之曰：「是以勺水救涸轍，可濡頃刻，不可以活。」請口多者月給之，寡者併兩月給。徐公恐無以繼，公曰：「不然，日給之，彼終日纔仰此，爲哺所及微矣，併給之，彼得以展轉自營，不猶愈乎。」會副樞丘公崇赴鎮，公迎，謂之曰：「紓一旦之急，將命者之責。還定安集之政，在制閫矣。」丘公異其言，屏騎從至館寓，促膝語甚久。公因勸以收集潰卒等事，丘公然之。原本闕「嘉定」二字，後學高德泰檢《絜齋集》補。

絜齋集

《絜齋集·豐清敏公祠記》：「行天下之大道，立天下之大節，惟豪傑之士能之。蓋豪傑之士天資學力固不爲氣俗世味之所誘怵，此所以甚異於常人也。嗚呼，若尚書清敏豐公者，真所謂豪傑之士也歟。歷仕三朝，以道自任，巍乎如泰華之崇，確乎如金石之堅，凜乎如冰雪之潔。夷險一致，始終不渝，公道賴以維持，善人賴以植立，至今海内咸推尊之。蓋嘗誦公之詩，有曰：『日來月往無成期，好把心源蚤夜思。』而後知公之所以特立者源乎是心而已。大哉心乎，天地同本，精思以得之，兢業以守之，則亦可以與天地相似。簞食豆羹，得之不得，死生分焉。嘑而與之不受，蹴而與之不屑，人之本心何嘗不剛哉。物欲摇之不能無動，而本然之剛轉而爲弱矣。弱而不返，以順爲正，自同妾婦，豈不悲哉。公之使絶域，涉巨海，震風折檣，勢若覆矣，恬弗爲懼。正色立朝，辨宣仁之誣，排章、蔡之姦，論熙寧之法度，以爲當改，寧與時忤，不爲己計，非有得於心，能如是乎。内而退朝之後，外而公事之餘，獨處一室，恬無他好，惟以圖史自娱。不侈奉養，不蓄妾媵，蕭然一山林學道之士也。名位清顯餘三十年，所得俸賜，散與親故，家無餘貲。歲晚還鄉，有田纔十畝，敝廬僅十餘間，陶然自適，年逾從心，鬚髮不白。陳忠肅公謫居於鄞，於是得朋，病且危，猶與陳公對語，清爽如平日，然所養之深，於是可占矣。公之四世孫有俊，牧儀真，崇向風教，以公熙寧中嘗主簿六合也，爰集縣庠，繪像祠之，昭乃祖高風勁節，而屬某識其事。惟公言行之懿難以枚舉，然其源於是心者，後學之所當知也。表而揚之，觀者悚然，濯磨舊習，跂慕前修，而知立身之要者如是，庶有益乎。雖然，公之踐履，非有意爲之也，真積力久，德盛仁熟，自頂至踵，全體精明，循而行之，亦不自知所以然也。蓋有本者如是，無本於中，襲取於外，雖有小善，的然可觀，豈能日進無疆，老而彌篤哉。覽者盍致思焉。」又張綱《華陽集·題祖誥》云：「某自丱角聞先祖少傅言，家舊有唐朝告敕數卷，三張族長主之，今不知安在。蓋張氏本河朔人，有仕唐官於潤者，因家金壇。分派而居，張橋、赤岡、希墟，各爲一族。歷年既久，張橋、赤岡失其世次，惟希墟家譜見於石刻。自先考太師而上七世諱鍪者，爲希墟始祖，合前二族，號『三張家』。其間世次既難盡考，亦莫知族長爲誰，以故祖誥藏匿不出。紹興四年，某自給事中罷歸，暇時集宗黨，諭意密令搜訪。又數年，始得之，乃上柱國銑、揚州六合縣主簿連制書二通，幅縫舛脱，字多漫滅，至有零落壞甚不可識讀，則去之，而取其可以編次者，命工裝爲一卷，題曰

《張氏唐朝制書》。唐人善筆劄，觀此書墨跡，一一可愛。又郭尚父、李司空、賈元靖皆元勳重望，而蘇、顧、奚、徐亦一時勝流，列名其上。自乾元至今，傳四百餘年，開卷一見，如見乎其人，竦然生敬。開寶初，南唐違命侯猶未歸朝，方欲調兵旅拒命，而遠祖以衣冠户攜是書免充軍名。卷末有二徐署銜，即鉉、鍇兄弟也。舊云三通一十七縫，今亡三之一。又寶應、貞元年號，以脱縫先後不倫，而二徐書押亦無復見，皆爲可惜。嗚呼，張氏衣冠，其來舊矣。二祖在唐雖以官微，事業無所見，然其流芳餘澤傳及後人，已墜而復振，則當時慶源所積，可不論而知矣。某老病，豈能久生，恐來世不知宗姓本始，故特爲題識。凡我子孫，宜謹藏之。」余按豐清敏公崇勳偉績，固不可以丞簿域之，然其祠於六合也，俎豆自足不祧，若《華陽集》所謂遠祖銑者，慶源所積，當亦爲古棠之遺愛也。

蒙齋集

袁甫《危君墓誌銘》云：「君諱和，字應祥，臨川人。主上元簿，會府人物林藪，挾才能争取上官知，面嬉笑，胸戈戟。應祥深藏若虚，諸公器重之，不挾書覓舉，舉反先儕輩。歲大祲，招糴旁郡，走川陸不告勞。受輸務寬民，不希意取贏。博攝校官，士循規矩；參鞫獄，人稱無冤。漕檄同官慮囚，府亦屬以事，莫知適從，垂獲譴。應祥勇不顧，白漕請代行，有識義之。就辟帥幕，悉忠長官，無巨細，必啟告。敵人來侵，羽檄交馳，制帥挽應祥參畫，以書生不知兵辭。始終金陵六七年，迄免譏謗。簿舍明道先生舊游，應祥閔正學（漁）[湮]蕪，大闢祠宇，廣養士員。西山真公偉是舉也，爲記其事。」又云：「關嶠字仲山，家於台。紹熙庚戌進士，授鹽官縣尉，以母憂不赴。尉慈谿，終江東安撫司機宜文字。有《平齋類稿》三十六卷、《鍾呂集》一卷。天資莊重，酷嗜書，雖道塗驅馳，牒愬紛委，得休暇即挾策諷誦。作詞章，不俚不浮。」余按蒙齋曾官金陵，故於是邦宦跡言之頗詳。其知徽州，奏《便民五事》云：「一、臣證得本州僻處萬山之間，最畏水旱，晴稍久，則農田已憂枯槁；雨稍多，則山水便是横流。里諺云『三日天晴來報旱，一聲雷發便撐船』，言其易盈易涸之甚也。」據此，則蒙齋亦深卹民隱者矣。

許有壬至正集

元許有壬《至正集·上京十詠·沙菌》云：「牛羊膏潤足，物産借英華。帳脚駢遮地，釘頭怒戴沙。齋廚供玉食，毳索出氈車。莫作垂涎想，家園有莫邪。」注：「此物喜生車帳卓歇之地，夏秋則環繞其迹而出。」按即今之口蘑也。馬石田《上宗書懷》詩云：「六月椒香駝貢乳，九秋雷隱菌收釘。」亦指口蘑。

汪文毅慈谿守城議

上元汪文毅公偉甲申三月殉葬事詳《明史》，其遺集不傳。休寧縣有《文昌閣記》，《汪氏文徵》有《桃花潭記》。公宰慈谿，以治行稱，因於《慈谿縣志》得《固守城圉議》云：「慈，故越之故地也。種、蠡之治越也，十年生聚，十年教訓，而後可以得志。試問今日有一日之生聚乎？催科爲急，不暇言撫字矣。有一日之教訓乎？鄉約六言，亦付之塵羹土飯矣。值今海上多事，賊到即爲邊，守土之官遇警即爲將，愼無一日可忘飭備也。慈谿與定海二邑，并峙海邊，寇自閩、廣來者，則定海爲重地；寇自青、齊、淮、海北來者，則慈谿爲重地。昔信國公湯和治兵於慈之屏石地方，其地三面臨海，險絶異常，後來承平日久，遂至懈弛。嘉靖丙辰之役，倭從屏石登岸，雖設有觀海衛，其官軍不以防守爲事，而專以接濟爲事，卒有非常之變。何策以保官縣治，則莫若料理觀海衛。其説云何？慈故無城，今雖有城，而不可守也。縣城高不過二丈，而衆山繞其外；北闉當海道之衝，而抱珠、浮碧二山環其足；西嶺乃賊來之路，而大寶一山搤其吭，遠者去城百武，近不過數武，一賊彍弩，百夫莫前。且也伐松架堞，可恣憑陵，縱火焚樓，無煩肉薄。蓋城守之難如此。若夫觀海固，寇賊不能長驅直入，是扼要第一關也。其料理之法若何？一曰革世官而用流官。蓋指揮等官生長於斯，軍士習熟不畏，則其行法也難。雖有各所等官爲之羽翼，而上下無統，威令不行，則其節制也難。竊謂衛官不可廢，其掌印者則選才智老成於流官之中，加以守備等銜，防守其地，其衛官不過僉書食俸而已。上臺出汛，調取操練，若壁壘一新，行伍整肅，而其能可知也。一曰核防守之實。夫城之不高，與無城同；器之不精，與無器同；行伍之不充滿，與無人同。嘗一至其地而觀之，見其城半圮，而啟閉幾無門也，何爲二十年不修也。問火藥安在，曰已折乾矣。每火藥一桶，其上不過數觔，其下皆炭末也。問其鉛彈若何，亦曰折乾矣，與鉛匠從來如此矣。問其器械安在。曰半已當，半已賣矣。當猶可言，賣將與誰耶。問其軍原額幾何。曰原籍五千餘人，屢經裁減，尚有千餘。問操演不滿二百何。曰總鎮折乾若干名，參府折乾若干名，遊府折乾若干名，自指揮以下無有不折乾幾名者。嗟乎，事事折乾，天下事尚可言哉。故防守之實，修城垣，備器械，充行伍，三者不可不核也。

一曰用核實之人。此不可從若輩中求也，請敕縣令自任之。蓋觀海雖屬紹興，去紹二百里而去慈六十里，在紹則門庭之衛，而在慈則腹心之衛也。慈所屬共有三十都地方，而觀海正坐三十都之地，非贅附吾地者。比乃刁弁頑軍，負固不服，居縣之地而不納其税，食縣之田而不聽其徵。紹提人犯，則曰我慈人；慈提人犯，則曰我紹人。在紹則無用之石田，在慈則負背之贅瘤也。夫使衛受縣統，似無其例，合照古人監軍之制，使縣官得以時閲其城，時閲其操，時簡其器，則其中情弊，一目了然。因得上下注其考，以密報三院守巡與紹興之府、之廳，無事則用其稽察，有事則督其防守，庶此輩志氣常惺，而防守得力也。所委縣官，非止慈谿，則必合姚江令而共行之，會同閲簡可也。一曰破形迹之藩。夫紹興、寧波，皆國家所屬之地；文官、武職，皆國家所屬之臣，但求有益於地方，何必過分於爾我。惟是紹興之有餘姚，寧波之有慈谿，皆與觀海逼近，儻得兩邑縣令協心料理，使城垣整、器械備、行伍充，是慈官乃紹興之外吏，而姚官亦寧郡之協輔也。莫謂職掌之相侵，莫謂閒冗之可推託，則形迹不可不破也。一曰放銀、放米宜同稽也。聞觀海衛之老軍等訴曰：『一月領米不過五斗，若領銀，不過五錢，印官除其一，僉書除其一，所官除其一，經歷除其一，識字除其一，受惠者不過三錢三斗耳。』嗟夫，枵腹如此，而欲士氣飽騰，有此理此事耶。夫放米、放銀，必須縣令當面驗散，物雖不多，人沾實惠，不猶愈於充胥弁之腹乎。豈但銀米，即火藥、鉛彈，亦當縣爲之稽發，即修城之事，亦當縣爲之躬督，庶不致叢弊無窮，可當一日之用也。而更有要者，或謂勞民傷財而不知一勞永逸，莫若築敵樓於長溪嶺，以殿觀海、看縣治。斗大山城，民居其内者十之一，其族處於鄉者固十之九也。有事之時，近觀海者入守觀海，遠觀海者將安歸乎。長溪嶺去衛去縣各二三十里，兩山千仞，中通孔道，其間設伏出奇之處甚多，若建一大敵樓於此，十人守之，萬夫不能過也。其費須五百金，方可壯固無虞。以無可守之城而有此可制勝之地，固天之所以佑此一方民也。或曰：『去此廿餘里有小闞能入，可乘吾之背，奈何。』曰已料之矣。并築之，亦不出此五百金之内也。海賊之來，決不知繇此路，惟恐奸民爲之導耳。并築而守之，檄行編派以地方之人、地方之力爲地方之守，豈日厲之云乎。若夫定海固比鄰之邑也，縣治臨海，扼山據險，縣官自爲戰守，兼以總鎮在焉，其視慈谿呼應較易，而外藩廢弛，則定海亦孤注耳。夫海上軍政承平日廢弛已甚，非大振作不可，其振作之法在嚴守汛地，以隻船不入爲功。或曰：『隻船之不入，先在隻船之不出。』夫海濱居民皇皇謀者，生計全藉漁船，儻寸版不得下海，將何所藉手以活朝暮。合應將船隻在沿海者盡數編號，一隻爲一號，十號爲一甲，以粉圍其外，墨書其内，字大如斗，勿論貨船、漁船、渡船、網船、報船，但本縣軍民家所有者，俱一例順編。其出入一目了然，無號者不得混行。凡違禁載米酒下海者，甲長即拏報官，如本甲不舉，他甲舉之，或爲人告發，則一號十船皆官賣，以半充賞，以半充官。其犯事之人，以通盜論死，梟示海上。其現役里長扶同不舉者，止減一等論，即勢豪不得貸焉。庶可潛消奸宄，保海上無事乎。至於寧波，則親臨之郡也，亦可得而竟言之。定海兵餉取給寧波，而他郡協濟者亦甚多。兵餉例解藩司，其解也，有跋涉之艱，有盜賊之憂，而其到省也，有守入之苦； 其領也，亦有過壩之艱，亦有盜賊之憂，而其到省也，又有守出之苦，是以往往愆期，軍士藉此生事。竊謂凡應協濟兵餉，竟可兑支本郡，在省無候兑、候領之煩，而在府有隨到隨給之便，其兑支完欠，仍向藩司銷批，良爲簡便，聞温、台已先行之。伏候上裁。」據此，則文毅公之經濟亦略見一班矣。

趙坦保甓齋集

張彦遠《歷代名畫記》云：「《爾雅圖》，上下兩卷，陳尚書令江灌著。灌字德源，至德中爲隋州司馬，并著《爾雅贊》二卷、《音》六卷。」誠以《爾雅》非圖莫能明也。今見仁和趙坦《保甓齋文集·擬撰爾雅圖條例》云：「古人詁訓，多取同韻，所謂音近義通也。《釋訓》一篇更作韻語，今擬置《古音表》於首，俾讀者由訓詁以通古音，由古音而精訓詁，有觸類旁通之助。族屬有親疏，禮制有隆殺，皆由五服以推也，《釋親》一篇略具此義，當置《九族圖》於前，而《宗法圖》、《喪服圖》附焉，庶親疏之義一覽可得。宫室堂階之制，悉寓五禮儀節，《釋宫》特概舉爾。瓴、甋謂之甓，即今之甎爾，曾見畫工作《陶侃運甓圖》，繪作酒甕，此類今當刊正。三代器物，質文互異，自昔繪畫，多失其真，今參酌之，如木豆謂之豆，瓦豆謂之登，古以豆爲量，容四升，其高廣之制，詎容臆定。樂器之長短、厚薄、侈弇，皆音律所繫，大鐘謂之鏞，即古之鎛鐘；大簫謂之言，即今之鳳簫，悉校訂周密，不仍舊圖之謬。經緯星之具見經傳者，未可枚舉，今特繪《恒星圖》及《黄赤道圖》於首，俾十二次瞭然可睹，其歲差之説亦附焉。疆域互有沿革，九州之名，《爾雅》與《禹貢》異，與《職方》亦異，説者疑爲殷制，今擬夏、商、周各爲一圖。丘陵、山谷，古人命名多取物象，如敦丘、宛丘之屬，確有其形，若『大山宫小山，霍』，酈氏於《廬江水》下誤讀『大山宫』爲句，此類未可從。水泉源委有難合名狀者，『泉一見一否爲瀸』，今浙江浦江之月泉與月盈虚者或似之。『濫泉，正出』，今山左之趵突泉，及浙江錢塘之梅花泉，其泉脈皆自地底瀾翻而出，故詩云『觱沸檻泉』。概舉以廣異聞。草木南北不同，古今命名亦異。《釋草》之『荼苦菜』即南人謂之『苦蕒菜』，春月開黄花，似菊，至四月(開)〔間〕花(帶)〔蒂〕茸茸作(紫)〔絮〕，圜轉似輪，故《月令》云『苦菜秀』，蓋謂若茅秀然，得諸目驗，斯爲不謬。蟲魚形狀，今人有不能悉見者，亦有不能舉其名者。古以貝爲貨，今或不能舉其物，而浙江、廣東則有之，其形似螺。『蜋蜩，五采具』，人或未之見，而海濱則有之。鳥之類，分晰最難，今村郊間有鳥，雄者潔白，尾長尺許，雌者絳色，短尾，頭有叢毛，若古方勝然，其音云『快底做，快底做』，蠶時乃見，過此則隱，確然可定爲『戴勝』。《方言》合鳸、鳩爲一則誤。獸畜之類，惟鼠屬稍繁，當一一別白之。『鼨鼠，豹文』，從許氏説，信古也。『騋牝，驪牡，玄』，从鄭君説，蓋《衛風》『騋牝三千』實包牝牡，若『騋牝』爲句，則是衛之戎事、田事皆以牝馬充之，可乎。」余按：坦字寬夫，是集所言條例，亦可與邵氏《正義》、郝氏《義疏》互相參考云。

東林寺題名

《東林寺題名》云：「武義元年十一月二十七日，朝議郎檢校兵部尚書賜紫金魚袋上黨郡公食邑一千户景迢，自京城隨侍伯父江上歸郡，獲從家兄桂陽郡公，訪兹絶景。時春林鬬芳，晚雨新霽，躧步忘倦，塵心頓清，竟日方還，故紀於此。昇元三年太歲己亥三月二十三日書。」按景迢當姓徐，宣祖徐温之孫也。徐知誥爲温養子，復姓李，國號唐，其子嗣主璟，初名景通，其弟爲楚王景遷、晉王景遂、齊王景達、江王景逷。温子知訓、知詢、知誨、知諫、知證、知諤。温之孫皆以景字爲名。馬氏書惟有知誨子景遼、景遊二人，餘俱失載。知誥受禪，追尊温爲義祖，徐氏諸子封拜與李氏同。景遊後避元宗諱改名遊，封文安郡公。此徐温諸孫封郡公之證。知詢、知誨皆嘗鎮江西，所云隨伯父江上歸郡，未知孰是。桂陽郡公及景迢封上黨郡公，皆足補馬、陸所遺也。元宗改名璟，故昇元時景達等均不避，及元宗殂乃避諱「景」字，此題名在昇元三年，仍題「景迢」。《全唐文》采此題名，「景迢」上宜補「徐」姓。

宋仁宗賜吕夷簡璽書石刻

《江山縣志·宋吕求中藏璽書於璩源寺記》云：「慶曆中，臣高祖秦國公謚文靖臣夷簡病不能朝，仁宗皇帝翦髭封以璽書賜之。文靖力疾手表西北機事，及薦范仲淹、富弼、韓琦、文彦博、曾公亮、龐籍、梁適等數人以次召用。尋拜太尉，就第。明年開天章閣，延見仲淹、弼、琦，訪以天下要務，於是召修武備，更選舉法，勸農興學，亹亹乎同於三代之治矣。璽書舊刻石在鄭州管城縣先塋懷忠薦福禪院。南渡以來，沈没盜區，止存墨本。追念先世遭遇昭陵，盡瘁圖報，感歎泣下，不知所從。謹以模刻，瑑以堅珉，藏之江山縣璩源善政禪院，庶圖不朽，使萬世之下瞻奎畫之藻麗，仰雲漢之昭回，想見一時致治艱難，天子所以尊禮大臣如此之篤，又知嘉祐、治平乂安無事兆基於此焉。建炎四年九月甲子，從事郎特差衢州江山縣令主管勸農公事臣吕求(仲)[中]謹記。」璽書曰：「古人有語，髭可療疾。雖無痊驗，爲吕夷簡力，了契丹再好，今朕翦髭與夷簡合藥，表朕意也。見今卿久病，兩地甚是闕人，今中書院、密院臣僚，全然并不勾當公事，令卿密奏勾當可以委任臣僚五三人來，朕要點使。卿更調攝，副朕眷焉。更有西北兩處事，仔細一一奏來。慶曆三年三月十五日午時，朕髭付吕夷簡。」余按人知太宗翦鬚療徐世勣之病，仁宗之事，人未之知。寺在縣東南六十里。

飛來峯韓蘄王題名

靈隱飛來峯半，有蘄王題名云：「紹興十二年，清涼居士韓世忠因過靈隱，登覽形勝，得舊基，建新亭，榜名『翠微』，以爲游息之所，待好事者。三月五日男彦直書。」按彦直，王長子，字子温。六歲從王入見高宗，命作大字，即拜命跪書「皇帝萬壽」四字。帝喜之，拊其背曰：「他日令器也。」紹興十八年進士登第，年十八。見《同年小録》。書此時十二歲。

甘元焕跋

同治癸酉秋，崇嶧同年自都門旋里，裒其尊甫述之先生遺書。手寫日課數紙，每卷訖，屬元焕同校，因得盡讀先生之文。昔吾師王善之先生館先生家久，嘗舉先生以眎學者曰：「先生讀書，目十行下，隨得輒記。」弱冠登賢書，七上計車，歸後恒鍵户勤誦，無異寒畯，如是十三寒暑。所居秦淮水榭，藏書十數萬卷，丹黄斠畫皆精審。先石安仲兄喜搜鄉邦掌故及金石雅訓之學，時從討證。先生輯《金陵詩徵》，亦假余家津逮樓書，瓻借往還，幾於置驛。先生官浙水，又獲鈔文瀾閣本，故所弆宋元祕笈多外間所罕見者。元焕曾借讀先生《研漁筆記》，攜之大梁。記中徵引賅洽，載筆一仍《讀書志》例，而網羅散佚，有關於故家文獻，如吕隴城、孫陽江、汪文毅之守慈谿，皆治行卓犖大者。它若黄文叔之振江東，王彦昭之平青溪賊，危應祥之簿上元，曾南仲之宰江寧，豐清敏、張銑之簿六合，流風善政，謳思未忘，亦皆郡邑志之所闕。并一一簽出，竢歸告崇嶧，續入《讀書志》焉。崇嶧初録《曹集考異》，次《朱氏本支譜》，次《昌國典詠》，今從事《讀書志》，方矻矻不休。賈逵作注，能傳絶學之書；鄭氏授經，重訂禮堂之本。蓋文章之業，垂于無窮，孝子之心，斯爲不匱已。如元焕索塗擿埴，懼辱師承，而睠念楹書，悉見厄于飄風劫火，其將覽是編而不能無概于中也乎。光緒四年七月，年家子甘元焕謹跋。

朱桂模跋

先君《研漁筆記》内有引書加按語者，模未及讀，同里甘君建侯元煥。索觀焉，攜至中州。戊寅冬歸，告模曰：「可入《讀書志》者若干條，予已籤明，子盍録之。」爰是重編一卷以附末。原書爲先君手鈔，後人並宜珍藏焉。光緒己卯二月初一日，男桂模敬識。

書名索引

0022_7 帝

60 帝里明代人文略二十二卷 33

高

50 高春卿投濁集 144

高東谿先生集 114

育

00 育齋詩集十七卷 137

0026_7 唐

25 唐律疏義三十卷 188

33 唐祕書省正字先輩徐公釣礶文集十卷 101

50 唐書 186

72 唐氏三先生集三十卷 152

0040_0 文

37 文選 147

0071_7 甕

23 甕牖閒評 190

0073_2 玄

24 玄牘記 74

0080_0 六

41 六帖補二十卷 89

47 六朝事迹編類十四卷 52

50 六書論一卷 14

0090_6 京

77 京闈小録一卷 31

0292_1 新

08 新論 188

0464_1 詩

47 詩切 180

0844_0 敦

00 敦交集一卷 152

0862_7 論

01 論語竢質三卷 14

0864_0 許

40 許有壬至正集 206

1010_1 三

35 三禮圖説二卷 7

60 三國志 186

三國志補注六卷 22

正

80 正氣録一卷 139

1010_3 玉

40 玉臺新詠 147

88 玉笥集九卷 132

1010_4 至

10 至正集 206

至正直記四卷 89

至正四明續志十二卷 44

40 至大金陵新志十五卷 46

王

44 王黄州小畜外集 104

1010_8 靈

80 靈谷寺志 50

1021_1 元

12 元延祐甲寅元年江西鄉試第二場石鼓賦卷 30

1022_7 爾

70 爾雅注 18

1040_9 平

00 平齋文集三十二卷 118

平庵悔稿十五卷後編六卷丙辰悔稿一卷補遺一卷 116

40 平塘先生集三卷 119

1060_0 石

32 石洲集八卷外集一卷 141

1073_1 雲

44 雲麓漫鈔 190

1111_0 北

22 北山集 194

1111_4 班

71 班馬字類補遺 21

1123_2 張

00 張章簡華陽集四十卷 110

17 張子淵詩集六卷 125

1241_3 飛

40 飛來峯韓蘄王題名 213

1540_0 建

00 建文元年京闈小録一卷 31

建康實録二十卷 22

1712_7 鄧

26 鄧伯言玉笥集九卷 132

1740_7 子

32 子淵詩集六卷 125

1750_1 羣

21 羣經補義 185

1814_0　攻

46 攻媿集　199

2010_4　重

12 重刊宋本棠陰比事　77

18 重改正古今録驗養生必用方三卷　80

2040_0　千

21 千頃堂書目三十二卷　72

2040_7　雙

22 雙峯猥稿九卷　116

2071_4　毛

04 毛詩類釋二十一卷續編三卷　6

2125_3　歲

64 歲時廣記四十二卷　37

2155_0　拜

21 拜經樓藏書題跋記五卷　72

2191_0　秕

00 秕言十卷　86

2191_1　經

55 經典釋文　184

2244_1　艇

00 艇齋詩話一卷　174

2421_0　仕

77 仕學規範　189

2423_1　德

77 德風亭初集文九卷詩三卷詞一卷　143

2495_6　緯

67 緯略　86

2498_6　續

48 續梅里詩輯十二卷　160

50 續中興禮書八十卷　69

2590_0　朱

72 朱氏家集　161

2598_6　積

00 積齋集五卷　129

2600_0　自

67 自鳴集六卷　117

90 自堂存稿四卷　121

2610_4　皇

44 皇華集上一卷下二卷　154

2629_4　保

70 保甓齋文集　210

2691_4　程

27 程俱北山集　194

2712_7 歸

60 歸田集 137

2721_0 佩

10 佩玉齋類稿 134

2724_2 將

88 將鑑論斷十卷 29

2730_3 冬

30 冬官補亡三卷 8

2748_1 疑

43 疑獄集 76

2791_7 紀

40 紀古滇説集 66

2793_2 緣

27 緣督集四十卷 115

2824_0 徽

32 徽州府志 186

2896_1 給

05 給諫集五卷 106

3014_7 淳

34 淳祐臨安志 40

3021_2 宛

74 宛陵羣英集 151

3040_4 安

40 安南志略二十卷 66

3090_4 宋

21 宋仁宗賜吕夷簡璽書石刻 212

3111_4 汪

00 汪文毅慈谿守城議 206

3128_6 顧

50 顧東橋鞠讌倡和詩 155

3213_4 溪

22 溪蠻叢笑 188

60 溪園集十卷 136

3390_4 梁

67 梁昭明太子集五卷 96

3418_1 洪

13 洪武京城圖志 47

3512_7 清

77 清風亭稿八卷 138

3530_0 連

40 連南夫知泉州表 195

3611_7 温

80 温公年譜八卷遺事一卷 28

3712_0 潮

75 潮賾一卷 48

3712_7　潏

12 潏水集　105

3716_4　洛

46 洛如詩鈔　158

3721_0　祖

00 祖庭廣記十二卷　26

3722_0　祠

22 祠山事要指掌集十卷　49

3814_7　游

40 游志續編　65

3815_7　海

60 海昌勝覽二十卷　50

74 海陵集二十三卷外集一卷　111

4000_0　十

40 十九史略通考八卷　35

4001_1　左

25 左傳博議拾遺二卷　10

50 左史集四卷　106

4001_7　九

21 九經古義　185

4003_0　大

24 大德昌國州圖志七卷　45

4010_4　臺

77 臺閣名言六卷　87

4011_6　壇

00 壇廟祀典三卷　70

4022_7　南

00 南雍志二十四卷　67

南唐書注　36

76 南陽活人書前集十卷後集五卷活人外書三卷　81

4040_7　李

80 李義山集　191

4050_6　韋

00 韋齋集　196

4060_0　古

80 古今歷代標題註釋十九史略通考八卷　35

4071_0　七

18 七政推步七卷　85

4073_2　袁

50 袁忠臣傳一卷　27

4090_0　木

04 木訥齋文集五卷附録一卷　126

4191_6　桓

01 桓譚新論　188

4240_0　荆

80 荆公年譜三卷遺事一卷　28

4299_4　櫟

80 櫟翁稗説四卷　92

4380_5　越

40 越南詩選六卷　156

4422_1　荷

80 荷谷詩鈔一卷　141

4423_2　蒙

00 蒙齋集　205

4425_3　藏

38 藏海居士集　107

4445_6　韓

00 韓文公集　97

韓文公年譜一卷　27

韓文公歷官記一卷　27

17 韓子年譜五卷　27

47 韓柳類譜　27

60 韓昌黎文集　97

72 韓氏三禮圖説二卷　7

4450_4　華

76 華陽集四十卷　110

4477_0　甘

32 甘州成仁録四卷　34

4490_1　蔡

30 蔡寬夫詩話三卷　175

4491_0　杜

44 杜樊川集　99

4491_4　桂

44 桂苑筆耕　102

4762_0　胡

80 胡曾詠史詩三卷　101

4792_0　桐

31 桐江集　124

柳

08 柳譜一卷　27

4794_7　穀

33 穀梁傳明辨録　11

4796_4　格

00 格庵奏議一卷　25

4816_6　增

00 增註類證活人書前集十卷後集五卷活人外書三卷　81

4841_7　乾

38 乾道稿二卷淳熙稿二十

卷章泉稿五卷 197

乾道四明圖經十二卷 40

4895_7 梅

22 梅仙觀記一卷 92

60 梅里詩輯二十八卷 158

4896_6 檜

00 檜亭集九卷 125

4980_2 趙

46 趙坦保甓齋集 210

47 趙格庵奏議一卷 25

60 趙昌父稿 197

5000_6 中

77 中興禮書三百卷 69

5022_7 青

32 青溪文集續編 143

5060_1 書

44 書林外集七卷 126

5060_3 春

29 春秋經左氏傳句解七十卷 9

春秋紀愚十卷 9

春秋屬辭辨例編 182

5090_3 素

00 素庵醫要十五卷 83

5090_6 東

21 東行稿一卷 128

44 東林寺題名 211

5315_0 蛾

21 蛾術詩選八卷詞選四卷 127

5320_0 咸

30 咸淳毘陵志三十卷 43

5560_0 曲

40 曲臺奏議十卷 24

5560_6 曹

17 曹子建集考異 94

5601_7 挹

17 挹翠軒遺稿四卷 142

5704_7 投

36 投濁集 144

5790_3 絜

00 絜齋集 200、203

6011_3 晁

08 晁説之景迂生集 193

6021_0 四

50 四書解細論 13

四書叢説八卷 13

四書拾義二卷 16

6022_7　易

44 易考二卷續考二卷周易篇第　4

6060_0　昌

60 昌國典詠　48

呂

28 呂徵君小小齋詩集四卷　131

6060_4　固

30 固守城圉議　206

6090_6　景

08 景迂生集　193

30 景定建康志五十卷　41

6624_8　嚴

32 嚴州重修圖經　39

6702_0　明

27 明御史姚承庵試卷　32

6706_2　昭

67 昭明文選　147

昭明太子集五卷　96

7124_7　厚

00 厚齋易説五十卷附録二卷　1

厚齋易學　1

77 厚岡文集二十卷詩集四卷　142

7210_0　劉

40 劉左史給諫文集　106

7412_7　助

30 助字辨略五卷　20

7421_4　陸

30 陸宣公奏議注十五卷　23

7422_7　隋

50 隋書經籍志考證　73

7529_6　陳

17 陳子高詩集　114

7722_0　周

60 周曇詠史詩三卷　101

60 周易象義　2

同

00 同文尚書　180

7760_1　醫

21 醫經正本書一卷　83

7778_2　歐

76 歐陽文忠集　192

7780_1　輿

44 輿地紀勝二百卷　38

7876_6 臨

30 臨安集詩五卷文五卷 136

8010_4 全

27 全歸集七卷 130

8010_7 益

00 益齋亂稿十卷拾遺一卷 133

8010_9 金

74 金陵六朝記二卷 51

金陵雜興 120

金陵新志 46

金陵百詠 120

金陵待徵録 64

8022_7 分

77 分門古今類事二十卷 88

8073_2 養

25 養生必用方三卷 80

8315_3 錢

72 錢氏冬官補亡三卷 8

8640_0 知

23 知稼翁集十一卷詞一卷 113

8712_0 釣

12 釣磯文集十卷 101

8877_7 管

72 管氏讀經筆記三十六卷續筆記二十卷 12

9000_0 小

00 小畜外集 104

90 小小齋詩集四卷 131

9022_7 尚

50 尚書考六卷尚書篇第二卷 4

9280_0 剡

31 剡源集逸稿 123

9592_7 精

37 精選百一方八卷 84